Detlef Effert (Hrsg.)

Qualitäts- und Preisimage bei Banken

AF166578

Detlef Effert (Hrsg.)

Qualitäts- und Preisimage bei Banken

Strategien zu mehr Ertrag

GABLER

Bibliografische Information der Deutschen Nationalbibliothek
Die Deutsche Nationalbibliothek verzeichnet diese Publikation in der
Deutschen Nationalbibliografie; detaillierte bibliografische Daten sind im Internet über
<http://dnb.d-nb.de> abrufbar.

1. Auflage 2010

Alle Rechte vorbehalten
© Gabler Verlag | Springer Fachmedien Wiesbaden GmbH 2010, Softcover 2013

Lektorat: Guido Notthoff

Gabler Verlag ist eine Marke von Springer Fachmedien.
Springer Fachmedien ist Teil der Fachverlagsgruppe Springer Science+Business Media.
www.gabler.de

Umschlaggestaltung: KünkelLopka Medienentwicklung, Heidelberg
Gedruckt auf säurefreiem und chlorfrei gebleichtem Papier

ISBN 978-3-8349-2561-9   (Hardcover)

ISBN 978-3-658-00533-7   (Softcover)

Vorwort

Die Geschichte des Bankmarketings begann in den 70er Jahren des letzten Jahrhunderts. 1972 veröffentlichte Prof. Dr. Jörg E. Cramer das erste Buch „Die herausgeforderten Banken". Damals ging es aber um Produktentwicklungen, Filialstandorte und den Aufbau des Bankgeschäfts. Dann kam die Selbstbedienungs-Automatisierung, die Zielgruppenentwicklung, die Marketingplanung, das Direktmarketing und das Internet.

Seit Anfang des 21. Jahrhunderts begann eine Welle der ganzheitlichen Beratung – in den verschiedensten Facetten. Heute sind Finanzkonzepte, Finanzplanung, Finanzanalyse Begriffe, die für Qualität bürgen sollen.

Als Differenzierungsstrategie haben sich Filialbanken im Privatkundengeschäft die Qualitätsstrategie auf die Fahnen geschrieben, um den Preiskampf der Direktbanken und Quasi-Direktbanken etwas entgegen zu setzen.

Filialbanken gelten in der Kundeneinschätzung als „zu teuer", so die Erkenntnisse aus Markt- und Kundenbefragungen.

Gelegentlich günstige Preise anzubieten hilft nur kurzfristig, um mal „Flagge" zu zeigen. Auf Dauer kann eine Filialbank sich keine Preisführerschaft leisten.

Die Automatisierung der Selbstbedienung und das Internet bieten Kunden zudem die Chance mehr Zweit- und Drittbankverbindungen einzugehen und zu günstigeren Anbietern schneller zu wechseln.

Hinzu kommt, dass sich das Kundenverhalten seit Anfang des 21. Jahrhunderts stärker in Richtung Preisbewusstsein verändert hat. Die „Geizwelle" als Auslöser sowie wirtschaftliche und konjunkturelle Einflüsse als Verstärker haben verschiedene Banken dazu gebracht, stärker ins Discountgeschäft einzusteigen.

In nur 10 Jahren ist aus einem Trend eine dauerhafte Strategie geworden. Bereits 70 % der Kunden erwarten günstige Preise und Qualität – so die Marktforschungserkenntnisse.

Angefangen hat es bei Aldi, Lidl, Tchibo, Obi, Airlines & Co und hat mittlerweile alle Branchen erfasst. Alle Unternehmen sprechen von „hoher Qualität", „bestem Service" und „günstigen Preisen" oder „Preise ganz tief".

Nur die Filialbanken glauben, dass sie da nicht mitmachen müssen. Das freut die Direktbanken, die Sparda-Banken, die Postbank, die Strukturvertriebe, die Non- und Nearbanks und die ausländischen Newcomer.

Solange Fusionen, Kostensenkungen, politische Zugeständnisse und risikoreiche Provisionsgeschäfte noch funktionieren, stören die Marktanteilsverluste nicht so sehr, da es sich ja pro Jahr nur um weniger als 1 % handelt.

Die Finanzkrise 2008 hat den Sparkassen und Genossenschaftsbanken am wenigsten geschadet, nein vielleicht sogar geholfen. Der Kreditmarkt hat weniger Wettbewerb, es können hohe Preise durchgesetzt werden und langfristiges Geld ist nicht viel teurer als kurzfristiges Geld. Somit ist das von Kunden hauptsächlich kurzfristig angelegte Geld eine richtige „Geldquelle" für die Ertragsgeschäfte der Banken.

Das blendet die Filialbanker, die dadurch Zeit gewinnen nicht notwendigerweise ihre Vertriebsstrategie zu überdenken.

Clevere Banker haben Lösungen für das „schlechte" Preisimage gefunden und sich der tiefenpsychologischen Preistechniken besonnen sowie den aktiven Verkauf durch Mitarbeiter im Service und in der Beratung auf ein höheres Verkaufsniveau zu bringen. Zurzeit sind es ca. 2 % der Banken, die über „den Zaun" geschaut haben und die für sie interessanten psychologischen Preistechniken adaptierten und statt nur günstigere Preise anzubieten die positive Produkt- / Preiswahrnehmung durch den Kunden erkannt haben. Die Konsequenz: Produktabschlüsse in neuen Dimensionen – bis hin zu einer früheren Jahresproduktion jetzt in einem Monat, plus Termine für eine ganzheitliche Beratung, so viel man personell verkraften kann.

Das Zauberwort dazu: Doppelstrategie (eine Entwicklung des Herausgebers). Die ganzheitliche Beratung als Qualitätsstrategie steht dabei im Vordergrund als Ziel Nr. 1. Hinzu kommt aber eine Produkt- / Preisstrategie mit tiefenpsychologischen Komponenten, die dazu führt, dass ein positives Produkt- und Preisimage entsteht und die Bank/Sparkasse als gut und günstig empfunden wird.

Somit stimmen für den Kunden Qualität, Preis, Freundlichkeit und Nähe. Also die Faktoren, die für die Wahl und den Vertrieb bei einer Bank für Kunden die höchste Bedeutung haben. Somit werden die Kundenbindung und die Empfehlungsbereitschaft nachhaltig verbessert.

Die Beiträge in diesem Buch zeigen die Notwendigkeit der Vertriebsstrategie-Änderung für Filialbanken auf und grundlegende wissenschaftliche Erkenntnisse mit Begründungen, warum und wie das Preisimage bei Kunden verändert wird.

Beispielhaft zeigen Sparkassen-Marketingexperten, wie der Strategiewechsel hin zur Doppelstrategie bereits erfolgreich in die neue Vertriebsstrategie integriert wurde und sie damit für die Zukunft gewappnet sind. Die Autoren verstehen ihre Beiträge aber auch als Empfehlung für andere Banken und Sparkassen, da die Pionierarbeit und Experimente vorüber sind.

Den Autoren des Buches danke ich für ihr Engagement und ihre Fachkompetenz, mit denen sie ihre Beiträge gestaltet haben und so dem Leser Hintergründe, Erkenntnisse und einen praxisnahen Einblick in einen erfolgreichen Vertriebsstrategiewandel geben. Ebenfalls bedanke ich mich ausdrücklich bei Herrn Guido Notthoff vom Gabler Verlag und „Last not least" gilt mein Dank den Mitarbeitern der 30 Testsparkassen. Ohne deren persönlichen und finanziellen Einsatz diese Bankmarketingentwicklung für die nächsten Jahrzehnte nicht hätte stattfinden können.

Hamm, im September 2010   Detlef Effert

Inhaltsverzeichnis

Die Doppelstrategie: Qualitäts- und Preisstrategie

Detlef Effert

1.   Ausgangssituation

1.1   Veränderung des Bankenwettbewerbs durch Direktbanken und ausländische Banken

Der Retail-Bankenwettbewerb in Deutschland ist aus seiner Lethargie erwacht. Und dieser Wettbewerb wird an Heftigkeit noch zunehmen. Weil noch mehr Wettbewerber aus dem Ausland, vor allem aus Europa und den USA vordringen werden. Noch mehr Direkt- und Online-Banken werden auf dem Markt auftauchen. Und weil Non- und Nearbanks zusätzlich etwas vom „Kuchen" mithaben wollen. Obwohl Deutschland Banken und Sparkassen im Überfluss hat und die Margen deutlich niedriger sind als in anderen europäischen Ländern. Während anderswo Eigenkapitalrenditen bis zu 40 % erreicht werden, sind sie in Deutschland unter 20 %.

Zudem ist der Markt gesättigt und starkes Wachstum ist daher nur begrenzt möglich. Was bleibt, ist teurer Verdrängungswettbewerb.

Das schreckt inländische Finanzdienstleister oder aus dem Ausland wie Santander Consumer Bank, TARGOBANK, GE Money Bank, Royal Bank of Scotland, ING-DiBa oder Großbanken mit Beteiligungen und Aufkäufen nicht ab.

Grund ist das nationale Bruttoeinkommen von jährlich 2,3 Billionen Euro sowie der Nachholbedarf der Deutschen in Sachen Geldanlage und Altersvorsorge.[1]

Der neue Wettbewerb – auch der deutschen Direkt- und Autobanken – beschert den Kunden eine Flut von Sonderangeboten, Spitzenzinsen und Null-Gebühren-Angeboten.

Die strikte Trennung von privaten, öffentlich-rechtlichen und genossenschaftlichen Instituten verhindert eine Konsolidierung in der Finanzwirtschaft – zumindest übergreifend über das Drei-Säulen-System. Dennoch ist eine deutliche Belebung des Wettbewerbs durch die neuen Marktteilnehmer in den letzten 20 Jahren zu beobachten. Und das spüren nicht nur die deutschen Sparkassen.

Es hat den Anschein, dass im Wettbewerb um den Privatkunden immer häufiger der Nadelstreifenanzug abgelegt wird und die Boxhandschuhe angelegt werden. Der Preiskampf wird mit immer härteren Bandagen geführt.

Einige Beispiele aus der Praxis demonstrieren dies:

---

[1]   Vgl. Tellings (2007), S. 26.

▨ Da ist von Optizins (GE Money Bank), Turbozins (ADAC), Zinsen für Überflieger (Deutsche Bank) die Rede, da wird mit Incentives gearbeitet wie 25 Euro Tankgutschein (ING-DiBa und andere), 5 % Tankrabatt (Santander), Kredit mit 100 Euro Reisegutschein.

▨ Gleichzeitig wird der Sonderangebotscharakter herausgestellt, wie „so lange der Vorrat reicht" (Comdirect).

Somit wird der Normalpreis zur Ausnahme und der Sonderpreis zur Regel.[2]

1.2   Verhaltensänderung der Kunden durch Discount-Anbieter in allen Branchen

Wird der Mensch bzw. Kunde durch die preisaggressiven Strategien von Aldi, Lidl & Co. im Einzelhandel zur Preissensibilität erzogen? Und hat dieses Verhalten Einfluss auf die Produktangebote der Banken und Sparkassen?

Ja, denn ein altes deutsches Sprichwort heißt, „Wer den Cent nicht ehrt, ...". So wurden durch den Handel „Schnäppchenjäger" erzogen. Kauften Hausfrauen in den 50er Jahren in ein oder zwei Lebensmittelgeschäften ein, so sind es heute acht. Und so ist das Verhalten auf alle Branchen übergesprungen, auch auf die Finanzdienstleistungsbranche.

Untersuchungen der BBE (Betriebswirtschaftliche Beratungsstelle des Einzelhandels) zeigen, dass es heute 35 % Schnäppchenjäger bzw. Preissuchende gibt, 40 % Smartshopper (= Preissuchende + Qualitätssuchende) und 25 % Qualitätskäufer.

Somit legen bereits drei Viertel der Kunden viel Wert auf günstige Preise bzw. ein günstiges Preis-/Leistungsverhältnis.[3]

Zunehmende Online-Nutzung, wachsende Preissensibilisierung und ein immens raffiniertes Preismarketing (zum Beispiel OBI, Praktiker-Baumarkt, Billig-Airlines) sorgen dafür, dass der Kunde günstige Preise sucht. Und Qualität noch dazu.

So ist heute nicht nur die Werbestrategie von Aldi (günstige Preise und beste Qualität) zukünftig bedeutend, sondern der Anteil der Smartshopper wird noch größer werden und die Preisstrategie alle Branchen erfassen.

Der Kunde wird heute beim täglichen Gang durch die Geschäfte und bei der Werbung in allen Medien mit Preisvorteilen und Preisnachlässen konfrontiert. Dies färbt auf sein ganzes Verhalten ab. Selbst wer früher einen Mercedes als Statussymbol fahren wollte, wird heute fragen: „Mercedes ja, aber um wie viel Euro oder wie viel Prozent günstiger?"

---

2   Vgl. Szallies (2007), S. 40.
3   Vgl. Szallies (2007), S. 41.

Der Kunde wird preissensibler. Einen großen Schub dazu hat die Euroeinführung seit 2002 gebracht. Der Kunde empfindet, dass alles teurer wird und wird dadurch noch stärker auf den Preis achten.

Die US-Amerikaner sagen: „Marketing is a battle of perception not of products." Diese Erkenntnis führt zu einer stärkeren Preiswahrnehmung – auch wenn sie durch Preistechniken und weitere Mechanismen aus der Preis- und Gehirnforschung beeinflusst werden. Es ist durchaus intelligent, dem Kunden das Gefühl zu vermitteln, dass er zum günstigen Preis eingekauft hat. Damit kommt eine neue Dimension ins Geschäft. „Die positive Produkt-/ Preiswahrnehmung als Angelegenheit der Preispolitik und auch Markenpolitik.

1.3 Margenverluste der Filialbanken im Zinsgeschäft und Provisionsgeschäft

Der Kampf zwischen Direkt- und Filialbanken um Marktanteile ist in vollem Gange. Die Direktbanken profitieren einerseits von dem Trend, dass die Beratungskompetenz vor Ort vom Kunden nicht mehr so sehr wahrgenommen wird und anderseits, dass sie als Kostenführer günstige Preise über Internet und Telefon anbieten.

Das Internet als Zugangsweg zur Bank macht es den Kunden heute einfacher, mehrere Konten bei unterschiedlichen Banken und Sparkassen für verschiedene Zwecke zu unterhalten. Zugleich bietet es die Möglichkeit, die Preise der Anbieter zu vergleichen und den jeweils günstigsten herauszusuchen.

Während im Jahr 2004 acht Millionen Kunden ein Konto bei einer Direktbank unterhielten, so soll die Anzahl laut Studie der DAB-Bank bis 2012 auf rund 18 Millionen steigen.

Heute werden überwiegend Girokonto, Wertpapierhandel und Baufinanzierung von Direktbanken angeboten, teilweise auch Ratenkredite.

Die Marktanteilsverluste sind für die einzelne regionale Bank stück-, volumens- und ertragsgemäß noch relativ gering, jedoch werden durch die Preispolitik die Kunden weiter preissensibler.

Neben den Direktbanken DiBa, DAB-Bank, Comdirect, Sparda-Banken (Direktbank mit Filialen) sind im Markt Teilnehmer zu beobachten, die sich in aussichtsreichen Nischen wie Hypotheken und Autofinanzierungen positionieren (BMW Financial Services, Mercedes Bank, Volkswagen Financial, CC Bank, VR Leasing, GEFA).[4]

Während die Direktbanken ihren Wettbewerbsvorteil der geringen Verwaltungskosten ausspielen und im Segment der weniger beratungsintensiven Finanzdienstleistungen ihre Kosten-

---

4   Vgl. Goedeckemeyer (2006), S. 20.

führerschaft behaupten, drängt sich die Frage auf, mit welcher Strategie künftig die Filialbanken am Markt auftreten.

Sinkende Zinsmargen durch den Preiswettbewerb, ein Abflachen der Zinsstrukturkurve zwischen kurz- und langfristiger Geldanlage, und damit ein Einbrechen der eigenen Depot-A-Geschäfte, zwingen zu höheren Anstrengungen im Cross-Selling zum Provisionsgeschäft.[5]

2.   Strategiealternativen

2.1   Grundsätzliche Strategieüberlegungen

Seit Mitte der neunziger Jahre des vergangenen Jahrhunderts vollzieht sich im Banken- und Sparkassenmarkt eine gravierende Veränderung der geschäftspolitischen Ausrichtung als Folge der genannten Ausgangssituation.

Als kurzfristige Reaktion setzen die meisten Banken und Sparkassen auf schnell wirksame Kostensenkungsprogramme. Dennoch werden auch heute noch keine ausreichenden Kosten- und Ertragsrelationen erreicht.

Während der internationale Wettbewerb in der Cost-Income-Ratio deutlich unter 60 % liegt, erreichen inländische Banken erst 70 bis 80 %.

Diese unbefriedigenden Relationen gelten vor allem für das klassische Retailbanking.

Auf diesen Bereich beschränkt sich daher die nachfolgende Ausarbeitung von Strategiealternativen und Lösungen.

Langfristig macht eine Geschäftsstrategie, die primär auf Kostensenkung setzt, jedoch keinen Sinn. Falsch verstandene Kostensenkungsprogramme können sogar zu einer Verschlechterung der Marktposition führen. Auch Fusionen, die primär im Streben nach einer größeren Betriebsgröße ihre Ursache haben, schaffen nur selten eine bessere Ausgangslage im Wettbewerb.

Der Weg aus der Krise kann nur in einer stärkeren Fokussierung auf zusätzliche Erträge liegen, die über einen stärkeren Vertrieb hereingeholt werden.[6]

---

[5]   Vgl. Redlich (2009), S. 10.
[6]   Vgl. Effert/Köhler (2004), S. 4f.

Dazu bieten sich den Sparkassen und Banken mit Filialen grundsätzlich Strategien an:

1. die Qualitätsstrategie als Differenzierungsstrategie

2. die Preisstrategie über eine positive Produkt-/Preiswahrnehmung

3. Doppelstrategie: Qualitäts- und Preisstrategie über eine positive Produkt-/Preiswahrnehmung

2.2   Qualitätsstrategie als Differenzierungsstrategie

Die strategische Option beinhaltet mindestens eine herausragende Leistung im Vergleich zum Wettbewerb (Qualität oder Preis oder Image).

Die Qualitätsführerschaft als Differenzierungsstrategie hat die Ziele:

▧ Sicherstellung der Ausschließlichkeit der Produkte und Dienstleistungen

▧ Unverwechselbarkeit der Produkte und Dienstleistungen

▧ Preiskämpfen ausweichen

Die Vorteile dabei sind:

▧ gute Qualität hat ihren Preis

▧ Erreichen einer hohen Kundenbindung

▧ Schaffen eines Images als qualitativ guter Anbieter

▧ Erreichen einer klaren Abgrenzung gegenüber dem Wettbewerb

Die Gefahren bestehen in

▧ sehr hohen Kosten, da eine permanente Weiterentwicklung notwendig ist (Produkte, Prozesse, Mitarbeiterqualifikation)

▧ der Möglichkeit Markttrends zu verpassen durch Veränderung der Produktpalette und der Vertriebsstruktur

Entscheidend ist zudem die Implementierung und Steuerung.

▧ Festlegung der Mess- und Steuerungsgrößen

    – Betriebswirtschaftlich:
       Steigen des Deckungsbeitrags 1 um 10 % pro Jahr
    – Kundenansprache:
       ein Beratungsgespräch pro Jahr und Produktumsetzungsquote von 2,5 auf 3,0 im ersten Jahr erhöhen

- Operative Schwerpunktmaßnahmen

  – Strukturiertes Vertriebs-/Beratungskonzept
  – Finanzcheckdaten abspeichern/auswerten
  – Potenzialanalysen für Mitarbeiter/Geschäftsstellen

- Einzelsteuerung

  – Mitarbeitercoaching
  – bewusster Einsatz junger Mitarbeiter als Berater

Die meisten Filialbanken haben sich für die Umsetzung des Finanzkonzeptes als ganzheitliche Beratung für den Kunden entschieden.

2.3   Preisstrategie über eine positive Produkt-/ Preiswahrnehmung

Erst mit dem Aufkommen der Direktbanken seit Ende der 80er Jahre trat der Preis als Strategie bei Filialbanken mehr und mehr in den Fokus als Marketing-/Wettbewerbsinstrument. Ergebnis einer reinen Preisstrategie ist die Schwächung der Eigenkapital-Rentabilität und die Konzentration auf die Kosten. Dabei trifft oft das Bemühen um den Kunden und das Verstehen der Kunden von preispolitischen Maßnahmen in den Hintergrund.

In der Werbung nimmt die Bedeutung des Preises für die einzelnen Produkte zu. Die Gehirnforschung der 90er Jahre mit dem Ziel u. a. die Psychologie des Preises zu erforschen und die Wirkung auf Preis und Werbung durch den Kunden zu erkennen, führte zu neuen Erkenntnissen in der Preisgestaltung. Angefangen hat der Handel, dann andere Branchen und zuletzt einzelne Banken und Sparkassen, diese neuartigen Erkenntnisse in Preisstrategien zu berücksichtigen. Denn nicht allein der effektive Preis ist bei Strategien bedeutend, sondern die Wirkung von Preiskenntnis, Preiswahrnehmung, Preismotion, Preisimage und deren Bedeutung im Zusammenwirken mit dem Marktimage.

2.4   Doppelstrategie: Qualität und positive Produkt-/ Preiswahrnehmung

Die Zielsetzung der Doppelstrategie ist der Aufbau eines Qualitätsimages und gleichzeitig eines günstigen Anbieters von Sparkassen-/Bankenprodukten. Dadurch wird die Alleinstellung eines doppelten Markenimages angestrebt und zwar in der Richtung „Beste Qualität und günstige Preise."

Durch ein Qualitätserlebnis und gleichzeitiges Produkt-/Preiserlebnis durch den Kunden werden die Verkaufszahlen für das einzelne angebotene, werblich herausgestellte Produkt, die Produktverkäufe insgesamt und parallel das Ertragsniveau gesteigert.[7]

3. Qualität über das Finanzkonzept

3.1 Finanzkonzeptinhalte für Kundengruppen

Qualität zu bieten in Service und Beratung ist ein wesentliches Ziel zur Abgrenzung gegenüber den Direktbanken. Dabei ist die aktive ganzheitliche Beratung ein Vertriebsansatz mit dem Ziel, den Kunden in seiner persönlichen Lebenssituation finanziell zu begleiten. Insbesondere sollen seine individuellen Bedürfnisse aktuell und zukünftig analysiert werden, damit ihm zielgerichtet die Produkte der Sparkasse/Bank angeboten werden.

Die Sparkassen haben in Deutschland das System des Deutschen Sparkassen- und Giroverbandes (DSGV) unter dem Begriff „Finanzkonzept" für verschiedene Kundengruppen eingeführt.

Das Finanzkonzept gibt es im Privatkundenbereich in zwei Versionen:

Version 1: Finanzcheck in Kurzform für das Mengengeschäft. Dauer der Beratung ca. 30 Minuten

Version 2: Finanzkonzept für vermögende Private mit ausführlicher Analyse der Ziele und Wünsche für fünf Themenbereiche

Die Volksbanken/Raiffeisenbanken nennen es Finanzplanung und andere Banken haben weitere individuelle Namen gewählt.

Das Hauptziel aller Versionen ist, durch einheitliche qualitative Vorgehensweise in der Beratung für jeden Kunden in jeder Filiale/Center eine gleich gute Beratungsqualität zu erzielen. Für die Sparkasse/Bank selbst sind zahlreiche Unterziele zusätzlich bedeutend:

1. Ertragssteigerung durch Mehrverkauf an Produkten

2. Kundenbindung durch hohe Beratungsqualität. Damit verbunden eine höhere Kompetenz in der Beratung zu erzielen und dadurch eine hohe Kundenzufriedenheit

---

7 Vgl. Köhler (2006), S. 137.

3. Kostensenkung durch die strukturierte Vorgehensweise. Es ist eine spezielle Form des „Mass Customizing", d. h. Standards werden individuell aufgebaut und somit für den Kunden als persönliche Lösung angeboten

4. Informationen vom Kunden für die Analyse und Beratung zu erhalten

5. Kompetenz in allen Finanzbereichen zu zeigen und zu gewährleisten[8]

3.2   Zufriedenheit der Kunden mit Finanzkonzeptgesprächen

Die jahrelange Praxis bei Filialbanken zeigt, dass über 90 % der Kunden mit der Qualität der Beratung sehr zufrieden und zufrieden sind.

3.3   Integration in Kampagnen

Traditionell kommen mindestens 50 % der Kunden mit ihren Wünschen zur Bank oder Sparkasse (Bringgeschäft). Marktuntersuchungen zeigen, dass bundesweit bei den Filialbanken 90 % der Beratungsgespräche auf Initiative des Kunden zustande kommen.

Das Problem aller Sparkassen/Banken besteht darin, dass auch die richtigen (ertragbringenden) Kunden zu ihrer Sparkasse/Bank kommen. Und das ist bisher nicht so. Aus diesem Grund werden schon seit über 30 Jahren „Kampagnen" entwickelt, um potenzielle Kunden gezielt anzusprechen.

Da gibt es Standardkampagnen (über das ganze Jahr hinweg) und „Spezialkampagnen" (drei bis sechs pro Jahr für besondere Zielgruppen oder für spezielle Produkte/Produktbereiche).

3.3.1   Die Standardkampagnen

a) 40 % des Bausparvolumens sind angespart

b) Fälligkeiten von Geldanlagen

c) usw.

---

8   Vgl. Redlich (2009), S. 13f.

Welcher Kunde in eine der Selektionen fällt, wird jedem Berater täglich elektronisch über das Rechenzentrumsprogramm angezeigt. Der Berater hat dann den ihm zugeordneten Akquisitionsansatz zu bearbeiten.

3.3.2   Spezielle Kampagnen

Die Kampagnen für Produktbereiche/Produkte werden zusätzlich zu den Standardanlässen ausgewählt. Teilweise aufbauend auf die überregionale und/oder regionale Gemeinschaftswerbung der Verbände. Der DSGV zum Beispiel bewirbt überregional pro Tertial ein Thema. Hinzu kommen die Verbundpartner Deka Bank (Wertpapiergeschäft/Fonds), Versicherungspartner und LBS (Bausparkasse).

Diese Kampagnen werden in einem Jahresplan mit allen anderen Vertriebsmaßnahmen abgestimmt und dargestellt.

Anschließend erfolgt die Vertriebsprozess-Abwicklung: Zielgruppenpotenzialermittlung – Kundenansprache über verschiedene Kanäle (persönlich, telefonisch, Brief, E-Mail) mit dem Ziel der Terminvereinbarung.

Das Finanzkonzept/der Finanzcheck stellt quasi eine laufende Spezialkampagne dar, indem versucht wird, möglichst potenzielle Kunden zum Beratungsgespräch einzuladen.

Anschließend erfolgt die Gesprächsvorbereitung, die Gesprächsführung, die Beratung, die Preisverhandlung, der Produktverkauf, die Gesprächsnachbereitung (beim Finanzkonzept in Form eines Gutachtens für den Kunden), das Controlling und die ständige Betreuung des Kunden entsprechend seinen geäußerten oder analysierten Finanzbedürfnissen.

3.4   Gründe für das Scheitern von Beratungskonzepten

Grundsätzlich ist das „aktive Verkaufen" nicht für alle Mitarbeiter im Vertrieb (Filialen/Center) ein willkommener Ansatz, um Kunden beraten zu können und etwas zu verkaufen.

Trotz Schulungskonzepte, Controlling durch die Führungskräfte und Zielsetzung im Absatz ist es schwierig, das „Feuer" für die aktive Ansprache vom Kunden das ganze Jahr „lodern" zu lassen.

Gründe für eine Nichtansprache der Kunden gibt es zahlreich (andere Verwaltungsaufgaben erledigen, zu wenig Zeit für Ansprachen, Nichtwollen und Nichtkönnen).

Das hat zur Folge, dass die Anzahl der Finanzkonzeptgespräche zu gering ist. Ständig wird somit danach gesucht, warum das qualitativ gute Finanzkonzept nicht durchschlagend zu einer Vielzahl von Mehrverkäufen führt, obwohl viele Kunden eine unterdurchschnittliche Produktnutzung aufweisen und Mehrfachbank-Verbindungen haben.

Ronzal[9] sieht darin folgende Gründe:

1. Die Gründe für die Umsetzung sind Mitarbeitern am Verkaufspunkt nicht ausreichend vermittelt worden.

2. Mitarbeiter haben Ängste, wenig bzw. nicht bekannte Kunden anzusprechen. Mitarbeiter sagen, dass ihnen der konkrete Gesprächsaufhänger fehlt oder der Kunde sich durch die Ansprache gestört fühlt.

3. Die Zielvereinbarung ist kontraproduktiv. Es wird eine bedarfsorientierte Beratung verlangt, aber Stück- und Volumenziele bzw. Ertragsziele vorgegeben.

4. Die Steuerung, der Nachdruck und das Controlling durch die Führungskräfte sind ungenügend.

5. Die Mitarbeiter in den Filialen/Center wissen zwar „was" zu tun ist, aber nicht „wie".

Dr. Holböck[10] fordert, dass der mit der ganzheitlichen Beratung verbundene Zeitaufwand von vier bis acht Stunden pro Kunde eine betriebswirtschaftliche Vorgehensweise voraussetzt. Er spricht von 400 bis 600 Euro Gesamtkosten für eine Beratung, die kurzfristig schwierig hereinzuholen sind.

Er plädiert auf eine Berechnung des Kundenertrags pro Jahr – zumindest für Kundensegmente. Somit sollten die „Ertragstreiber" wie Finanzierungen, Wertpapier-Depot, Lebens- und Rentenversicherung, andere Versicherungen wie Unfall-, Berufsunfähigkeit- und Krankenversicherung im Vordergrund des Verkaufs stehen.

Das heißt, ausgehend von dieser Produktangebotspalette kann eine ganzheitliche Beratung mit eingebunden werden bzw. während der Beratung können „ertragstreibende" Produkte im Verkaufsvordergrund stehen.

Einerseits sind sich alle Experten sicher, dass die ganzheitliche Beratung der Qualitätsbaustein gegenüber dem Wettbewerb ist und langfristig auch ein wichtiger Ertragsbaustein.

Ergänzend kommt jedoch hinzu, dass die Filialbanken generell als „zu teuer" eingestuft werden (aus Kundenbefragungen bundesweit). Somit reicht es nicht aus, nur an der Beratungskompetenz und dem damit verbundenen Mehrverkauf zu arbeiten, sondern gleichzeitig das Preisimage zu verändern.

Auf Fragen wie:

- Wer hat alternative Angebote?

- Wer hat günstige Preise?

---

9   Vgl. Ronzal (2006), S. 216f.
10   Vgl. Holböck (2006), S. 171ff.

- Wer hat attraktive Angebote?

müssen möglichst viele Hauptbank-Kunden und auch die Gesamtbevölkerung antworten:

- bei der Sparkasse: „Sparkasse",

- bei der Volksbank: „Volksbank",

- usw.

Eine Untersuchung der Wirtschafts- und Finanzmarktforschungsfirma Icon bei der Sparkasse Allgäu 15 Monate nach Einführung der Doppelstrategie zeigt interessante Ergebnisse.

Bereits 40 bis 50 % aller Befragten über 18 Jahre stellten die Sparkasse bei oben genannten Fragen vorne an, während dem Wettbewerb zwischen 15 und 30 % der Befragten ein besseres Preisimage zuordneten.

Bei den Hauptbankkunden der Sparkasse gaben 70 % der Sparkasse das beste Preisimage.[11]

Aufgrund von früheren Untersuchungen wusste man, dass die Sparkasse ein wesentlich schlechteres Preisimage hatte, und zwar genau die Hälfte der jetzigen Beitragswerte. Somit wurde das Preisimage um 100 % verbessert – in nur 15 Monaten.

Das war Anlass genug, sich mit der Doppelstrategie zu beschäftigen und sich mit der positiven Produkt-/Preiswahrnehmung als Preisstrategie zu beschäftigen.

Gleiche Erkenntnisse machten inzwischen 25 Banken/Sparkassen, die die Doppelstrategie mit der positiven Produkt-/Preiswahrnehmung einführten.

4.   Positive Produkt-/Preiswahrnehmung

4.1   Vorbemerkung

Bedeutend in diesem Zusammenhang ist, sich mit dem Stand und der Wirkung von Preiskenntnis, Preiswahrnehmung, Preisemotion und Preisimage zu beschäftigen.

---

[11]   Vgl. Sparkasse Allgäu (2007).

4.2   Preiskenntnis

Die Preiskenntnis der Kunden ist in Bezug auf die einzelnen Produkte zu betrachten.

4.2.1   Girokonto

Etwa ein Drittel glaubt, die Preise zu kennen.

Bei der Nachfrage zum genauen Preis sind es unter 10 %. Das betrifft die Grundgebühr.

Einzelpreise und Leistungen, die zum Girokonto gehören, sind nicht besser bekannt.

4.2.2   Geldanlagen

1. Die Preise dafür kennen Kunden, die sich ständig mit Geldanlagen beschäftigen, am ehesten. Genaue Kenntnis haben weniger als 5 %, da sich die Preise ständig verändern und die Produktvielfalt unterschiedliche Preiskenntnisse für die einzelnen Produkte verlangt.

2. Eine ungefähre Kenntnis ist bei einem Drittel der häufigen Geldanleger vorhanden bzw. dadurch, dass sie selbst Geld anlegt haben.

3. Hier ist die Erinnerung nur an die Zahl vor dem Komma, die Zahlen danach, speziell eine zweite und dritte Zahl nach dem Komma, wird kaum erinnert.

4. Durch massive Werbung aller Wettbewerber (Fernsehen, Zeitungen, Hörfunk, weitere Medien) wird die Sensibilität höher, aber nicht die genaue Kenntnis. Das sind Chancen für die Darstellung über „gebrochene" Preise wie im Handel („3,99" oder „4,015" oder „3,33").

5. Im Wertpapiergeschäft inklusive Fonds sind den Experten die Transaktionsgebühren bekannt. Wer gelegentlich Wertpapieranlagen tätigt, kennt die Arten der Preise und Differenzen nicht. Selbst Ausgabeaufschläge und Verwaltungsgebühren sind nur zu 10 % bekannt.

4.2.3   Baufinanzierungen

Wer bauen, kaufen oder modernisieren will, erkundigt sich nach Zinssätzen, auch mindestens mit einer Stelle hinter dem Komma. Bausparkassen versuchen mit niedrigen Darlehenszinsen ab 1,45 %, ab 1,85 % nominal und effektiv etwas über 2 % die Kunden zu locken. Banken mit den verschiedenen KfW-Darlehen ab 2 % und niedrigen Zinssätzen, die dann an bestimmte Kriterien gebunden sind, wie zum Beispiel nur 60 % Beleihung erstrangig. Dadurch wird die Preiskenntnis auf die Standardbaufinanzierungssätze aus der Werbung beschränkt. Durch ständige Änderungen kennt der Bauwillige vorerst nur das Preisniveau für fünf- bis zehnjährige Zinsfestschreibung.

4.2.4   Versicherungen

Die Preiskenntnis ist hier äußerst gering.

Vorstellungen hat er Kunde nur sehr grob.

Bei Bedarf werden eher Preisvergleiche angestellt bzw. Angebote eingeholt. Bei starker Kundenbindung und guter Beeinflussung sind Preise, die auch höher sind als die günstigsten Preise, in der Kenntnis des Kunden als günstig zu verankern.

Hier werden Preistechniken einerseits angewandt wie „4,31 Euro monatlich" oder „ab 23 Cent täglich" oder „1 Euro täglich" und die Leistungen minimiert, um zu einem Versicherungsthema einen niedrigen Preis kalkulieren zu können.

4.2.5   Ratenkredite

Wer einen Ratenkredit benötigt, ist in der Regel froh, dass er ihn schnell bekommt.

Einige Banken werben aggressiv wie die Reisebranche mit dem „ab" xy %.

In der Realität wird kaum jemand den Kredit zu dem niedrigen Preis erhalten.

Andere Banken wollen wahrheitsgemäß (seriös) werben und setzen mindestens Standardzinssätze ein.

Rechtlich auszuweisen ist der anfängliche Effektivzinssatz, jedoch ohne Restkreditversicherung, aber inklusive Bearbeitungsgebühr.

Hinzu kommen muss mindestens ein Rechenbeispiel, zu dessen Bedingungen die Kunden den Ratenkredit auch erhalten.

Durch die Schwankungen im Markt ist eine Preiskenntnis bei Ratenkrediten gering. Bei Bedarf orientiert man sich in der Werbung an

- den angebotenen Zinssätzen

- und den niedrigen monatlichen Raten bei Beispielkrediten.

Wichtig neben den Zinssätzen oder niedrigen Raten ist zudem die Schnelligkeit der Vergabe. Werbung mit „Sofortkredit", „Abholkredit", „5-Minuten-Kredit" ist effizienter als „Privatkredit", „Autokredit" oder „Frühlingskredit".

Der akquisitorische Preisspielraum ist beim Ratenkredit aufgrund der geringen Preiskenntnis recht hoch und liegt aus Erfahrungen bei 2 % gegenüber den medienwirksamen Niedrigpreisen.

Zudem spielt eher die Diskretion eine Rolle. Das heißt, es soll möglichst keiner wissen, dass man einen Ratenkredit/Darlehen aufgenommen hat.

Solange der Ratenkredit nicht als Standprodukt täglich dem Kunden vor Augen gehalten wird und ein Kredit als „salonfähig" und nichts Besonders vermarktet wird, solange haben Anbieter mit „Lockvogelangeboten" im Preis (Zins/Rate) und tatsächlichen hohen Abschlusspreisen gute Umsätze.

Würde man aus der geringen Preiskenntnis zu den Produkten den Schluss ziehen: „Über den Preis braucht deswegen nicht geworben zu werden, vielmehr sind Kundenbindung, Kundenzufriedenheit über Service und Qualität von Bedeutung", so verpasst man 75 % der Kunden, die neben Qualität günstige Preise bevorzugen.

Allein aus der Preiskenntnis der Kunden heraus darf keine Verkaufsstrategie abgeleitet werden.

Vielmehr ist neben den Qualitätskriterien die Preiswahrnehmung des Kunden die entscheidende Komponente – nicht die Preiskenntnis.

4.3   Preisimage

Das Preisimage wird durch die Preiswahrnehmung des Kunden bei ihm gebildet. Eine positive Preiswahrnehmung wird generell im Zusammenhang mit vielen Produktpreisen gebildet. Die Vielzahl von positiven Eindrücken führt zu einem Preisimage des Unternehmens.

Ein gutes Preisimage in Richtung „günstige Preise" kombiniert mit „beste Qualität" ist bedeutend für den Kauf der Produkte.

4.3.1   Preiswahrnehmung

Eine positive Produkt-/Preiswahrnehmung zu erzeugen bedeutet nicht, dass stets die günstigsten Preise angeboten werden müssen.

Die Preiswahrnehmung wird gebildet durch Preisemotionen. Preisemotion bedeutet, dass man mit dem Preis zufrieden sein muss und sich freut, wenn man den Kauf getätigt hat. Nicht nur vor und während des Kauferlebnisses, sondern auch lange Zeit nach dem Kauf (Nachkauferlebnis).

Verallgemeinert kann man auch sagen, dass die Preiswahrnehmung die Aufnahme und Verarbeitung von Preisinformationen ist.

Insbesondere bei Angeboten mit zahlreichen Leistungen und Services steigt die Komplexität der Preiswahrnehmung und Preisbeurteilung. Denn der Anbieter (Bank) kann den Kunden die unterschiedlichen Einzelpreise, die verschiedenen Leistungen und Bündelpreise oder die ausgewiesene Ersparnis des Bündelpreises gegenüber der Summe der Einzelpreise präsentieren.

Preisschwellen

Unter Preisschwellen versteht man Preispunkte, bei deren Überschreiten starke Absatzverluste eintreten. Der Glaube an die Existenz solcher Preisschwellen ist verbreitet. Auch Bankmanager beschäftigen sich immer öfter mit diesem Thema. Einige Finanzinstitute in Deutschland und Österreich setzen bereits „gebrochene" Preise ein. Es fällt auf, dass die Ziffer „9" häufig verwendet wird. An Argumenten für den Einsatz der gebrochenen Preise werden genannt:

- Kunden teilen die Preisskala in Kategorien ein (so wird der Preis von 3,95 Euro kodiert als „unter vier").

- Beim Kunden entsteht der Eindruck einer Ersparnis gegenüber dem runden Preis.

- Kunden unterschätzen Preise, die unter runden Preisen liegen.

- Die erste Ziffer beeinflusst die Preiswahrnehmung am stärksten, ein Preis von 4,90 Euro wird als „vier und etwas" wahrgenommen. Die Kunden nehmen die Ziffern eines Preises von links nach rechts mit abnehmender Intensität wahr.

Eine intelligente Preisgestaltung unter Berücksichtigung dieser Preisschwellen kann positive Auswirkungen auf den Absatz und den Gewinn einer Bank/Sparkasse haben.

Fallbeispiel: Preisschwellen bei Tagesgeldkonto

Die ING-DiBa offerierte im Jahr 2009 ein Tagesgeldkonto, das zu 4 % verzinst wird für 4 Monate – anschließend zum Normalpreis von 3 %, im Jahr 2010 eine Verzinsung von 2 % für Neukunden ebenfalls für 4 Monate. Die Folgen für eine Regionalbank sind ein Abfluss an Passivgeldern in signifikanter Höhe, wenn kein eigenes Angebot für „preissensitive" Kunden vorliegt.

Vor diesem Hintergrund muss die Sparkasse/Bank ein eigenes Tagesgeldkonto offerieren. Die Höhe der Zinsen ist zu bestimmen. Beispiel in 2009: Einige Manager glaubten, dass die Zinsen zwischen 2 und 3 % liegen sollten. Andere Manager meinen, dass das Zinsniveau mindestens 3,5 % umfassen sollte. Die Manager wurden als die Experten zur Schätzung der Preisabsatz-Funktion (hier: Zins-Volumen-Funktion) ausgewählt, in zwei Gruppen aufgeteilt und aufgefordert, Schätzungen verschiedener Zinsszenarien abzugeben. Das Ergebnis war überraschend, denn beide Gruppen kamen zu einer ähnlichen Einschätzung. Es existierte eine Preisschwelle bei einem Zinssatz für das Tagegeldkonto von 3 %. Unterhalb von 3 % treten starke Absatzverluste ein. Gespräche mit Bankkunden bestätigten die Existenz dieser Preisschwelle. Das Management entschied sich auf Basis dieser Analyseergebnisse, das „Online-Tagesgeldkonto" mit einem Zinssatz von 3 % zu bewerben. Auf diese Weise konnten viele Gelder zurück gewonnen werden. Der Gewinn stieg und die Kunden hatten eine attraktive Produktalternative.

Die Überlegungen müssen bei geändertem Preisniveau ständig angestellt werden. Die Situation in 2010 ist für Werbung um Geldanlagen besonders brisant. Hier müssen preispsychologische Mechanismen angewendet werden, denn beim Tagesgeld von 2 % der Direktbanken wäre eine Spanne von 0,25 % und bei hohem Preisimage bis 0,5 % real. Besser sind daher in diesen Situationen subventionierte Kombiprodukte, Zinsstufenanleihen, Wachstumssparen oder analoge Kombinationen des Ratensparens mit drei- bis zwölfmonatiger Subvention.

Die Frage ist, ob sich dieses Verhalten auch auf andere Finanzdienstleistungsprodukte übertragen lässt, das heißt, ob sich die Optik „gebrochener" Preise auch in der Finanzindustrie positiv auf das Kaufverhalten der Kunden in Form einer Absatzsteigerung auswirkt. Diese Hypothese wurde im Rahmen einer Kundenbefragung untersucht. Dabei wurde ein spezifischer Befragungsdesign gewählt, bei dem sich der Befragte zwischen verschiedenen Produkt-/ Preisalternativen entscheiden musste. Befragt wurden zwei homogene Gruppen, wobei jede Gruppe zwar dasselbe Produktangebot beurteilen musste, allerdings zu verschiedenen Preisen. Dadurch konnte der psychologische Effekt der Preisschwelle isoliert gemessen werden. Demnach besitzen gebrochene Preise einen positiven Absatzeffekt in der Größenordnung bis 6 % im Vergleich zu „glatten" Preisen. Allerdings ist diese Absatzwirkung stark abhängig von der Art des Produkts. Produkte, die stark beworben werden und bei denen der Kunde leichter wechseln kann, profitieren stärker von Schwellenpreisen als Produkte, bei denen eine stärkere Bindung zur Sparkasse/Bank eingegangen wird. Besonders bei den unter Druck geratenen Jahresgebühren für Kreditkarten ist die Verwendung von Preisschwellen als wichtiges Element einer Preisstrategie zu empfehlen.

Fazit

Die Absatzwirkung eines Preises hängt wesentlich davon ab, wie dieser von Kunden wahrgenommen und beurteilt wird.

Preiswahrnehmung und -beurteilung werden von verschiedenen Faktoren wie Preiskenntnis oder Preisimage bestimmt. Diese Einflussfaktoren kann die Bank/Sparkasse steuern. Das Preisimage beeinflusst die Wahl der Banken insbesondere dann, wenn detaillierte Preiskenntnisse über Bankprodukte fehlen. Es ist festzuhalten, dass die Wahrnehmung der Preise durch Gestaltung der Preisstrukturen oder durch das Ausnutzen von Preisschwellen von der

Bank/Sparkasse beeinflusst werden können. Bei richtiger Anwendung psychologischer Effekte können signifikante Erlössteigerungen realisiert werden.[12]

Resümee: Banken/Sparkassen müssen ein positives Preisimage aufbauen.

Da die Preise dem Kunden häufig nicht bekannt sind, wird seine Entscheidung für die Wahl oder den Verbleib bei einer Bank/Sparkasse in hohem Maße durch deren Preisimage beeinflusst. Unter Preisimage versteht man dabei das auf die Leistungskomponente Preis beschränkte Image eines Anbieters bei (potenziellen) Kunden. Zur Bildung von Preisimages gibt es zwei konkurrierende Hypothesen:

Hypothese 1: Das Preisimage der Kunden orientiert sich an den Preisen weniger Bankprodukte, vor allem an Schlüsselprodukten, Sonderangeboten und werblich herausgestellten Produkten.

Hypothese 2: Der Kunde orientiert sich an seinem tatsächlichen Nutzungsverhalten und berücksichtigt bei der Bildung des Preisimages die Preise vieler Bankprodukte. Ein günstiges und faires Preisimage zu haben ist vorteilhaft. Kundenbefragungen bestätigen dies zum Beispiel bei der Online-Bank ING-DiBa. Deren Image ist insbesondere geprägt durch das attraktive Tagesgeldkonto, das aktuell (Stand: 1. Juni 2010) mit 2,0 % für 4 Monate verzinst wird und anschließend mit 1,5 %. Selbst Preissenkungen um 1,0 % in einem Jahr haben dieses Preisimage kaum beeinflusst. Großbanken haben hingegen ein hohes Preisimage. Diese Banken sollten versuchen, mit Hilfe intelligenter Formen der Preisdifferenzierung ihr Preisimage zu verbessern, ohne dabei Gewinneinbußen hinnehmen zu müssen. Falls sich das Preisimage an wenigen Bankprodukten (Sonderangeboten) oder werblich herausgestellten Produkten orientiert (Hypothese 1), so ist eine Strategie selektiv günstiger Bankprodukte zu empfehlen („Schaufensterprodukte"), um überhaupt kurzfristig etwas Aufmerksamkeit zu erzielen. Es ist in dieser Situation ratsam, die günstigen Preise zusätzlich durch Werbung besonders hervorzuheben und damit den Kunden ins Bewusstsein zu rufen.

Den gleichen Weg versuchen einige Sparkassen mit „Leuchtturmprodukten". Da sich die Werbung nur selektiv auf ein bis drei Produkte im Jahr beschränken kann (Aktion), wird das Preisimage beim Kunden nur auf einen Aktionspreis gelenkt und verändert nicht das Preisimage.[13]

Es bleibt bei der Preisimageeinstufung „Sparkassen sind teuer" bzw. nur 35 % der eigenen Kunden schätzen die Sparkasse als günstig ein.

Die Gesamtbevölkerung tut dies nur zu 20 % (ICON-Studie Sparkasse, ING-DiBa 2005 – 2008).

---

[12] Vgl. Wübker/Engelke/Grotwohl (2007), S. 13ff.
[13] Vgl. Redlich (2009), S. 26ff.

4.3.2   Die Preisemotion

Die Preisemotion ist im Rahmen der Preiswahrnehmung eine bedeutende und zu beeinflussende Komponente.

Für die Gestaltung der Preisemotion sind in erster Linie Techniken und Erlebnisse einsetzbar.

Techniken

1. Günstige Preise: hohe Zinsen bei Geldanlagen, niedrige Zinsen bei Finanzierungen (Baufinanzierung, KfW-Darlehen, Ratenkredit, LBS-Bausspardarlehen).

2. Durchgestrichene Preise: höhere Preise werden durchgestrichen und günstigere Preise hervorgehoben.

3. Ersparnis x % oder ein Betrag: Der alte Preis wird durchgestrichen, der neue Preis hervorgehoben und die Ersparnis hervorgehoben – in % oder als absoluter Betrag.

4. Das funktioniert im Bankenbereich bei steigenden Zinsen. Zum Beispiel: „15 % mehr Zinsen", wenn der Zinssatz vorher 3 % betrug und neu 3,45 %.

5. Preisnachlässe/Preisboni/Rabatte: Einzelne Preisbestandteile entfallen oder werden günstiger.

   Beispiele:

   - „50 % Rabatt auf den Fonds-Ausgabeaufschlag"
   - „50 % Rabatt bei der Kreditbearbeitungsgebühr"
   - „30 % Rabatt für ein Jahr bei der Rechtschutzversicherung"
   - „50 Euro Startguthaben bei der Unfallversicherung mit Beitragsrückgewähr"
   - „Kaufe 3 Produkte und bezahle nur 2"
   - „Sonderpreis x Euro im 1. Jahr".

6. Geschenke: Bargeld, Gutscheine, Sachgeschenke als Zugabe beim Kauf

7. Zugehörigkeit zu einer Community: Wenn man das Produkt kauft und es weitererzählt und die Personen das auch gut finden, so erlebt man eine Preis-/Kaufbestätigung und fühlt sich in dem „Kreis" wohl.

Erlebnisse

Positive Erlebnisse beim Kauf können durch passende Geschenke/Zugaben erzeugt werden oder durch Gewinnspiele/Verlosungen.

1. Zugaben: Sekt, Wein, kreative Produkte zum Motiv und zur Headline passend sind ideale Aufhänger.

Beispiel:

- Bärenstarke Geldanlage mit Zugabe Bär

- Himmlische Zinsen mit Zugabe Pralinen „Die Himmlischen"

- Zinskracher zum Jahresbeginn mit Zugabe Sektflasche

- Goldener Oktober mit Zugabe Wein oder Gold

- Zinshoch oder „Sonnige Zinsen" mit Zugabe Sonnenschutz oder Badetuch

2. Gewinnspiele: Verlosungen von attraktiven und/oder zur Jahreszeit passenden Preisen.

Beispiel:

- jede Art von Reise vom Wellness-Wochenende bis zur Kreuzfahrt

- Grillparty für x Personen

- Brunch in einem Hotel für x mal 2 Personen

- Je 2 Karten für Konzerte/Veranstaltungen

- Goldbarren

Wichtig bei Verlosungen/Zugaben/Geschenken ist die Markenqualität und der Wunsch, das besitzen zu wollen bzw. zu gewinnen.

Eine Verstärkung der Preiswahrnehmung und der Preisemotionen wird durch den kreativen Mix von Headline, Motiv und Zugabe/Verlosung als emotionale Einheit erzielt.

Beispiel:

Headline: Bärenstarke Geldanlage
Motiv: Eisbär
Zugabe: Steiff-Eisbär

oder

Headline: Sichere Geldanlage
Motiv: Tresor
Zugabe: Verlosung von Goldbarren

Die Preisemotion ist im Handel von großer Bedeutung, da Preisemotion durch Preisfreude und Preiswohlsein gebildet wird. Preisfreude beim Kauf und Preiswohlsein nach dem Kauf, und wenn man im Familien- und Freundeskreis erzählt, was man gekauft hat.

Es ist noch nicht nachgewiesen, dass bei Banken die Preisemotion von großer Bedeutung ist, jedoch ist es zu vermuten, da die Reaktionen der Kunden beim Kauf dies widerspiegeln, Mehrverkäufe erzielt werden, und das „Ja" des Kunden, sich zu dem Produkt beraten zu lassen, in weniger als einer Minute kommt, wenn durch geschickte Fragestellung von der Zugabe/Verlosung aus gestartet wird und erst nach 1 Minute die Frage nach einer Terminvereinbarung zu dem Produkt kommt. Es ist zu vermuten, dass das Unterbewusste Marke und Preisimage „hervorholt" und die Kriterien des „Limbic"-Sytems getroffen wurden.

Beispiel: In einem Prospekt/Beileger wird die Zugabe dargestellt und wörtlich darauf hingewiesen.

„Sie erhalten bei einer Geldanlage im Januar eine Flasche Sekt. Bitte beantworten Sie mir kurz eine Frage:

Was ist Ihnen bei einer Geldanlage besonders wichtig?

- hohe Zinsen oder hohe Rendite

- sichere Geldanlage

- kurzfristig über das Geld verfügen können

Wenn Ihnen ein Punkt wichtig ist, dann ist unser Angebot des Monats Januar genau das Richtige für Sie. Wann dürfen wir Ihnen die Geldanlage vorstellen. Ist Ihnen nächste Woche lieber oder übernächste Woche?"

Diese Vorgehensweise beeinflusst die Terminzusage, so dass 35 bis 45 % „Ja" sagen. Verbunden mit etwas zusätzlich Besonderem wie „Wir haben noch etwas Besonderes für Sie, einen kostenlosen Finanz-Check". „Das können wir dann sofort mitmachen". Dies erhöht die Terminquote nochmals um 20 bis 25 %.

Interessant ist in diesem Zusammenhang, dass der spätere Produktverkauf relativ einfach ist und über 50 % Produktverkäufe bei den eingehaltenen Terminen stattfinden.

Diese emotionale Ansprache, verbunden mit einer Preistechnik, führt bei einer in geringen Zeitabständen (max. monatlich) wiederholten Präsentation/Wahrnehmung oder Ansprache zu einem sich verbessernden Preisimage.

Ein positives hohes Preisimage ist zudem der ausschlaggebende unterbewusste Faktor zum Kauf weiterer Produkte und/oder zum Vorzug der Sparkasse/Bank.

4.4   Das „Limbische System"[14]

In der Marketingpraxis wird heute eine Vielzahl von Modellen verwendet, um Konsumenten-Motive, Emotionen und Werte zu systematisieren und Zielgruppen zu segmentieren. Die Schwäche dabei ist, dass nur empirische Befragungsdaten die Grundlage bilden. Die Emotionssysteme im Gehirn werden nicht berücksichtigt.

---

14 Vgl. Häusel (2008), S. 61ff.

Die Erkenntnisse der Gehirnforschung zeigen, dass es den rational und bewusst handelnden Kunden nicht gibt. Das, was der Kunde als freie und bewusste Entscheidung erlebt, ist eine Illusion. Auch die Frage, wie viel bewusst und wie viel unbewusst abläuft, hängt davon ab, was man als Bewusstsein bezeichnet.

Neue Ansätze der Gehirnforschung des Max-Planck-Instituts gehen davon aus, dass sich alle Entscheidungen im Wesentlichen aus dem Zusammenspiel der drei neurobiologischen Emotions- und Motivsysteme „Dominanz, Balance und Stimulanz" erklären lassen. Insgesamt ist das Gehirn mehr oder weniger emotional ausgerichtet, speziell aber das „Limbische System". Es sind die Gehirnbereiche, die maßgeblich an der Verarbeitung von Emotionen beteiligt sind.

Gehirnforscher vertreten heute die Auffassung:

Produkte und Marken, die keine Emotionen auslösen, sind für das Gehirn einfach wertlos!

Je stärker die positiven Emotionen sind, desto wertvoller sind Produkte und Marken für das Gehirn und desto mehr ist der Kunde bereit, Geld dafür auszugeben bzw. das Produkt zu kaufen.[15]

Somit muss die Kommunikation von Wort und Bild (Motiv, Headline, Preise, Zugabe) die Systeme

- Balance (Wunsch nach Sicherheit, Stabilität, Geborgenheit)
- Dominanz (Wunsch nach Durchsetzung, Macht, Status, Zufriedenheit, eigenes Entscheiden)
- Stimulanz (Wunsch nach Abwechslung, Neuem, Belohnung, neue Reize, Aktivität)

berücksichtigen, um höchst wirkungsvoll zu sein.

Das Markenbild im „Limbischen System"

Neben den Emotionen spielen im Marketing die Werte des Kunden eine große Rolle. Werte sind zum Beispiel Zuverlässigkeit, Vertrauen, Ehrlichkeit, Perfektion.

Diese sind wiederum Bestandteil eines positiven Markenbildes. Das heißt, wenn die Marke „Sparkasse" oben genannte Werte erfüllt, wird sie als positiv gesehen und stört nicht das Emotionssystem. Nein, eher verstärkt ein positives Wertesystem (Markenbild) die emotionale Kaufbereitschaft.

Das Markenbild kann von Kunden unterschiedlich gesehen werden. Daher bilden sich Zielgruppen. Kunden, die das „Markenbild" der Sparkasse präferieren, werden schneller zum Kauf verleitet, da Marke und Emotion zusammen passen.

---

15   Vgl. Redlich (2009), S. 28.

Wie sieht aber das „Markenbild" der Sparkasse aus? Welche Zielgruppe(n) reagieren am stärksten auf das Sparkassen-Markenbild? Dies ist noch definitiv festzulegen.

Neben der Beurteilung, welche Marken-Zielgruppe

- Harmonisten (32 % der Bevölkerung)

- Genießer (13 %)

- Hedonisten (11 %)

- Abenteurer (3 %)

- Performer (6 %)

- Disziplinierte (10 %)

- Traditionalisten (24 %)

aktuelle und potenzielle Sparkassen-Kunden sind, sind Alter und Geschlecht beeinflussende Faktoren:

- 70 % des frei verfügbaren Einkommens wird von Frauen ausgegeben.

- Neugier- und Risikobereitschaft lässt im Alter nach. Status wird weniger wichtig. Sicherheit nimmt zu.

- Für Frauen sind Produkte um Soziales, Familie, Wohnen und Harmonie von großer Bedeutung (Östrogen-Einfluss).

- Für Männer sind Macht, Kontrolle, Auto, Technik, bedeutender (Testosteron-Einfluss).

Für die Markenpositionierung ist entscheidend, dass positive Merkmale beibehalten werden, da eine Veränderung im Gehirn Jahre benötigt. Das heißt, eine Markenpositionierung/-veränderung braucht Jahre und hohen Kommunikationsaufwand.

Durch Neuerungen/Zusätze kann ein Markenbild positiv beeinflusst/verändert werden.

Es muss aber dem heute bekannten impliziten System entsprechen, sonst geht die Werbung vollkommen daneben.

Brand Codes für die Marke müssen definiert sein und das implizite System treffen.

Codes zum Beispiel für die Sparkassen sind:

- Sensorische Codes: Farben, Schrift, Formen, Licht
                          (Sinnes-Stimulation)

- Episodische Codes: Geschichten, Erzählungen, Empfehlungen

- Symbolische Codes: Figuren, Gesten, Markenlogo

- Sprachliche Codes: das geschriebene und gesprochene Wort

4.5   Wirkung der Marke auf den Preis

Die psychologische Bildung der Marke über Brand Codes ist zum Beispiel bei der Sparkasse definiert.

- Sensorische Codes: Farbe, Schrift, Formen
- Episodische Codes: Überall in der Stadt, seit über xx Jahren, Gebühren beim Girokonto
- Symbolische Codes: Markenlogo
- Sprachliche Codes: Gut für die Region

Der Bekanntheitsgrad der Marke Sparkasse liegt zurzeit bei 99 % – im Gegensatz dazu die Deutsche Bank bei 97 %, die Volksbank bei 92 %, die Postbank bei 90 %, die ING DiBa bei 60 %.

Hier ist kein Potenzial für eine Bekanntheitsgradsteigerung im Zusammenhang mit allen Codes.

Veränderung der Codes bedürfen zudem einer langfristigen und intensiven Kommunikation und können daher vorerst nur bei Bestandskunden vorgenommen werden. Hier gibt es Ansätze im kulturellen, sozialen und sportlichen Sponsoring.

Je bekannter die Marke mit ihrem Brand Codes ist und das implizite System beim Kunden gefestigt ist, umso höher wird der akquisitorische Preisspielraum.

Eine kommunikative Veränderung bringt ebenso wenig wie weitere Imagewerbung – auch nicht zu Finanzkonzepten, Engagements oder Produktwerbung ohne positive Produkt-/Preiswahrnehmung.

Weitere Einflussfaktoren auf das akquisitorische Potenzial sind die Werte, die auch Kriterien für die Wahl der Bankverbindung sind und das Gesamtimage prägen:

1. Vertrauen
2. Seriosität
3. Perfektion
4. Zuverlässigkeit
5. Freundlichkeit
6. Nähe der Geschäftsstellen/Automaten (Erreichbarkeit)
7. Qualifizierte Beratung
8. Fortschriftlich, modern
9. Beste Produkte und Leistungen

10. Engagement im sozialen/kulturellen/sportlichen Bereich

Abhängig vom Marktanteil (Girokontoverbindungen) schneiden in der Gesamtbevölkerung die Banken/Sparkassen mit höherem Marktanteil besser ab.

Wichtig ist die hohe Prozentpositionierung im Kundenbestand für die Kundenbindung und das Cross-Selling.

Hinzu kommt das Preisimage bei der Bevölkerung und den Kunden.

Kriterien dafür sind:

1. hat ein faires Preis-/Leistungsverhältnis

2. bietet gute Konditionen

Die Preistransparenz, d. h. verständliche Preisbildungen und nicht mit „Sternchen" oder in Geschäftsbedingungen versteckte Produkt-/Preisbedingungen, sind langfristig für die Glaubwürdigkeit der Preisaussage bedeutend.

Die Sparkassen/Banken veröffentlichen die Standardpreise nur im Aushang und begrenzt im Internet und erzielen damit eine geringe Glaubwürdigkeit.

Spielraum für befristete Angebote und Preisdifferenzierungen im Zeitablauf bleiben dann und sind mit den Preistechniken und zur Preisemotionsbildung notwendig.

Der akquisitorische Preisspielraum durch Markenimage und Gesamtimage muss pro Produkt festgelegt werden. Hinzu kommt der Preisspielraum durch die positive Produkt-/Preiswahrnehmung.

4.6   Preisfindungsprozess

4.6.1   Grundlagen des heutigen Preismodells

4.6.1.1   Kosten- und Preisproblematik

▪ Mit niedrigen Kosten verfolgt man das Ziel, alle existierenden Kostensenkungspotenziale zu identifizieren sowie diese durch Kostenmanagement zu realisieren.[16]

▪ Bei der Preisimagegestaltung geht es darum, durch die Gesamtheit des preispolitischen Handelns die Wahrnehmung als preisgünstiger Anbieter auf dem Markt zu etablieren. Es gilt das Preisimage zu bilden und zu verbessern durch positive Produkt-/Preiswahrnehmungen.

---

16   Vgl. Diller/Hermann (2003), S. 227ff.

Grundsätzlich wird in der heutigen Literatur und Praxis die Preisstrategie unterschieden nach der Marktmacht bzw. Marktdurchsetzungsmöglichkeit von Preisen.[17]

Wer niedrige Kosten hat, kann besser Preise an den Kunden weitergeben und sich höhere Marktanteile über die Produkt-/Preisstrategie sichern.

Langfristig ist eine günstige Preisbildung nur bei einer niedrigen Cost-Income-Ratio durchzusetzen. Diese liegt heute bei den Sparda-Banken bei 0,6, bei Sparkassen um 0,7 oder höher.

Die Preisbildung orientiert sich bei den Filialbanken heute weitgehend an Mindestmargen. Diese werden pro Produkt definiert.

Die Mindestmargen im Einzelnen:

1. Geldanlagen x %

2. Ratenkredite Y %

3. Baufinanzierungen z %

4. usw.

■ Zudem erfolgt eine Orientierung am Wettbewerb (Direktbanken, örtliche Banken, Groß-/ Regionalbanken)

■ Es werden für Kunden Sonderkonditionsspielräume offen gelassen, die der Marktbereichsleiter entscheiden kann.

Das sind im Einzelnen bei

1. Geldanlagen x %

2. Ratenkredite y %

3. Baufinanzierungen z %

4. usw.

■ Von externen Partnern (Fondsgesellschaften, Bausparkassen, Versicherungen) werden Preise und Provisionserlöse vorgegeben. Hier ist der Preisspielraum mit dem Partner bei Sonderaktionen auszuhandeln.

■ Vereinzelt werden Kombinationspreise (mit Subventionen durch ein Produkt) gebildet:

  – Festzins 50 % plus Garantiefonds 50 %
  – Sonderaktionen mit Zugaben

■ Die Preise sind in einem Preiskatalog definiert. Hier besteht die Möglichkeit, aus der Vielzahl der Einzelpreise eine ständige Preisveränderung vorzunehmen. Speziell Preise im Finanzierungsbereich können verändert werden. Ein ständiges Controlling der Zusatzerträge durch mögliche Preisveränderungen ist notwendig. Hier ist zu definieren, welche

---

17 Vgl. Diller/Hermann (2003), S. 219ff.

Preise einer geringen Sensibilität der Kunden unterliegen, d. h. wo reagiert der Kunde bei Preiserhöhungen nicht oder fast nicht. Aufgabe: Preise mit Sensibilitätskennziffern versehen aufgrund eigener Einschätzung.

■ Der Grundsatz „keine Minusmargen" ist aufgrund der Kosten notwendig. Die Sparkassen wollten mit „Leuchtturmprodukten" und die Großbanken mit „Speerspitzenprodukten" (Commerzbank, Deutsche Bank) oder über Zinssubventionen (Autobanken) Marktanteile am Volumen sichern.

■ Hinzu kommen Subventionen für Girokonto/Zahlungsverkehr (Commerzbank, HypoVereinsbank, Sparda-Banken, Norisbank, Bank Santander), um die Hauptbankverbindung zu erhalten und mittelfristig Cross-Selling zu betreiben und die Kundenverbindung ertragreich zu gestalten. Eine Nachahmung der Sparda-Bank-Strategie führt nicht zu einem anderen Preisimage.

4.6.1.2   Umsetzung der Preis-/Kostenproblematik

1. Kosten bedingen eine ständige Kostenkontrolle (Cost Income Rate) und damit verbunden eine starke Standardisierung zur Reduktion der Prozesszeiten.

2. Die Grundlage der Kostenproblematik, d. h. welche Kosten müssen insgesamt und welche Kosten sind bei einzelnen Produkten zu berücksichtigen, müssen definiert werden. Aufgabe: Kostenbestandteile definieren und Grundkosten pro Produkt festlegen.

3. Die Grundlage der Preisimagepflege setzt an den Handlungsoptionen an, sobald ein Spielraum für Preissenkungen vorhanden ist: Wird der Preis/Preisvorteil (Kostenvorteil) weitergegeben durch dauerhafte Preisreduktion oder aggressive Preise für einen Zeitraum? Zudem ist die Preiswahrnehmung nicht unbedingt an günstige Preise gebunden. So ist für jedes Produkt zu definieren, wo der Preis für den Kunden attraktiv ist und wo die Preisschwelle unter dem Punkt „positive Produkt-/Preiswahrnehmung" anzusiedeln ist – unter Berücksichtigung des akquisitorischen Preisspielraums.

4. Besonderes Gewicht ist auf die „Preisehrlichkeit" zu legen. Das heißt preispolitische Tricks vermeiden (Sternchen, Geschäftsbedingungen), soweit es gesetzlich, werberechtlich möglich ist.

5. Eine Preisdifferenzierung nach folgenden Kriterien ist heute übliche Praxis

   a) mengen-/volumenabhängig

   b) Geschäftsstellen- oder Internetabwicklung

   Die Differenzierung bei a) ist einkaufspolitisch bedingt hundertfach bereits durch die Dauer der Praxis akzeptiert. Die Differenzierung im Internet ist durch das Auftreten anderer Branchen durch günstige Vertriebskosten auch von Banken übernommen worden. Eine Notwendigkeit durch das Wettbewerbsverhalten ist speziell bei Wertpapiertransaktionen zu bejahen. Bei anderen Produkten ist der Anreiz, zu einem günstigeren Preis das

Produkt zu erhalten, gegeben. Fraglich ist nur, ob hierzu eine Notwendigkeit besteht. Es ist eher zu beurteilen, dass der Kunde das Produkt auch zum Geschäftsstellenpreis erwerben würde, da das Preisimage der Bank/Sparkasse nicht nach Internet oder Geschäftsstelle differenziert. Die Bildung des Preisimages ist eher durch Kommunikation im Filialgeschäft (Werbung/Mailings) zu sehen.

6. „Mass Customization" ist in der Industrie und beim Handel schon lange ein Instrument, dem Kunden individuelle Leistungen und Produkte zu verkaufen, die zu einem hohen Prozentsatz auf standardisierten Leistungen beruhen. Dies gilt für Einzelprodukte wie auch für individuell zusammenstellbare Produktpakete. Der Preisspielraum wird durch diese Angebotsform größer, da der Kunde das „Individuelle" schätzt. Die Sparkasse/Bank kann trotz Standardisierungen individuelle Leistungspakete anbieten und dann Preisdifferenzierungen vornehmen, sowohl mengen- als auch volumenabhängig. Beliebt sind Rückerstattungen bei höheren Umsätzen. Aufgabe: Überlegen, welche „Mass Customization-Produkte/Angebote" sinnvoll sind.

7. Die Preiswahrnehmung des Kunden in Bezug auf die Preisgestaltung ist bei den Produkten unterschiedlich. Welche Produkte müssen daher als preisimagebildend beachtet werden?

Die Kernabsatzprodukte der Filialbanken sind

a) Girokonto

b) Baufinanzierung

c) Altersvorsorge

d) Wertpapiergeschäft

e) Vermögensaufbau (Geldanlagen)

Die Preiswahrnehmung beim Girokonto, der Baufinanzierung, den Transaktions-/Depotgebühren beim Wertpapierhandel und den Passiveinlagen ist für Kunden, die sich für die Produkte interessieren, relativ hoch.

Beim Girokonto sind es die Grundgebühr und Transaktionsgebühren, beim Wertpapierhandel die Depot- und Transaktionsgebühren, bei der Baufinanzierung der Effektivzinssatz für erstrangige Baudarlehen, bei der Passivanlage die Zahl vor dem Komma, speziell bei Tagesgeld und bis zweijährige Anlage-Zeiträume. Der Akquisitionsspielraum beträgt 0,5 % mit Schnäppchenjäger-Abwanderungen von 5 % Volumen, aber Zuwächse sind ebenfalls moderat; bis 5 % p.a. Zinssätze über dem Wettbewerbsniveau bringen entsprechende Neugeldzuwächse zwischen 15 und 25 % des Volumens im Angebotszeitraum.

4.7   Ermittlung von Schwellenpreisen, Preisunter- und Preisobergrenzen

4.7.1   Schwellenpreise

Die Wissenschaft zeigt auf, dass es keine überzeugenden und repräsentativen Nachweise zu Preisschwelleneffekten gibt, diese aber stets in der Praxis verwendet werden, da sie einen psychologischen Hintergrund haben.

Eher ist zu beobachten, dass zwischen absteigenden „4,32", aufsteigenden „2,34" und Preisfiguren „4,44" oder „3,33" als psychologische Komponenten gewählt wird.[18]

Die Wissenschaft verweist zudem auf „Eckartikel". Das sind Produkte, deren Preise von den Kunden stark wahrgenommen werden, und die auf das Preisimage ausstrahlen.

Entscheidend ist a) der Anteil der Kunden, die bei einer Befragung angeben, die Preise zu kennen und b) wie die tatsächliche Preiswahrnehmung ist, ohne das Produkt zu kaufen, sondern nur den Preis in der Kommunikation zu sehen und ihn als günstig einzuschätzen.

Bei den Eckprodukten Girokonto und Depotgebühr gibt ein Drittel an, den Preis zu kennen.

Tatsächlich kennen nur 5 % den genauen Preis, aber die Preiswahrnehmung bei der Kommunikation ist höher einzustufen, wenn der Wettbewerb massiv mit diesen Preisvorteilen bei seinen Produkten wirbt.

4.7.2   Preisunter- und Preisobergrenzen

Die Darstellung von Preisabsatzfunktionen hat eher einen theoretischen allseits bekannten Darstellungseffekt bei Preisänderungen.

Die Praxis orientiert sich nicht an der Preiselastizität, sondern an den Begriffen

- Preispositionierung (als Sparkasse/Bank mit günstigen Preisen)
- Preisdifferenzierung (nach Menge/Volumen/Vertriebsweg)
- Preissensitivität (Reaktion des Kunden auf Preisveränderungen)
- Preisspielraum (akquisitorischer Spielraum)
- Preisreagibilität (wie schnell reagieren Konkurrenten auf Preisveränderungen)
- Preistest (Kundenreaktion)

---

18   Vgl. Simon/Fassnacht (2008), S. 161ff.

um diese aus Managementkenntnis, Praxiserfahrung und Marktbeobachtung zu definieren.[19]

Aufgabe: Für jedes Produkt die sechs Auswirkungen auf Preisunter- und Preisobergrenzen aufgrund von Controlling- und Marktvorgaben zu definieren.

4.8   Preiskommunikation

Preisänderungen in Richtung „günstige Preise" bedeutet nicht automatisch, dass der Kunde/die Bevölkerung dies wahrnimmt. Hier gibt es neben der richtigen Medienauswahl speziell erprobte Darstellungs- und Präsentationsformen.

Es geht darum, die Preiswahrnehmung und Preisbeurteilung der Kunden derart zu steuern, dass die angebotenen Produkte als preisgünstig empfunden werden.

Die Positionierung der Sparkasse/Bank wird durch Produkt, Preis und Kommunikation erfolgen.

Lang anhaltende Preiswerbung führt zu einem besonders günstigen Preisimage, auch wenn die Preise objektiv nicht so günstig sind (siehe dazu Kapitel Preisimage). Das geschieht einerseits durch Preisslogans, andererseits durch den Aufbau von Preisemotionen.

Untersuchungen zeigen, dass die Kombination von Preisdarstellung, Werbung und Displays die ideale Absatzsteigerung beeinflussen. Bei zusätzlicher persönlicher Ansprache durch Mitarbeiter wird das Ziel noch schneller erreicht.

Für die Sparkassen/Banken ist zum Beispiel das im Rahmen der in 2004 vom Herausgeber entwickelten Doppelstrategie „Angebot des Monats", „1A-Angebot" und „Top-Angebot" der ideale Platz zur Darstellung.

---

[19] Vgl. Simon/Dolan (1997), S. 62ff.

5. Aufgaben für die Praxisumsetzung

5.1 Produktliste erstellen und Grundpreise, Mengen, Provisionen auflisten

Die Produkte müssen in Einzelleistungen, für die Preise genommen werden, aufgeteilt werden. Das ist in der ersten Stufe nur sinnvoll für Produkte/Einzelleistungen, die im entsprechend großen Umfang in Anspruch genommen werden/verkauft werden und die Gesamterträge daraus eine entsprechend große Summe ausmachen. Produkte unter 5.000 Euro Ertrag für die Einzelleistungen sollten in der 1. Stufe zurückgestellt werden.

Das bedeutet:

■ Produkte auflisten nach Bereichen wie Girokonto, Geldanlagen, Finanzierungen, Fonds, Bausparen, Versicherungen. Sonstige mit Untergliederung in Einzelleistungen, die bepreist sind.

■ Die aktuellen Preise, Margen und Provisionen dazu schreiben und das im Vorjahr netto abgesetzte Mengengerüst und zusätzlich den Bestand bei Bestandprovisionen auf Jahresbasis berechnen.

Tabelle 1:   Beispiel Girokonto + Karten

Produkt/Einzelleistung	Preis	Menge Stück/Volumen	Marge	Gesamtertrag p.a.
1. Girokonto				
(a) Zahlungsverkehr				
(b) EC-Karte				
-normal				
-Zusatzkarte				
-Ersatzkarte				
(c) Dispokredit				
-Überziehung bew.				
-Überziehung o. bew.				
(d) Kreditkarte				
-Classic Gebühr				
-Gold Gebühr				
-Classic Umsatz				
-Gold Umsatz				

5.2 Vorgehensweise der heutigen Preisberechnung/ Kostenberechnung aufschreiben

Bewertung, ob eine Preisveränderung möglich ist (technisch, satzungsgemäß, politisch)

5.3 Preissensibilität für die Einzelpreise ermitteln und Profitfunktion erstellen

Festlegen, ob eine Preissensibilität für die Einzelleistung vorhanden ist – auf einer Skala von 1 bis 10 (10 = hohe Preissensibilität)

Beispiel Baufinanzierung: Hier ist eine hohe Preissensibilität bei Interessenten vorhanden, so dass eine Einzelpreisveränderung von 0,1 % keine Veränderung im Absatz ergeben würde, aber 0,2 % bereits eine Wirkung ergeben. Die Bewertungsskala lautet:

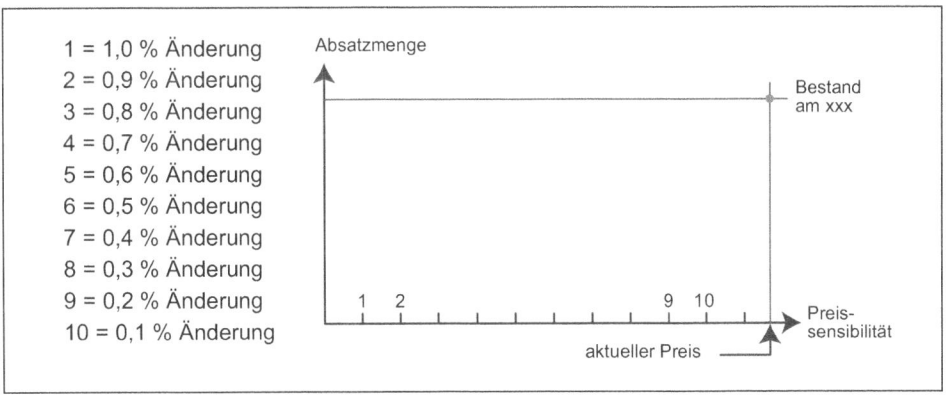

Abbildung 1: *Bewertungsskala Expertenbefragung „Baufinanzierung"*

Die Festlegung der Preissensibilität für die Einzelleistungen wird in zwei Schritten vorgenommen:

1. Expertenbefragung (Einschätzung/Erfahrungswerte) durch Vertriebsrunde
   - Vorstandsmitglieder
   - Marktbereichsleiter
   - Controlling
   - Marketing
   - Sonstige

2. Kundenbefragung

   Es sind hier zu jedem Produkt/d.h. der Einzelleistung vier Fragen zu stellen/zu definieren, die auf die Sensibilität schließen lassen. Im folgenden Beispiel die Fragen 1 bis 4 plus 7 als Kontrollfrage. Durchführung evtl. über das Internetprogramm von „rogator".

   Beispiel Baufinanzierung:

   Eine Baufinanzierung wird in der Regel zu 80 % des benötigten Kaufpreises finanziert – mit 10 Jahren Zinsfestschreibung.

   1) Zu welchem Zinssatz (effektiv) würden Sie heute die Baufinanzierung bei der Sparkasse/Bank abschließen? Zutreffendes bitte ankreuzen:
      4 % – 4,1 % – 4,2 % – 4,3 % – 4,4 % – 4,5 % – 4,6 % – 4,7 % – 4,8 % – 4,9 %

   2) Wie groß ist die Wahrscheinlichkeit, dass Sie die Baufinanzierung abschließen. 100 % = auf jeden Fall ....%

   3) Wie viel Geld würden Sie zu dem effektivem Zinssatz aufnehmen? .... Tsd. Euro

   4) Bei welchem Preisunterschied würden Sie die Baufinanzierung bei einer anderen Bank abschließen?
      0,1 % – 0,2 % – 0,3 % – 0,4 % – 0,5 % – 0,6 % – 0,7 % – 0,8 % – 0,9 % – 1 %

   5) Sind Sie Kunde der Sparkasse/Bank?
      Ja   Nein

   6) Haben Sie im laufendem Jahr Bedarf an einer Baufinanzierung?
      … Neues Darlehen
      … Zinsablauf eines bestehenden Darlehen

   7) Zu welchem Preis/Zinssatz (effektiv) würden Sie die Baufinanzierung auf jeden Fall bei der Sparkasse/Bank abschließen?
      4 % – 4,1 % – 4,2 % – 4,3 % – 4,4 % – 4,5 % – 4,6 % – 4,7 % – 4,8 % – 4,9 %

   8) Zu welcher Einkommensgruppe gehören Sie?
      1 = bis 3.000 Euro Haushaltesnettoeinkommen
      2 = 3.000 – 5.000 Euro Haushaltesnettoeinkommen
      3 = über 5.000 Euro Haushaltesnettoeinkommen

Die hauptsächlichen Ertragsergebnisse in der Produktpalette müssen über ein Korrelationsverfahren ausgewertet werden und so ein Mindest- und ein Höchstpreis festgelegt werden. Der umsatzstärkste Preis ist zu wählen. Darstellung auf einer Preis-/Absatzkurve und Profitfunktion.

Preis-/Absatz-Funktion

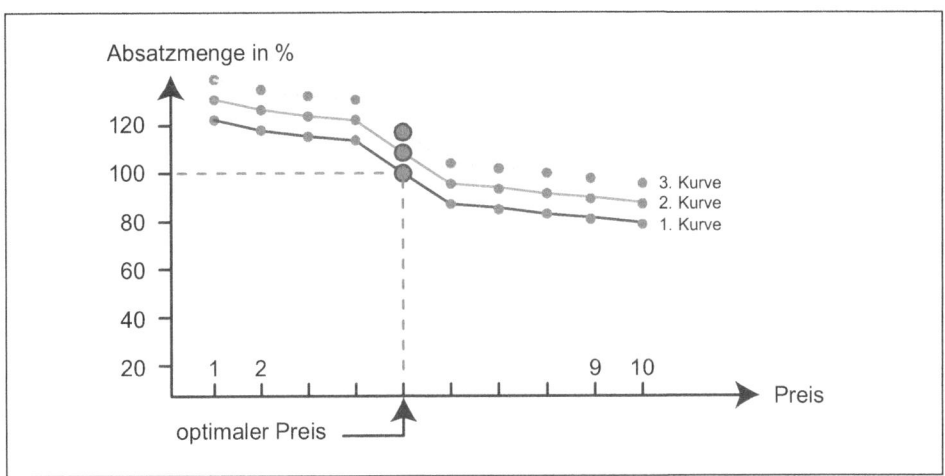

Abbildung 2:   *Muster einer Preis-/Absatz-Funktion*

Profit-Funktion

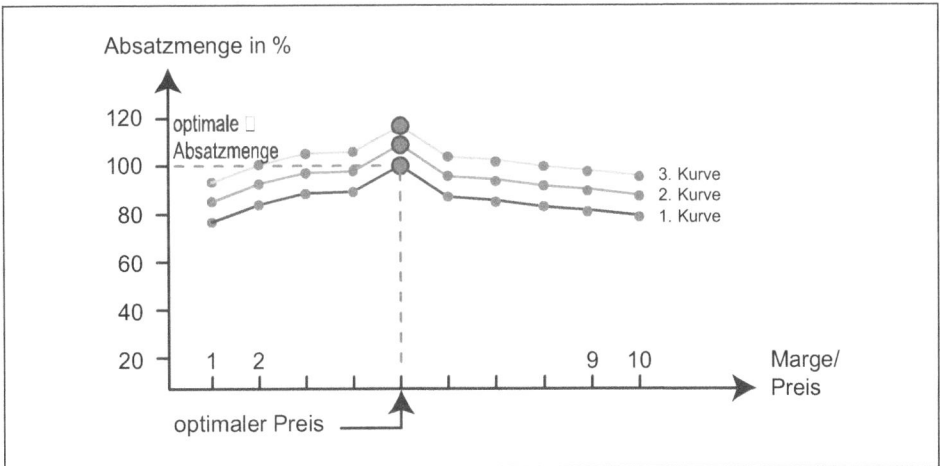

Abbildung 3:   *Muster einer Profit-Funktion*

Die Veränderung der Absatzmengen und Profitkurven werden durch Nutzung der Preistechniken und psychologischen Preise als 2. Kurve (1. Verbesserung) und der Einsatz optimaler Werbemittel / Verkaufsförderung (falls möglich) als 3. Kurve (2. Verbesserung) dargestellt.

6.   Blick in die Zukunft

Sparkassen und Banken, die sich dem veränderten Kundenverhalten in ihrer Vertriebsstrategie, speziell der emotionalen Produktpräsentation mit Preistechniken auf tiefenpsychologi-
scher Basis und der daraus resultierenden veränderten Kommunikation und Kundenansprache
nicht stellen, werden mit Marktanteilsverlusten und sinkenden Margen kämpfen.

Das heißt nicht, dass sie nicht überleben, aber der Kostendruck wird stärker und die dann
notwendigen Maßnahmen treffen in erster Linie MitarbeiterInnen. Sei es durch Fusionen, mit
den Folgewirkungen geringere finanzielle Weiterentwicklung oder Stellenreduzierung.

Die Ergebnisse von Management-Fehleinschätzungen sind bei Filialbanken zu vermeiden.
Oder man lässt alles beim Alten und hat damit ein Herz für den Wettbewerb.

Diejenigen Testsparkassen, die ihre Erkenntnisse mit der Doppelstrategie, Qualitätsstrategie
über die Forcierung der Termine für die ganzheitliche Beratung und Produkt-/Preisstrategie
als positive Produkt-/Preiswahrnehmung, in diesem Buch veröffentlichen, haben den richtigen Weg eingeschlagen.

Und der Blick über den Zaun in andere Branchen, die das Kundenverhalten beeinflussen,
zeigt, dass es kein Trend ist, sondern eine Zukunftsstrategie. Und für Banken und Sparkassen
nach der Finanzkrise 2008/2009 mehr denn je ein „Muss" Vertrieb und Kommunikation in
beschriebener Weise zu verändern.

Die folgenden Beiträge zeigen theoretische und praktische Untermauerungen der bisherigen
Ausführungen.

Literatur

DILLER, H./HERMANN, A. (2003): Handbuch Preispolitik, Wiesbaden 2003.

EFFERT, D./KÖHLER, V. (2004): Wettbewerb der Vertriebssysteme, Wiesbaden 2004.

GOEDECKEMEYER, K-H. (2006): Die direkte Konkurrenz, Zeitschrift Bankmagazin, Heft 8,
2006.

HÄUSEL, H.-G. (2008): neuro Marketing, Freiburg 2008.

HOLBÖCK, J. (2006): „Wie profitabel ist die ganzheitliche Finanzberatung?", in: Detlef Ef-
fert/Wilfried Hanrich (Hrsg.), Ganzheitliche Beratung bei Banken, Wiesbaden 2006.

KÖHLER, M. (2006): Finanzkonzept und Angebot des Monats als erfolgreiche Synergie in
Detlef Effert/Dr. Wilfred Hanreich (Hrsg.), Ganzheitliche Beratung bei Banken, Wiesbaden 2006.

REDLICH, K. (2009): Die innovative Produktstrategie der Sparkasse Hannover im Privatkundengeschäft, Abschlussarbeit an der Leibniz-Akademie Hannover, September 2009.

RONZAL, W. (2006): „Woran scheitern Beratungskonzepte?", in Detlef Effert/Wilfried Hanreich (Hrsg.), Ganzheitliche Beratung bei Banken, Wiesbaden 2006.

SIMON, H./DOLAN, R. J. (1997): Profit durch Power Pricing, Frankfurt am Main 1997.

SIMON, H./FASSNACHT, M. (2008): Preismanagement, Wiesbaden 2008.

SPARKASSE ALLGÄU (2007): Studie „Lokale Werbeerfolgskontrolle der Sparkasse Allgäu, August 2007.

SZALLIES, R. (2007):Der Preis im Retailbanking: Discountfalle und Qualitätswettbewerb, bank und markt, Heft 4, April 2007.

TELLINGS, B. (2007): Politik im Retailbanking: viele Mogelpackungen Zeitschrift Bank und Markt, Heft 4, April 2007.

WÜBKER, G./ENGELKE, J./GROTWOHL, K. (2007): „Kunden mit intelligenten Preisen locken", Bankmagazin, Heft 10, Oktober 2007.

Think Limbic! – Was Banken für ihr Marketing und ihren Vertrieb von der Hirnforschung lernen können

Hans-Georg Häusel

Intro

Die moderne Hirnforschung zeigt: Emotionen sind die wahren und mächtigen Entscheider im menschlichen Gehirn. Bank-Marken, Produkte oder Services, die keine Emotionen auslösen, sind für das Gehirn wert- und bedeutungslos! Es sind die Emotionen, die im Gehirn Wert schaffen! Auch der Umgang mit Geld und mit Banken ist hoch emotional. Im folgenden Beitrag wird im ersten Teil aufgezeigt, wie die Emotionsstrukturen im Kundengehirn aussehen und im zweiten Teil wird an einem konkreten Praxisbeispiel dargestellt, wie man diese Kenntnis für das Bank-Marketing und den Bank-Vertrieb nutzen kann.

1.   Die Vormacht der Emotionen

1.1   Wie Entscheidungen im Gehirn wirklich fallen

Wie fallen Kauf- und Finanzentscheidungen tatsächlich im Kopf? Offensichtlich nicht so, wie wir selbst und Konsumenten den Entscheidungsablauf im Kopf erleben. Über 70 bis 80 % der Entscheidungen fallen nämlich unbewusst. Und: Die eigentlichen Machthaber sind die Bereiche im Gehirn, die hauptsächlich mit der emotionalen Verarbeitung beschäftigt sind, diese Hirnbereiche werden als limbisches System bezeichnet. Aber was versteht man unter Emotion? Vereinfacht gesagt sind Emotionen „Relevanz-Detektoren", die uns wissen lassen, was wichtig und bedeutend für uns ist, und die uns aktivieren.

Nun stellt sich die Frage, welche Emotionen oder Emotionssysteme es im Gehirn überhaupt gibt. In einer mehrjährigen Forschungsarbeit wurden Erkenntnisse der Hirnforschung mit bestehendem Wissen der Psychologie und umfangreichen eigenen Untersuchungen unter dem Namen Limbic® zu einem Emotions-Gesamtmodell verknüpft. Ziel war und ist es, ein Modell zu formulieren, das auf festem wissenschaftlichem Boden steht, aber gleichzeitig leicht verständlich und universell einsetzbar ist. Wie sieht nun das emotionale Betriebssystem im Konsumentenhirn genau aus? Abbildung 1 gibt einen Überblick.

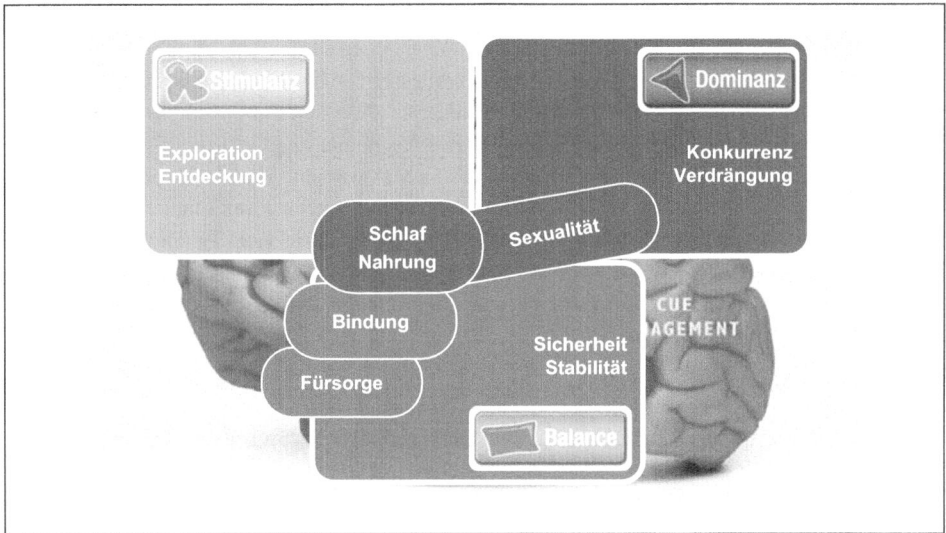

Abbildung 1:   *Die Emotionssysteme im Gehirn*

Im Zentrum aller Emotionssysteme stehen die sogenannten physiologischen Vitalbedürfnisse, wie Nahrung (inklusive Appetit/Ekel), Schlaf und Atmung. Mit diesen Bedürfnissen werden wir uns nicht weiter befassen. Neben diesen Vitalbedürfnissen gibt es drei große Emotionssysteme. Diese sind:

- Das Balance-System (Sicherheit, Stabilität, Ordnung)

- Das Dominanz-System (Macht, Autonomie, Status)

- Das Stimulanz-System (Neugier, freudige Überraschung)

Im Laufe der Evolution haben sich zusätzliche Emotionssysteme im Gehirn entwickelt, die allerdings nicht ganz die Bedeutung der aufgezeigten Big 3 haben. Die wichtigsten sind:

- Bindung (Positiv: Geborgenheitsgefühl, Negativ: Verlassenheitsgefühl)

- Fürsorge (Positiv: Liebe, Negativ: Gefühl von niemandem gebraucht zu werden)

1.2   Die Emotionslogik des Geldes

Den heutigen Stand in der Hirnforschung in puncto Emotionen kann man deshalb wie folgt zusammenfassen: Je stärker die (positiven) Emotionen sind, die von einem Produkt, einer Dienstleistung oder/und einer Marke vermittelt werden, desto wertvoller sind Produkt und Marke für das Gehirn und desto mehr ist der Konsument auch bereit Geld, dafür auszugeben. Auch das scheinbar rationale Geld kann sich dieser emotionalen Neurologik nicht entziehen.

Man muss sich nur fragen. Warum ist Geld für uns so attraktiv? Ganz einfach: Weil wir uns mit Geld alle unsere Wünsche erfüllen können. Wir können in den Urlaub fahren, ein neues Auto kaufen oder auch unsere Altersvorsorge verbessern. Alle diese Wünsche und Motive sind aber höchst emotional. Geld ist ein generalisiertes „Wertsymbol". Es ist ein „Universal-Joker" zur Befriedigung aller seiner Wünsche. Die Rechnung des Gehirns folgt einer einfachen Logik: Der generalisierte Emotionswert des Geldes wird mit dem konkreten Emotionswert des Angebots verrechnet. Strahlt das Angebot nur schwache Emotionen aus, bleibt das wertvolle Geld im Geldbeutel. Aktiviert das Angebot gleichzeitig viele Emotionssysteme im Gehirn, steigt der Wert des Produktes für den Konsumenten – er ist bereit dafür Geld auszugeben. Die aktuelle Hirnforschung zeigt als eindrücklich, dass Emotionen ein zentraler Schlüssel zum Verkaufserfolg sind.

1.3   Die Limbic Map®: Der Emotions- und Werteraum

Da die drei großen Emotionssysteme (inklusive Submodule) meist zeitgleich aktiv sind, gibt es Mischungen. Die Mischung von Dominanz und Stimulanz beispielsweise ist Abenteuer, die Mischung aus Stimulanz und Balance ist Offenheit/Fantasie. Kontrolle und Disziplin schließlich ergeben sich aus der Mischung zwischen Balance und Dominanz. Die Limbic® Map in Abbildung 2 zeigt die Gesamt-Struktur der Emotionssysteme im Gehirn auf. Da auch Werte immer emotional sind, haben sie ebenfalls einen festen Platz auf der Limbic® Map.

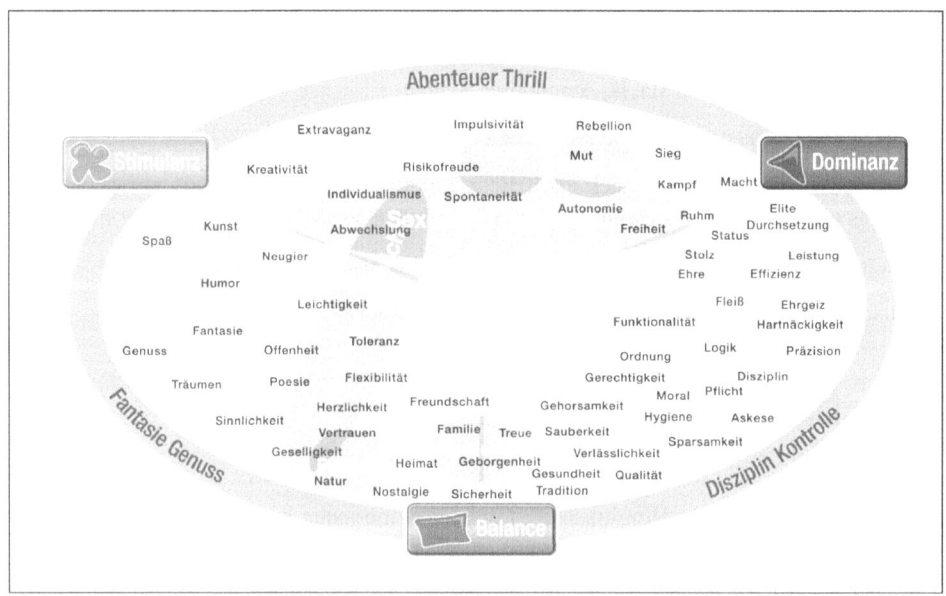

Abbildung 2:   *Die Limbic® Map*

Die Beziehung der Emotionssysteme im Gehirn folgt einer Systemlogik. Das Dominanz- und Stimulanz-System sind unsere aktivierenden und risikorientierten Emotionssysteme. Sie sind auf Wachstum und Veränderung ausgelegt. Das Balance-Emotionssystem ist der große Gegenspieler im emotionalen Gehirn: Es ist das Programm der Risikovermeidung und der Sicherheit.

1.4 Limbic® Types: Die individuelle emotionale Persönlichkeitsstruktur des Kunden beeinflusst sein Entscheidungsverhalten

Viele aktuelle Forschungen zeigen, dass die übergreifenden emotionalen Persönlichkeitsstrukturen das menschliche Entscheidungsverhalten und damit auch das Finanzverhalten erheblich beeinflussen. Alle Menschen haben alle Emotionssysteme – aber nicht in derselben Stärke. Die haben zudem einen Schwerpunkt in der Ausprägung ihrer Emotionssysteme. Auf diese Weise lassen sich Konsumenten praxisnah typisieren: Der emotionale Persönlichkeits-Schwerpunkt bestimmt die Typ-Zuordnung. Auf diese Weise lassen sich 7 Limbic® Types unterscheiden. Diese sind:

- Harmoniser(in)
  (Hohe Sozial- und Familienorientierung; geringere Aufstiegs- und Statusorientierung, geringe Risikobereitschaft)

- Offene(r)
  (Offenheit für Neues, Wohlfühlen, Toleranz)

- Hedonist (in)

- (Aktive Suche nach Neuem, hoher Individualismus, hohe Spontaneität, höhere Risikobereitschaft)

- Abenteurer(in)
  (Hohe Risikobereitschaft, geringe Impulskontrolle)

- Performer(in)
  (Hohe Leistungsorientierung, Ehrgeiz, hohe Statusorientierung)

- Disziplinierte(r)
  (Hohes Pflichtbewusstsein, geringe Konsumlust, hohe kognitive Auflösung)

- Tradionalist(in)
  (Geringe Zukunftsorientierung, Wunsch nach Ordnung und Sicherheit)

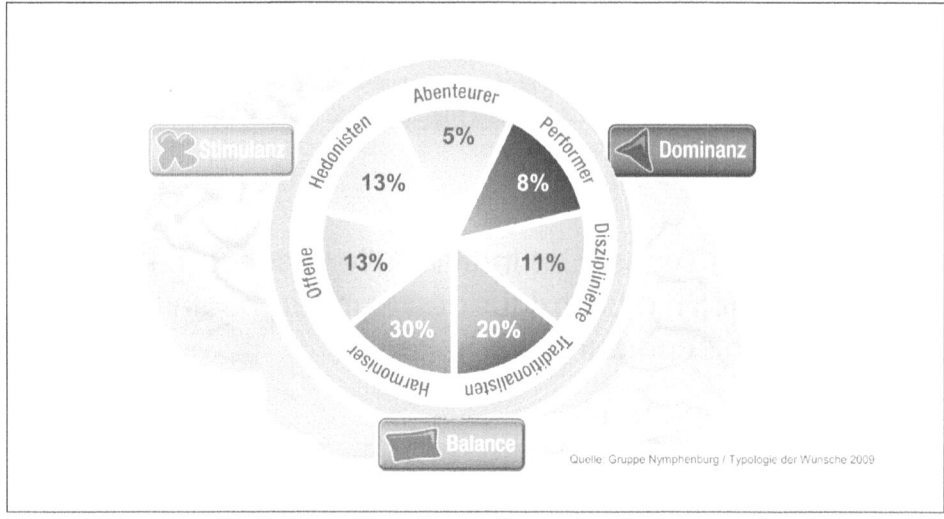

Abbildung 3:   *Die Limbic® Types*

Mit Hilfe des Limbic® Ansatzes hat die Gruppe Nymphenburg gemeinsam mit der Burda-Verlagsgruppe im Rahmen der "Typologie der Wünsche" (TDW) eine repräsentative Limbic® Type-Verteilung für Deutschland ermittelt. Basis der TDW-Untersuchung sind etwa 20.000 Personen, die in zweijährigem Rhythmus befragt werden. Dadurch ist es möglich, die Erkenntnisse der Hirnforschung mit konkretem Konsum- und Finanzverhalten zu verknüpfen.

2.   Wie Banken mit dem Limbic® Ansatz Kunden binden, gewinnen und ihren Umsatz steigern können

Nachdem wir nun einen Überblick über die Emotionsstrukturen gewonnen haben, schauen wir uns nun an einem konkreten Fallbeispiel detailliert an, wie man diese Kenntnisse im Bank-Marketing und Vertrieb nutzen kann

2.1   Der Umgang mit Geld aus der Sicht des emotionalen Gehirns

Beginnen wir mit der Frage des Umgangs mit Geld. Hier gibt es große Unterschiede und diese Unterschiede gehen weitgehend auf den Einfluss unserer Emotionssysteme zurück. Abbildung 4 zeigt diesen Zusammenhang auf.

Das klassische „Sicherheitssparen" sitzt im Bereich des Balance-Systems. Die penible Geldkontrolle (umgangssprachlich: Geiz) liegt im Bereich Kontrolle. Der strategische Ausbau des Vermögens hat seine Heimat im Dominanz-System. Der Wunsch viel zu riskieren, um schnell reich zu werden, ist im Bereich Abenteuer verankert. Der sorglos-hedonistische Umgang mit Geld wird, wie nicht anders zu erwarten, vom Stimulanz-System gespeist. Aber auch Geldanlagen haben eine klare emotionale Logik. Die Logik ergibt sich aus dem Risiko, das damit verbunden ist. Das Sparbuch und Bundesschatzbriefe befinden sich im Balance-Bereich während Hedgefonds und Optionsscheine durch ihr hohes Risiko im Bereich Abenteuer liegen. Zwischen diesen beiden Polen positionieren sich Aktienfonds, Immobilienfonds usw.

Abbildung 4:   *Der Umgang mit Geld*

2.2   Wie sich die Limbic® Types im Finanzverhalten unterscheiden

Weil der Umgang mit Geld emotional so unterschiedlich ist, ist es nicht verwunderlich, dass die unterschiedlichen Limbic® Types auch sehr unterschiedliche Interessen in puncto Bankprodukte sowie eine unterschiedliche Risikobereitschaft haben. Zur Erklärung der Indexwerte in den Grafiken: Index 100 bedeutet Durchschnitt. Wenn beispielsweise der Indexwert „Interesse bei Aktienfonds " bei Harmonisern bei 48 liegt, bedeutet das, dass die Harmoniser 52 % weniger Interesse an Aktienfonds als der Durchschnitt der Bevölkerung haben. Komplexere Finanzprodukte, wie zum Beispiel Aktienfonds, stoßen bei Performern auf weit überdurchschnittliches Interesse (Index = 205), was bedeutet, dass sie doppelt so stark daran interessiert sind wie der Durchschnitt der Bevölkerung. Abbildung 5 und 6 zeigen die Zusammenhänge auf.

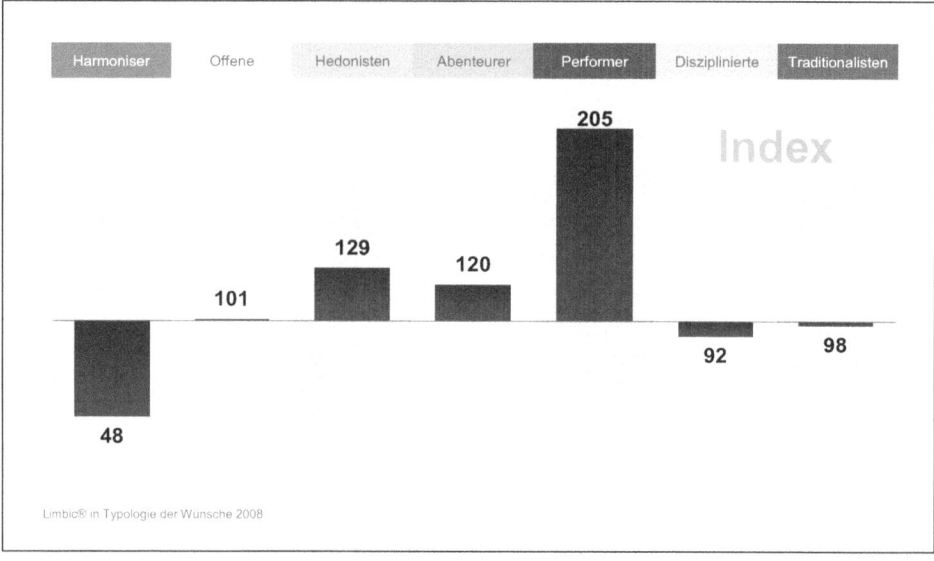

Abbildung 5:   *Interesse an Aktienfonds. Das Interesse für komplexe Produkte wie Aktien-
                    fonds ist zwischen den Limbic® Types sehr unterschiedlich*

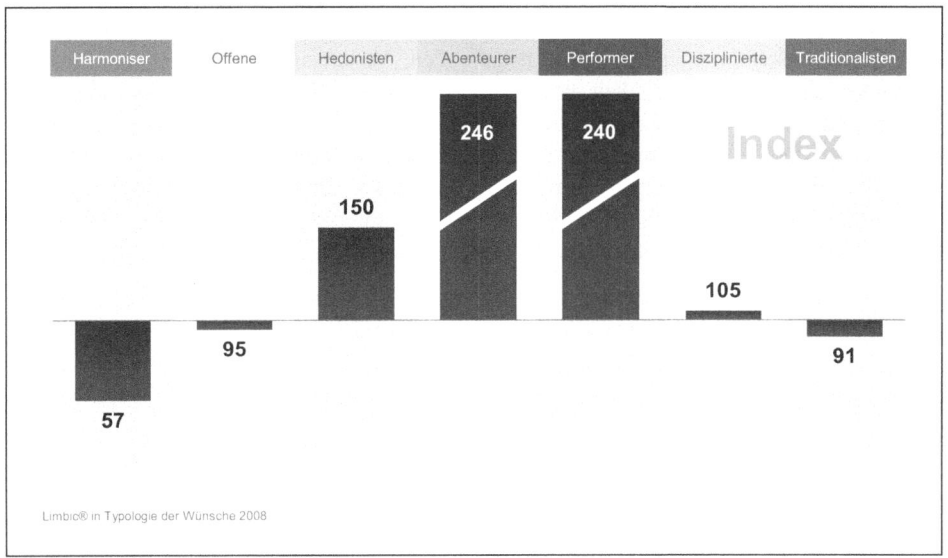

| Harmoniser | Offene | Hedonisten | Abenteurer | Performer | Disziplinierte | Traditionalisten |

Index

246 240

150

105

95 91

57

Limbic® in Typologie der Wünsche 2008

Abbildung 6: *„Ich akzeptiere höheres Risiko bei Geldanlagen." Wie nicht anders zu erwarten, gibt es deutliche Unterschiede*

Diese Unterschiede in den Interessen und im Verhalten machen klar, dass genau hier der Schlüssel für eine emotional wirksame und kosteneffiziente Kundenansprache liegt. Die Bank in unserem Fallbeispiel wusste natürlich nicht, welcher Kunde welcher Limbic® Type war. Bei einigen Millionen Kunden schien diese Frage ein unlösbares Problem darzustellen. Aber dafür gab es eine Lösung: Zunächst wurden tausend Kunden befragt und auf ihren Limbic® Type getestet. Zur Überraschung der Bank machten die angeschriebenen Kunden gerne mit, weil im Brief ganz offen das Ziel der Aktion kommuniziert wurde. Nun wurde geschaut, wie sich die Limbic® Types in ihrem Finanzverhalten unterschieden, denn diese Daten lagen der Bank ja vor. Mit diesem Wissen konnten nun Statistiker mittels Clusteranalysen den gesamten Kundenbestand den Limbic® Types zuordnen. Nun wusste die Bank von jedem Kunden seinen Limbic® Type. Dieses Wissen wurde auch in die elektronischen Kundendateien integriert. Wenn heute ein Kunde dieser Bank den Schalterraum betritt, wird dem Bankberater auf dem Bildschirm dessen Limbic® Type gezeigt.

2.3 Die Limbic® Types im Finanzberatungsgespräch

Auch in den statistischen Analysen der Bank zeigte sich, dass die Limbic® Types völlig unterschiedliche Beratungserwartungen, Geldanlagestrategien und Finanzproduktinteressen hatten und haben. Aber in Bankgesprächen geht es nicht nur um Geld. Jedes Geldgespräch basiert auf dem Vertrauen zwischen dem Bankberater und seinem Kunden. Vertrauen entsteht durch Vertrauenserfahrungen über eine längere Zeit, Vertrauen entsteht aber auch in den Gesprächen über Gott und die Welt, über Hobbys, Familie und sonstige Interessen. Wichtig: Auch im Small Talk und seinen Inhalten unterscheiden sich die Limbic® Types erheblich. Während der Hedonist begeistert vom letzten Rockkonzert berichtet, unterhält sich der Disziplinierte lieber über Haus und Garten. Und während der Harmoniser von der gemütlichen Fahrradtour schwärmt, kann es der Performer kaum erwarten, eine Gelegenheit zu finden, um über sein verbessertes Golf-Handicap zu berichten.

Doch damit nicht genug. Nicht nur in den Inhalten des Small Talks und des eigentlichen Beratungsgesprächs unterscheiden sich die Limbic® Types, auch die Inszenierung des Beratungsraums will bedacht sein. An billigen Plastikkugelschreiber und Strohblumen im Beratungszimmer stört sich der Harmoniser nicht, im Gegenteil, solche heimeligen Signale sind für ihn Vertrauen auslösend und senken seine Ehrfurchts-Schwelle gegenüber der Bank. Für den Performer dagegen wirkt eine solche „Wohnzimmeratmosphäre" minderwertig. Aber auch die Kleidung des Beraters oder der Beraterin spielen eine Rolle. Präsentiert sich der Bankberater mit goldenen Manschettenknöpfen, Einstecktuch usw. wird er für den ungezwungenen Hedonisten zum Anti-Typ, während ihn der Performer so sofort als seinesgleichen akzeptiert. Nach diesem kurzen Überblick schauen wir uns nun am Beispiel von drei Limbic® Types einmal genauer an, was diese Erkenntnis für Beratungs- und Verkaufsgespräche bedeutet.

Harmoniser

Finanzinteressen und Beratungserwartung

Komplexe, unbekannte und risikoreichere Finanzprodukte lehnen Harmoniser als die risikoscheueste Zielgruppe im Finanzbereich ab. Einfache und risikoärmere Finanzprodukte sind ihre erste Wahl. Bundesschatzbriefe, Bausparverträge, Festgelder, festverzinsliche Wertpapiere und gerade noch Unternehmensanleihen von bekannten Firmen werden gekauft. Das Beratungsziel ist es, das finanzielle Leben und finanzielle Entscheidungen so einfach und überschaubar wie möglich zu machen. Finanzfachbegriffe müssen vermieden werden.

Small Talk

Harmoniser betreten eine Bank immer mit etwas Angst und Unsicherheit, deshalb ist für sie der vertrauensbildende Small Talk von allergrößter Wichtigkeit. Sie genießen es, wenn man sich viel Zeit für sie nimmt und auf ihre Sorgen und Lebensnöte eingeht. Die Freizeit- und Lebensinteressen drehen sich um Familie, Haus und Garten und um die Besorgung des alltäglichen Lebens. Die regionale Nähe, auch im gemeinsamen Dialekt zwischen Berater(in) und Kunde, wirkt auf Harmoniser besonders positiv.

Umfeld-Inszenierung

Alles was die Ehrfurchtsschwelle senkt, ist förderlich. Kühles Hightech-Design und Designermöbel lösen Unwohlsein aus. Am liebsten mag der Harmoniser eine heimelige Wohnzimmeratmosphäre mit Signalen der Gemütlichkeit. Warmes Holz, weiche Teppiche sind die Welt des Harmonisers. Bankberater und Bankberaterin sollten ordentlich angezogen sein, aber nicht zu modisch und auch nicht zu streng. Das ordentliche Aussehen schafft Vertrauen in die Bank.

Hedonisten

Finanzinteressen und Beratungserwartung

Die Hedonisten sind offen für neuere und ungewohnte Finanzprodukte. Zudem sind sie auch bereit, Risiken einzugehen. Investmentfonds, Aktien und Aktienfonds sowie Firmenanleihen werden überdurchschnittlich häufig gezeichnet – auch von ausländischen und weniger bekannten Unternehmen. Hedonisten betrachten Geldanlage und Handel mit Aktien zudem als spannendes Spiel. Da Hedonisten eine relativ kurzfristige Belohnungserwartung haben, lehnen sie Anlagen mit langer Bindung und ohne Flucht- oder Ausstiegsmöglichkeit ab. Der belohnende Zugriff auf das Geld sollte immer möglich sein.

Small Talk

Hedonisten betreten eine Bank mit einer gewissen Furcht, sich in der oft vorherrschenden Beamten-Kultur zu langweilen oder in ein beengendes Korsett gezwängt zu werden. Bei ihnen sind Lockerheit und Freude am Leben angesagt. Nach dem Motto: Was gibt es Neues in der Stadt? Welche Themen beherrschen die Szene? Und darf es ein Latte Macchiato oder eine Bionade sein? Das Beratungsgespräch soll schnell gehen – draußen wartet ja das spannende Leben.

Umfeld-Inszenierung

Hedonisten lieben moderne Kunst und modernes Design. Bankberater und Bankberaterin sollten ordentlich angezogen sein – aber das Jackett darf abgelegt werden.

Performer

Finanzinteressen und Beratungserwartung

Die Performer sind Profis in Sachen Finanzen oder halten sich zumindest dafür. Der Performer liebt komplexe und risikoreichere Finanzprodukte bis hin zu Derivaten und Hedgefonds. Der Vermögensaufbau wird strategisch und steueroptimierend geplant, deswegen reicht es nicht nur Produkte mit hohen Renditen anzubieten, auch die steuerliche Auswirkung will bedacht sein. Der Finanzberater muss deshalb bestens auf das Gespräch vorbereitet sein, einen einsatzbereiten Laptop, der schnell mal eine Analyse rechnet, empfindet der Performer als Ausdruck von Professionalität. Der Perfomer liebt es übrigens auch, wenn sein Bankberater zum Gespräch bei bestimmten Themen einen Fachspezialisten hinzuzieht (der Harmoniser dagegen würde Angst bekommen).

Small Talk

Small Talk sollte beim Performer „small" bleiben. Er hat nur wenig Zeit und er möchte seine Zeit effizient einsetzen. Trotzdem erwartet er Bewunderung: Man muss ihm ausreichend Gelegenheit geben, über seine beruflichen und sportlichen Erfolge zu sprechen.

Umfeld-Inszenierung

Der Performer arbeitet täglich an seiner eigenen Perfektion und das Gleiche erwartet er auch von der Bank. Während der Hedonist und der Harmoniser über kleine Schlampigkeiten gnädig hinwegsehen, erwartet der Performer Perfektion im Detail. Ein Bankberater mit billigem Plastikkugelschreiber, zerknautschtem Anzug und nachlässigem Schuhwerk wird unbewusst als inkompetent und als nicht satisfaktionsfähig abgelehnt.

In zweitägigen Trainings lernten alle Bankberater diese Unterschiede zu erkennen und ihr Beratungsverhalten darauf anzupassen.

2.4   Die Limbic® Types im Telefonverkauf

Ein großes Problem bei den Bankmitarbeitern war der aktive Telefonverkauf von Bankprodukten. Mit dem Satz „Unsere Kunden fühlen sich belästigt" wurde schnell eine Ausrede dafür gefunden, warum man in seiner Passivität verharren konnte. Als die Bankberater in Trainings lernten, ihre Kunden aus der Limbic®-Perspektive zu betrachten, merkten sie, dass die pauschal argumentierte Kundenverweigerung so nicht stimmte und teilweise sogar das Gegenteil der Fall war. Insbesondere die Performer erwarteten nämlich einen regelmäßigen telefonischen Anruf, aber bitte nur, wenn der Bankberater wirklich ein interessantes Angebot oder eine Anlageempfehlung für sie hatte. Der Anruf musste jedoch schnell gehen und ohne allzu viel Zeitverschwendung durch Small Talk. Anders dagegen die Harmoniser und Traditionalisten: Sie freuten sich zwar, wenn sie der Bankberater von Zeit zu Zeit anrief, aber die Anlage größerer Summen oder den Kauf komplexerer Bankprodukte besprachen sie nicht am Telefon. Ein zu häufiges Anrufen störte sie auch, weil für sie anders als beim Performer das Finanzmanagement beschwerliche Last und nicht Lust war.

2.5   Kunden-Events nach Maß

Besonders wichtig für Kundenbindung und Beziehungspflege einer Bank sind Kundenveranstaltungen. Das Problem der Bank lag darin, dass die Bewertung der gleichen Veranstaltung durch die Besucher oft sehr zwiespältig war. Die einen fanden sie toll, die anderen lehnten die Veranstaltung ab. „Egal was man macht, man macht es keinem Recht", lautete die oft mit Frust durchtränkte Aussage der zuständigen Bankmitarbeiter. Nachdem auch die für Veranstaltungen zuständige Marketingabteilung der Bank die Limbic®-Schulung genossen hatte, fiel es den Machern wie Schuppen von den Augen: „Wir hatten immer alle Kunden zu allen Veranstaltungen eingeladen – jetzt wird klar, warum wir so oft daneben lagen. Weil wir einfach zuwenig auf die Limbic®-Types-Zuordnung geachtet hatten", so die Aussage der Verantwortlichen. Traditionalisten und Harmoniser, so die Erkenntnis, möchten ganz andere Veranstaltungsinhalte als Performer. Das ganze Veranstaltungsmanagement wurde nun viel stärker auf die Limbic® Types ausgerichtet. Zum einen wurden alle bestehenden Veranstaltungskonzepte auf der Limbic® Map verortet. Daraus ergab sich, dass es keine Veranstaltungen für Hedonisten, Abenteurer gab. Schon bald darauf wurde in einem Szene-Club eine coole Party für Anleger organisiert. Außerdem wurde das Einladungsprocedere verändert: Zum Abend mit dem internationalen Finanzmarktexperten und Anlagestrategen wurden fortan vor allem Performer eingeladen, zur gemütlichen Flussschifffahrt und zum Adventsplätzchen-Backen die Harmoniser, Traditionalisten und Disziplinierten.

Natürlich gab es auch Veranstaltungen, die für alle Zielgruppen gleichermaßen relevant waren – aber über 50 % aller Veranstaltungen werden inzwischen zielgruppenorientiert durchgeführt. Eine kleine Erkenntnis noch am Rande: Die unterschiedliche Besuchstreue. Während von den angemeldeten Traditionalisten und Disziplinierten - die Veranstaltungsteilnehmer müssen sich ja immer anmelden - fast immer 90 % erschienen, waren es bei den Hedonisten und Abenteurern meist nur 50 bis 60 %. Die hohe Spontaneität in der Persönlichkeitsstruktur wirkt sich eben auch auf die Zuverlässigkeit aus.

2.6   Die Limbic® Types im Direktmarketing

Bald fand der Limbic®-Ansatz auch in das Direktmarketing der Bank Einzug. Auch hier erkannte man, dass eine Konzeption für alle, alle ein bisschen, aber keinen richtig trifft. Für eine Bank sind Produkte für die Altersvorsorge besonders wichtig. Die gängige Argumentation hörte sich ungefähr so an: „Jetzt abschließen, damit Sie im Ruhestand gut versorgt sind". Vorsorge ist im Kern ein Balance-Produkt. Aber das allein reicht nicht aus, um die innere emotionale Struktur vollständig zu verstehen. Es gibt nämlich verschiedene Motive, um ein Vorsorgeprodukt zu kaufen. Diese Unterschiede hören sich etwa so an: „Ich zeichne eine Altersvorsorgeversicherung, weil ich mein Alter genießen will"; „Ich zeichne eine Altersvorsorgeversicherung, weil man nie weiß, ob man zum Pflegefall wird", „Ich zeichne eine Altersvorsorgversicherung, weil das steuerlich interessant und eine gute Depotbeimischung ist". Neben diesen unterschiedlichen Motiven wurde auch das Spar- und Anlegeverhalten der Limbic® Types betrachtet. Während die Hedonisten und Abenteurer längerfristige Bindungen ablehnen – man weiß ja nie, welche Verlockungen das Leben bereit hält – sind Traditionalisten, Disziplinierte und Performer bereit, längerfristige Verträge einzugehen. Aus beiden Perspektiven wurde die grundsätzliche Produktargumentation abgeleitet, die in vier unterschiedlichen Prospekten und Anschreiben umgesetzt wurde. Selbstverständlich waren die Bildwelten und die benutzte Sprache ebenfalls höchst unterschiedlich.

- Für den Performer wurde neben der Grundargumentation der strategische Aspekt der Portfolio-Ergänzung dargestellt, gleichzeitig wurde auch die Möglichkeit, das anspruchsvolle Leben auch im Alter weiterführen zu können, adressiert.

- Für die Offenen, Hedonisten und Abenteurer wurde die Möglichkeit, zu jeder Zeit auf das angesparte Geld zurückzugreifen zu können und die hohe finanzielle Freiheit betont.

- Bei den Harmonisern, den Traditionalisten und den Disziplinierten wurde die hohe Sicherheit und Geborgenheit im Alter in den Vordergrund gestellt.

Banker sind Zahlenmenschen (Kontrolle). Deswegen wollte man wissen, ob sich dieser Mehraufwand, der sich aus der „Typisierung" der Mailings ergab, rechnete. Deshalb wurde parallel an eine Teilzielgruppe ein Testmailing im herkömmlichen Stil versandt. Das Ergebnis: Der Rücklauf bei den typisierten Mailings war um 30 % höher als beim Testmailing.

2.7   Neukundengewinnung mit Direktmarketing

Bisher haben wir uns mit bestehenden Kunden beschäftigt und uns darüber Gedanken gemacht, wie wir diese durch die Limbic® Type-Zielgruppenansprache besser binden und ansprechen können. Wie kann man nun Neukunden „hirngerecht" ansprechen? Die Lösung

lautet: Mikro- und Geomarketing Performer leben anders als Harmoniser, sie kaufen andere
Sachen, sie haben andere Interessen, sie wohnen an anderen Plätzen und in anderen Wohnun-
gen, sie fahren andere Autos... Zudem gibt es ja deutliche Geschlechts- und Alterbeziehun-
gen. Keine dieser Informationen alleine würde genügen, um einen Menschen zu klassifizie-
ren. Doch jedes dieser Details trägt eine Information bei. Aus der Einpflege der Limbic®
Types in die Typologie der Wünsche des Burda-Verlags haben wir einen sehr detaillierten
Einblick in die Konsum- und Interessenstruktur der Limbic® Types. Wenn man diese Information mit anderen Verhaltensdaten, die im Markt vorliegen, abgleicht und ausgeklügelte
Statistikprogramme damit füttert, spucken diese in der Regel eine relativ genaue Zuordnung
der ganzen Bevölkerung aus. Durch unsere Zusammenarbeit mit Microm, einer Creditreform-
Tochter, können wir heute solche Analysen machen. Nun kann man sein Direktmarketing
sehr zielgenau einsetzen. Man kann für junge Performer-Frauen genauso Kampagnen machen, wie für Disziplinierte mit hohem Interesse an Haus- und Gartenprodukten. Wenn man
so ein neuropsychologisch fundiertes Bild der Zielperson vor sich hat, kann man natürlich in
Argumentation, Wortwahl und Sprachstil genau darauf eingehen. Eine 30-jährige Hedonistin
erwartet eine völlig andere Ansprache als ein 60-jähriger Disziplinierter. Aber auch sonst
bekommt man durch Limbic® verknüpft mit Mikromarketing hoch interessante Einsichten.
Nämlich über die psychologische Struktur ganzer Regionen. Wenn wir uns beispielsweise in
Abbildung 7a und b die Verteilung der Perfomer und der Disziplinierten in Deutschland an-
schauen, dann sehen wir dramatische Unterschiede. Insbesondere im Osten Deutschlands
dominieren die Disziplinierten, in den westdeutschen Ballungszentren dagegen die Performer.

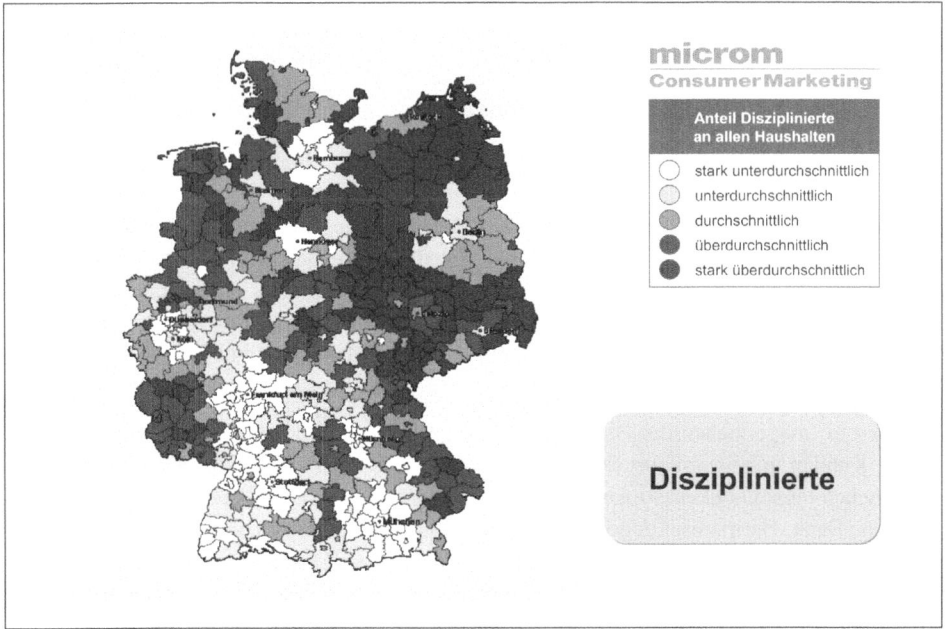

Abbildung 7a: *Wo die Limbic® Types wohnen: Disziplinierte*

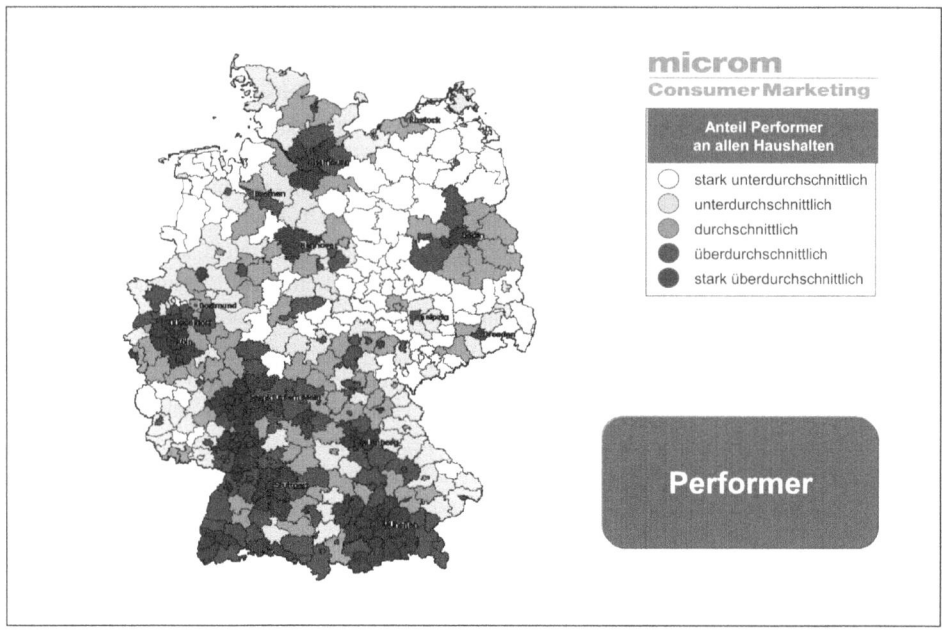

Abbildung 7b: *Wo die Limbic® Types wohnen: Performer*

2.8   Wie das Markenimage einer Bank sich auf ihre Kundenstruktur auswirkt

Banken haben ein Image. Genauer gesagt ein Markenimage. Die Sparkassen und Volksbanken, die stark mit der Region verknüpft sind, liegen eher im Balance-Bereich. Die Deutsche Bank als internationale Großbank mit einem selbstbewussten und oft angefeindeten Vorstandsvorsitzenden Josef Ackermann dagegen hat ihre Image-Position im Dominanz-Bereich. Kreditbanken liegen eher im Bereich Offenheit und Stimulanz der Limbic® Map (siehe Abbildung 8).

Mit diesem Image ziehen die Banken bestimmte Limbic® Types an. Sie weisen aber auch andere Kunden unbewusst zurück. Kunden suchen unbewusst eine Bank, deren Image ihrer eigentlichen Persönlichkeitsstruktur entspricht. Performer haben deutliche Präferenzen für die Deutsche Bank. Harmoniser dagegen stören sich am selbstbewussten, aus ihrer Sicht arroganten, Auftreten der Deutschen Bank. Sie fühlen sich in der Volksbank oder der Sparkasse wohler. Den Traditionalisten und den Disziplinierten machen schon englische Namen unbewusst Probleme, Hedonisten und Abenteurer lieben genau dies. Die Abbildung 9 a, b und c zeigt die unterschiedlichen Limbic®-Types-Verteilungen einiger Banken.

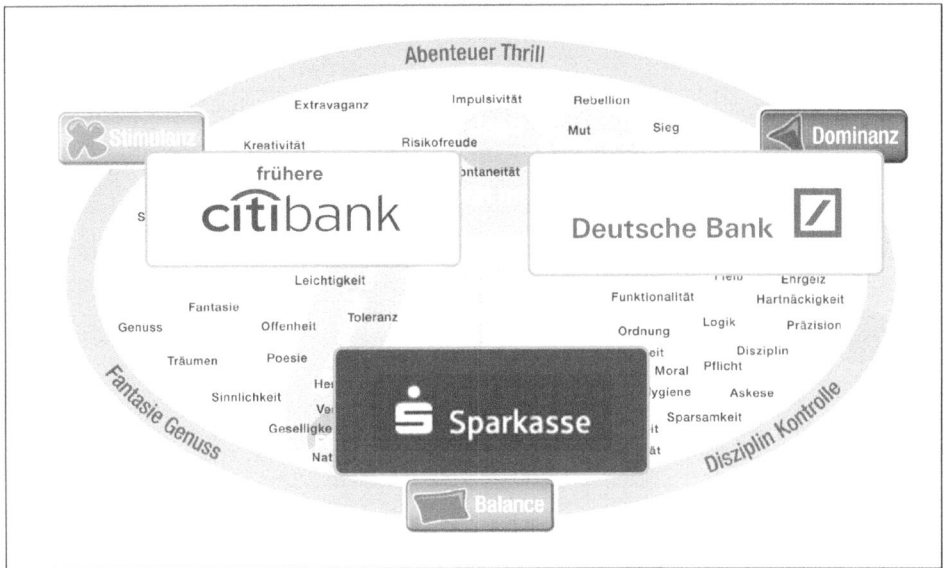

Abbildung 8: *Die emotionale Image-Position von Banken*

Abbildung 9a: *Kundenstruktur Sparkasse*

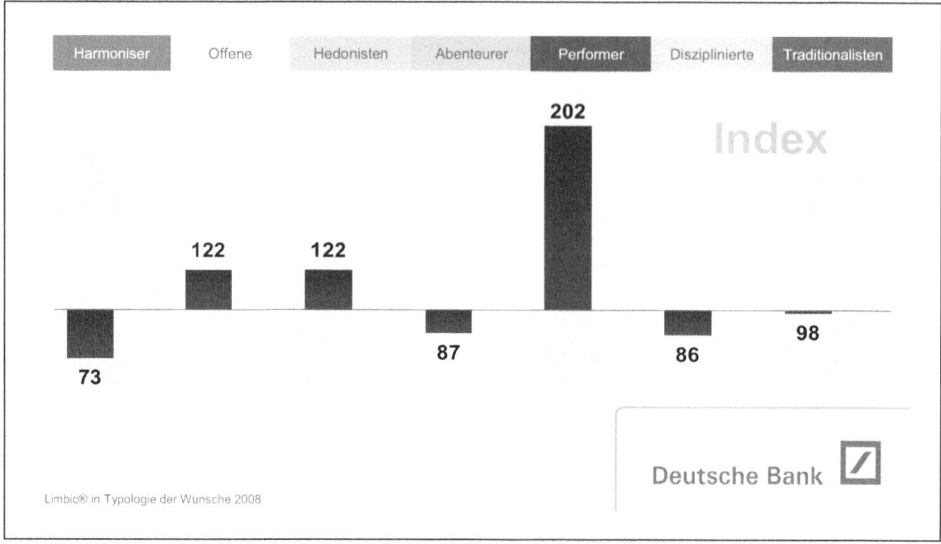

Abbildung 9b: *Kundenstruktur Deutsche Bank*

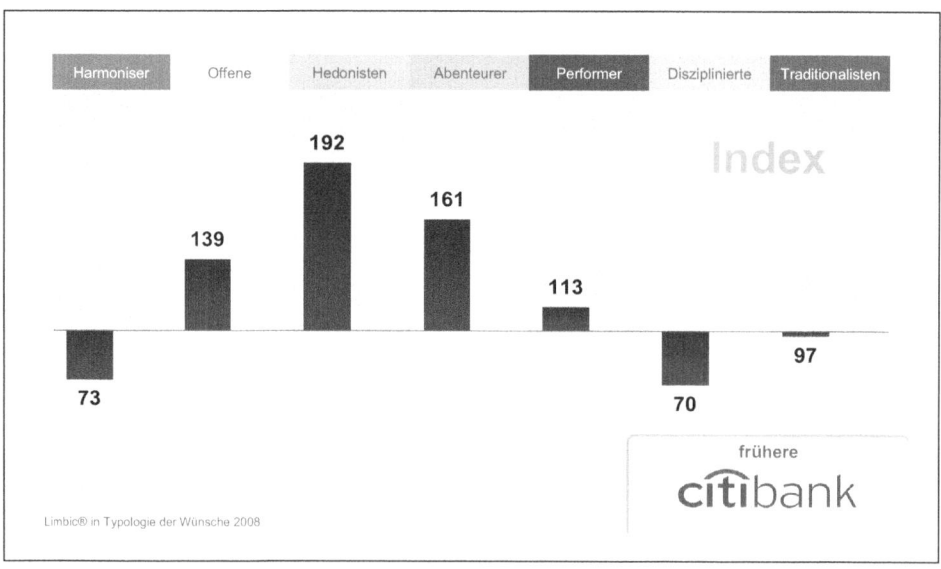

Abbildung 9c: *Kundenstruktur frühere Citibank*

In diesem Kapitel, so hoffe ich, wurde deutlich, wie wichtig es für Banken ist, sich vom Einheitskunden zu verabschieden und sich mehr mit seiner emotionalen Welt zu beschäftigen. In dem geschilderten konkreten Fallbeispiel führte die Bank den Limbic® Ansatz zunächst in einer Pilotregion ein, um Kosten und Nutzen zu evaluieren. Nach einem Jahr des Testens wurde vom Vorstand die Entscheidung für einen kompletten Roll-Out getroffen. Die Testregion war in allen Kennzahlen erfolgreicher als die Vergleichsregionen – zudem waren die Mitarbeiter von diesem Ansatz begeistert. Der Projektleiter der Bank berichtete, dass die Einführung von Limbic® das erste Programm in der Geschichte der Bank war, das nicht von „oben" befohlen werden musste, sondern ein richtiger Selbstläufer war. Schon während der Testphase fragten andere Regionen an, wann sie endlich auch diesen Ansatz einsetzen dürften.

Professionelles Pricing für Banken

Jan Engelke / Georg Wübker

Die Finanzbranche befindet sich im Umbruch. Angebote von Banken werden zunehmend transparenter und vergleichbarer. Kunden ändern ihr Nutzungsverhalten, Preissensitivitäten verschieben sich. Der Wettbewerb wird zunehmend härter. Dies führt dazu, dass immer mehr Banken sich sinkenden Margen und Erträgen gegenüber sehen. Die meisten Bankmanager haben erkannt, dass Kostensenkungsprogramme allein nicht ausreichen, um die Herausforderungen in solch einem Marktumfeld zu bewältigen. Lediglich auf mehr Menge abzuzielen ist auch keine Lösung. Denn Preise werden dann als Waffe eingesetzt, um Kunden und Mehrvolumen zu gewinnen. Das Resultat ist häufig ein Preiskrieg, der die Margen in der gesamten Branche vernichtet.

Nur mit einem ganzheitlichen Produkt- und Preismanagement entlang eines definierten Prozesses können Banken und Finanzinstitute unter diesen Rahmenbedingungen ihre Erträge nachhaltig ausbauen und gleichzeitig sogar die Kundenzufriedenheit erhöhen.

Eine wichtige Erkenntnis ist, dass es sich beim Preis um den Gewinntreiber Nummer 1 handelt. Der Gewinn ergibt sich aus Umsatz minus Kosten, wobei der Umsatz wiederum das Produkt aus Absatzmenge und Preis ist. Viele Entscheidungsträger investieren einen Großteil ihrer Zeit in Kostensenkungen, obwohl der Preis eigentlich den größten Einfluss auf den Gewinn hat, wie Abbildung 1 veranschaulicht.

	Eine 10%-tige Verbesserung von …				… führt zu folgenden Gewinnsteigerungen
	Gewinntreiber		**Gewinn** (in Mio. Euro)		
	Alt	Neu	Alt	Neu	
Preis (Gebühr)	100	110	10	20	100%
Variable Kosten	80	72	10	18	80%
Absatz- menge	1 Mio.	1,1 Mio.	10	12	20%
Fixkosten	10 Mio.	9 Mio.	10	11	10%

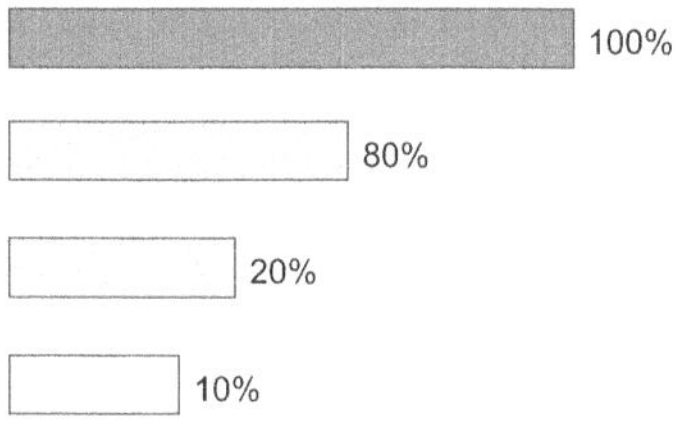

Abbildung 1:   *Preis, Kosten und Absatzmenge als Gewinntreiber*

Eine Bank bietet ihren Kunden ein Girokonto zu einem Preis von 100 Euro pro Jahr an. Die Absatzmenge umfasst eine Million Girokonten. Die Fixkosten betragen 10 Millionen Euro und die variablen Kosten 80 Euro pro Jahr. Die Bank erzielt unter diesen Bedingungen einen Gewinn von 10 Millionen Euro [= (100 – 80) x 1 Million – 10 Millionen Euro]. Eine Verbesserung der vier Gewinntreiber Preis, variable Kosten, Absatzmenge und Fixkosten führen zu einem eindeutigen Ergebnis. Eine zehnprozentige Steigerung des Preises von 100 Euro auf 110 Euro führt bei Konstanz aller anderen Faktor zu einer Gewinnsteigerung um 100 %, von 10 Millionen auf 20 Millionen Euro [= (110 – 80) x 1 Million Euro – 10 Millionen Euro]. Die anderen Gewinntreiber variable Kosten, Absatzmenge und Fixkosten bewirken unter gleichen

Umständen nur einen Gewinnanstieg um 80, 20 beziehungsweise 10 %. Wie groß der Einfluss des Preises auf den Gewinn sein kann, gerade bei kleinen Margen, zeigen auch die folgenden Analysen:

Analyse 1: Wenn eine Bank bzw. Sparkasse durchschnittlich 10 Basispunkte mehr realisiert, dann bedeutet dies bei einer Basis (Einlagen oder Kredite) von

- 1 Milliarde Euro gleich 1 Million Euro Mehrgewinn,

- 10 Milliarden Euro gleich 10 Millionen Euro Mehrgewinn,

- 100 Milliarden Euro gleich 100 Millionen Euro Mehrgewinn.

Analyse 2: Wenn eine Bank bzw. Sparkasse im Mittel „nur" 10 Euro pro Kunde und Jahr mehr erlöst, dann bedeutet dies bei einer Basis von

- 100.000 Kunden gleich 1 Million Euro Mehrgewinn,

- 500.000 Kunden gleich 5 Millionen Euro Mehrgewinn,

- 1.000.000 Kunden gleich 10 Millionen Euro Mehrgewinn.

In vielen Instituten ist dieses Bewusstsein nicht vorhanden. Während in nahezu jeder Organisation ein Produktmanagement existiert, werden Preisentscheidungen stiefmütterlich behandelt. Dies kann zu gravierenden Fehlentscheidungen führen und einen deutlich negativen Effekt auf den Ertrag haben. Um nachhaltig die Erträge auszubauen, ist eine Verknüpfung des Produkt- und Preismanagements daher dringend notwendig. Preisentscheidungen sind allerdings nicht nur sehr bedeutend, sondern – gerade bei Banken – auch sehr komplex. Um diese Komplexität zu beherrschen, sollten Banken konsequent einem Produkt- und Preisprozess folgen, angefangen von der Strategie bis hin zur konsequenten Umsetzung.

Der Produkt- und Preisprozess untergliedert sich in vier Phasen (siehe Abbildung 2).

Abbildung 2:   *Die vier Phasen des Produkt- und Preisprozesses*

1.   Die Bedeutung einer Produkt- und Preisstrategie

Ausgangspunkt einer jeden Preisentscheidung sollte ein Rückgriff auf die Produkt- und Preis-strategie der Bank sein. Durch die Etablierung dieses ersten Prozessschrittes bereitet das Management den Boden für ein konsistentes Preis-/Leistungsangebot („aus einem Guss") in der ganzen Bank. Solch ein Vorgehen vermeidet redundante Diskussionen und ermöglicht schnelle und gleichzeitig strategiekonforme Preis-/Angebotsentscheidungen. Voraussetzung hierfür ist ein explizites Produkt- und Preisstrategie-Dokument, welches im Führungskreis der Bank erarbeitet wurde. Inhaltlich sollten darin die strategischen Grundlagen aller Ge-schäftsfelder (Privatkunden / Firmenkunden) berücksichtigt sein.

Ein wesentliches Element sind Preis-Grundsätze für die einzelnen Geschäftsfelder (vgl. Ab-bildung 3). Diese stecken den Rahmen für die konkreten Preisentscheidungen im dritten Schritt des Prozesses ab.

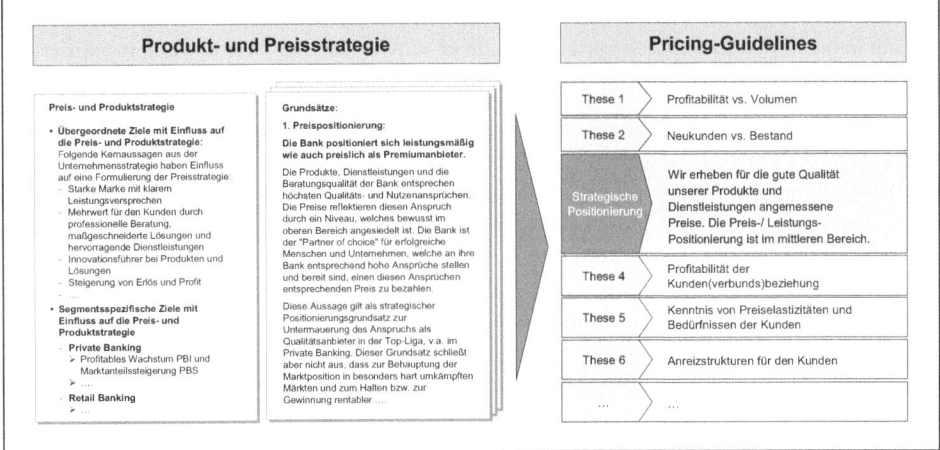

Abbildung 3:   *Produkt- und Preisstrategie mit Preis-Grundsätzen*

Die Formulierung der Preis-Grundsätze und deren regelmäßige Überprüfung müssen im Einklang mit der gesamten strategischen Positionierung der Bank und des jeweils betrachteten Geschäftsfeldes erfolgen. Dies setzt eine eindeutige Wettbewerbsstrategie für alle Geschäftsfelder voraus: Ausgangspunkt hierbei ist zunächst eine klare Zielausrichtung der Bank durch den Vorstand.

Ein Hauptziel von Banken besteht zum Beispiel darin, auch in schwierigen wirtschaftlichen Zeiten die Wirtschaft ausreichend mit Krediten zu versorgen und somit auch zur Sicherung der Arbeitsplätze in der Region beizutragen. Für die Privatkunden soll mittels eines attraktiven Filialnetzes eine gute Infrastruktur vorgehalten werden und das Internetbanking der Bank soll höchsten Sicherheitsanforderungen genügen. Hervorragend ausgebildete Mitarbeiter und hervorragende und faire Produkte rechtfertigen das Vertrauen und erhöhen den Gesamtnutzen für den Kunden. Um diese Vielzahl der Ziele umsetzen zu können, ist die Bank auf eine nachhaltig stabile und ggf. noch zu verbessernde Ertragslage angewiesen. Dies steht nicht im Widerspruch zum Ziel eines hohen Kundennutzens, sondern sind zwei Seiten der gleichen Medaille!

Für die Bank ist es zur Zielerreichung unerlässlich, das Produkt- und Preismanagement zu professionalisieren, um so bei ausgewählten Kundensegmenten einen strategischen Wettbewerbsvorteil zu erzielen. Dann nämlich ziehen die betrachteten Kunden die Leistungen der Bank den Wettbewerberleistungen dauerhaft vor.

Um einen Wettbewerbsvorteil zu erzielen, muss die Bank zwei Bedingungen konsequent erfüllen:

▪ Bei Leistungsmerkmalen, die wichtig für einen Kunden sind (Werttreiber), muss die Bank in der Kundenwahrnehmung einen Vorteil gegenüber den Wettbewerberleistungen aufweisen.

■ Dieser Leistungsvorteil muss auf den spezifischen Stärken der Bank beruhen. Denn nur dann kann sie ihn erfolgreich verteidigen, da er schwer von den Wettbewerbern imitierbar ist.

Die Erfüllung beider Bedingungen zur Erzielung eines strategischen Wettbewerbsvorteils bedarf zunächst einer umfassenden Analyse: Was sind die wichtigen Leistungsmerkmale in der Wahrnehmung der Bankkunden? Wie beurteilen die Kunden die Bank relativ zu den Wettbewerbern mit Blick auf diese Leistungsmerkmale? Was sind aus interner Sicht die Stärken und Schwächen der Bank? Um diese Fragen konkret zu beantworten, sollte eine konsequent marktorientierte Bank regelmäßig Kunden- und Vertriebsbefragungen durchführen. Hierzu existieren bereits moderne und verlässliche Methoden, wie zum Beispiel das Conjoint-Measurement. Die Analyseergebnisse kann die Bank dann in einer für diesen Zweck konzipierten Wettbewerbsvorteilsmatrix, wie in Abbildung 4 dargestellt, erfassen.

Abbildung 4:   *Beispiel einer Wettbewerbsvorteilsmatrix*

Wichtig ist hier vor allem die Wahrnehmung des Kunden. Häufig werden Produkt- und Preisentscheidungen nur auf Basis der internen Sicht getroffen – oder noch schlimmer: vom Wettbewerb schlicht abgeschaut. Das Beispiel in Abbildung 4 zeigt aber, dass der Kunde Preise und Leistungen einer Bank ganz anders wahrnimmt als der Vertrieb. So schätzt der Vertrieb die Kontoführungsgebühr im Wettbewerbsvergleich als deutlich zu hoch ein. Kunden hingegen teilen diese Ansicht nicht. Sie nehmen die Kontoführungsgebühr im Wettbewerbsvergleich als besser bzw. günstiger wahr. Würde eine Bank sich in diesem Beispiel nur auf die interne Sicht verlassen und beispielsweise die Kontoführungsgebühr senken, würde sie grundlos Ertrag verschenken. Daher ist die Aufnahme der Kundenbedürfnisse und Zahlungsbereitschaften dringend erforderlich. Grundsätzlich gilt für spätere Überlegungen: Je höher der vom Kunden wahrgenommene Nutzen einer Leistungskomponente ist, desto höher kann das Preisniveau sein.

Neben der Werttreiberanalyse sollte auch die angestrebte Preis-Leistungs-Positionierung im relevanten Markt in dem Produkt- und Preisstrategiedokument festgehalten sein. Durch Wettbewerbsbeobachtungen ist eine erste preisliche Einordnung in dieser Matrix möglich. Jedoch verlangt eine konsequent marktorientierte Herangehensweise die Einordnung entsprechend der subjektiven Kundenwahrnehmung sowohl beim Preis als auch bei der Leistung. Auch hier lässt sich nur durch Kenntnis der Kundenwahrnehmung eine Fehlpositionierung vermeiden.

Die festgelegte Positionierung muss die Bank dann auch konsequent bei Produkt- und Preisentscheidungen umsetzen. Sollen Kunden und Nichtkunden die Bank in ihrer Zielpositionierung beispielsweise als Service- und Qualitätsanbieter wahrnehmen, so bedeutet dies neben hochwertiger Kundenberatung und -services, dass die Leistungen der Bank auch dementsprechend zu bepreisen sind.

2.   Pricing-Datenbank: Das Fundament für professionelles Preis- und Produktmanagement

Preisschlachten sind an der Tagesordnung. Immer häufiger liest man Schlagzeilen wie „...in Zeiten zunehmender Preissensibilitäten", „...Am Bankschalter feilschen", „Die Rabattschlacht wird immer härter" oder „Starker Preisdruck". Die Preise sind folglich auf einem niedrigen Niveau. So liegen beispielsweise die Preise, die Privatkunden für das Girogeschäft bezahlen müssen, in Deutschland mit < 100 Euro deutlich unter dem Niveau in anderen Ländern (Italien: > 250 Euro, USA: > 150 Euro). Dennoch wird befürchtet, dass sich die Erträge aus der Privatkundenbeziehung derzeit kaum noch steigern lassen.

Diese Aussagen verwundern umso mehr, als dass das heutige Pricing in vielen Banken immer noch nicht professionell betrieben wird. Insbesondere das Fundament für Preisentscheidungen – eine klare Transparenz der heutigen Preispraxis – ist häufig nicht vorhanden. Fragen wie „Welche und wie viele Kunden zahlen einen Mindestpreis bei der Depotgebühr?", „Wie viele Kunden erhalten in welcher Höhe Sonderkonditionen beim Girokonto, Festgeld oder im Mandatsgeschäft?" oder „Wie weichen die vom Kunden verlangten Preise von den Listenpreisen ab?" können Manager häufig nicht präzise oder nur mit hohem manuellen Aufwand beantworten. Auf Grund dieser unsicheren und unzureichenden Datenlage werden Entscheidungen nicht gefällt bzw. hinausgezögert, oder es werden falsche Entscheidungen getroffen.

Fragen wir Vorstände oder Führungskräfte über die Kenntnis und Transparenz von Sonder-konditionen, Preisen, Gebühren, Konditionen und Provisionen im Zahlungsverkehr oder im Wertpapiergeschäft, dann ist die Antwort sehr ernüchternd. Häufig werden Preisentscheidun-gen aus dem Bauch heraus getroffen. Nun sind intuitiv getroffene Entscheidungen nicht grundsätzlich schlecht. Allerdings ist das Pricing im Banking im Vergleich zu anderen Bran-chen durch Merkmale gekennzeichnet, die eine rein intuitive Abschätzung der Effekte von Preismaßnahmen äußerst schwierig, wenn nicht gar unmöglich machen:

▪ **Zahlreiche Preis- und Leistungsparameter:** Die Preislisten von Banken enthalten meist mehrere hundert Preis- und Leistungsparameter. Dazu gehören neben fixen und nutzungs-abhängigen Preisen, Gebühren oder Konditionen auch „indirekte" Preiskomponenten wie Staffelgrenzen, Qualifizierungskriterien oder individuelle Vereinbarungen in Form von Sonderkonditionen oder „geschenkten" Services. Alleine im Zahlungsverkehr gibt es viele verschiedene Leistungen und dementsprechend viele verschiedene Preise (beleghafte oder beleglose Transaktionen, Arbeitsposten, Buchungsposten, Preise für Ein-/Auszahlungen usw.).

▪ **Vielzahl an Produkten:** Neben den Einzelpreisen ist für den Kunden auch der Gesamt-preis wichtig, den er für die Nutzung aller Produkte und Services an die Bank zahlen muss. Preismaßnahmen in einem Bereich beeinflussen die Preisspielräume anderer Pro-duktbereiche. Mittels intelligenter Methoden wie Bundling oder produktübergreifende Ra-battsysteme können Manager Cross-Selling-Potenziale heben. Hier sollte sich die Bank so aufstellen und organisieren, dass ein ganzheitlicher Auftritt gegenüber dem Kunden ge-währleistet ist und Preismaßnahmen koordiniert durchgeführt werden können (Stichwort: Hausbank).

▪ **Familien- oder Unternehmensverbünde (Mehrpersonen-Pricing):** Verbünde wie zum Beispiel Familien beeinflussen insbesondere bei größeren Vermögen die Preis- und Ange-botspolitik und müssen deshalb bei der Interpretation der durchgesetzten Preise berück-sichtigt werden (Stichwort: Erbengeneration). Dies stellt erfahrungsgemäß hohe Anforde-rungen an die Erstellung der Pricing-Datenbank. Analoge Überlegungen gelten für Unter-nehmensverbünde.

Um Transparenz bezüglich der heutigen Nutzung und Aktivität der Kunden in Verbindung mit dem damit verbundenen Pricing zu bekommen, hat sich der Aufbau einer kundenindivi-duellen Preis- und Produktdatenbank bewährt. Mit ihrer Hilfe ist sowohl eine kundenindivi-duelle und segmentspezifische Analyse des Geschäftes als auch die Simulation von Preisent-scheidungen möglich.

Den Aufbau einer Pricing-Datenbank kann man in drei Arbeitsschritte unterteilen, die wir im Folgenden näher beschreiben (siehe auch in Abbildung 5 die Phasen 2a bis c):

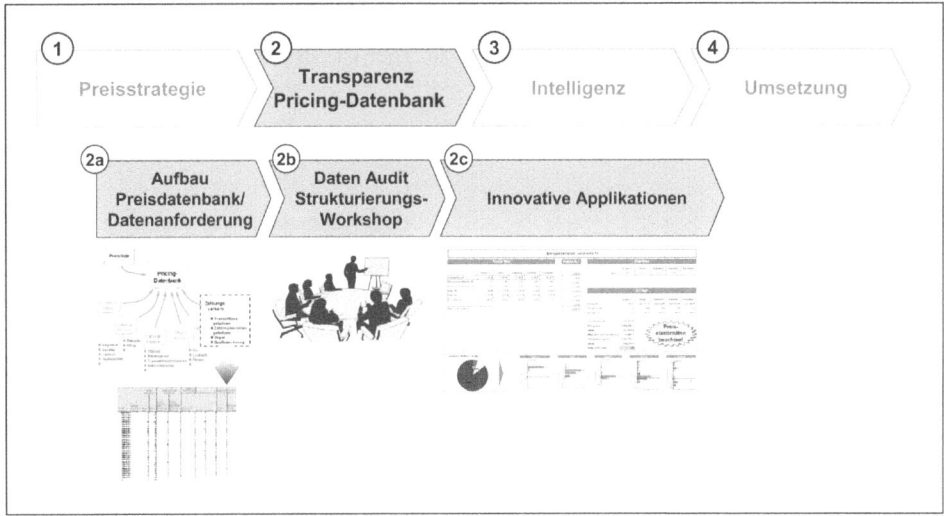

Abbildung 5: *Struktur einer Pricing-Datenbank*

2.1 Definition der Struktur einer Pricing-Datenbank

Zunächst muss man den Umfang der Pricing-Datenbank, auf den das Preisinformationssystem zugreift, definieren. Dazu sollte die Bank das Kundensegment auswählen, für das die Datenbank erstellt wird. Eine Privatkundendatenbank umfasst in der Regel andere Produkte als eine Datenbank für Firmenkunden oder Drittbanken. Danach erfolgt die Definition des Produktumfangs (siehe Abbildung 6, Beispiel Zahlungsverkehr). Hier kann zunächst mit einem Produktbereich gestartet werden, um Erfahrungen zu sammeln. Mittelfristig sollte allerdings angestrebt werden, alle in Frage kommenden Produkte für das ausgewählte Segment in die Datenbank zu integrieren, um insbesondere die Cross-Selling-Effekte zuverlässig quantifizieren zu können.

In einem weiteren Schritt sollte die Bank die Parameter zur Beschreibung der einzelnen Produkte festlegen. Diese Festlegung muss sorgfältig erfolgen, da sie die Möglichkeiten der später abzubildenden Preissysteme limitiert. Ist beispielsweise im Brokerage-Bereich eine Differenzierung der Preise für Käufe und Verkäufe von Wertpapieren nach Tageszeiten beabsichtigt, so muss jeder Trade mit Datum und Uhrzeit hinterlegt sein. Oder wird über eine Bepreisung von Überweisungen am Schalter nachgedacht, so muss eine entsprechende Variable in die Konto-/Zahlungsverkehrs-Datenbank integriert werden. Essenziell für die Analyse ist, dass für alle relevanten Produkte die tatsächlich gezahlten Preise sowie die Listenpreise für jede einzelne Leistung hinterlegt sind. Auch die Aggregationsebene ist von großer Bedeutung: Je detaillierter die Informationen vorliegen, desto aussagekräftiger sind die Ergebnisse, allerdings nimmt auch die Größe der Datenbank zu. Hier ist ein pragmatischer Kompromiss zu finden.

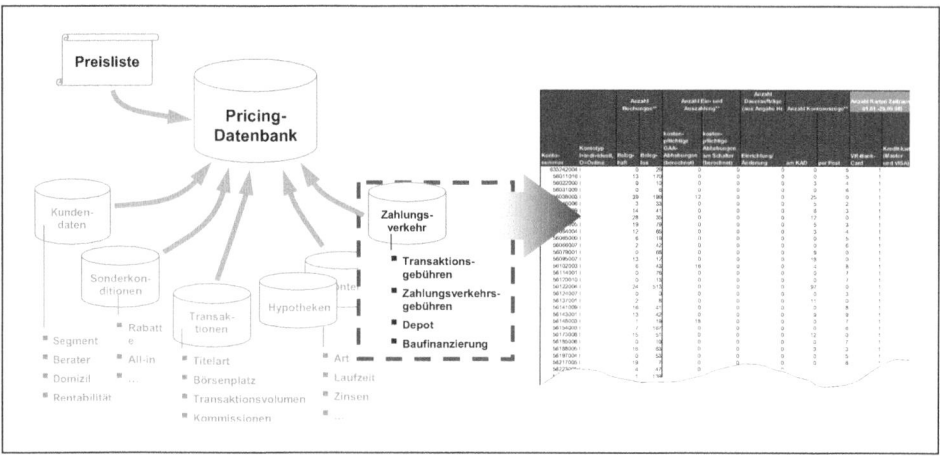

Abbildung 6:   *Aufbau einer Datenbank am Beispiel Zahlungsverkehr*

2.2   Komposition der Pricing-Datenbank

Die meisten Banken verfügen über eine Vielzahl von hochinteressanten, kundenindividuellen Informationen, allerdings häufig in verschiedenen Abteilungen oder Organisationen (Controlling, Organisation, IT, Finanz Informatik, GAD, Fiducia). Diese Informationen sollten in einer kompakten Datenbank verfügbar sein. Dies hört sich einfach an, ist aber in der Praxis häufig mit vielen Detailfragen verbunden. Hierzu sind Gespräche und Abstimmungen mit den beteiligten Bereichen über die Bedeutung, Aussagekraft und Validität der verschiedenen Variablen, die Struktur der Datenbanken etc. notwendig. Nach einem Qualitätscheck erfolgt die Zusammenführung der einzelnen Daten zu einer Pricing-Datenbank. Dieser gesamte Prozess dauert erfahrungsgemäß drei bis sechs Wochen. Ist dieser Prozess einmal durchlaufen, so ist eine Aktualisierung meist in einem Bruchteil der Zeit möglich. Die Investition lohnt sich.

2.3 Entwicklung von Reports und Tools zur Preisoptimierung

Zur zielorientierten Steuerung des Vertriebes ist ein managementtauglicher Pricing-Report notwendig. Dieser sollte eine begrenzte Anzahl von Kennzahlen enthalten und zum Beispiel vierteljährlich aktualisierbar sein. Ein Pricing-Report enthält – getrennt nach einzelnen Produktbereichen – Kennzahlen wie zum Beispiel

- Anzahl Kunden, Erlöse und Transaktionen in einzelnen Preismodellen (bei differenzierter Angebotsstruktur)

- Nutzungsintensität einzelner wichtiger Produkte

- Anzahl der Kunden, die Normalkonditionen (Listenpreiszahler) und Sonderkonditionen erhalten, möglicherweise differenziert nach Kundensegmenten, Regionen, Beratern etc.

- Höhe und Struktur der Sonderkonditionen

- Cross-Selling-Quoten

- etc.

Neben dem Report, der für ein kontinuierliches Monitoring essenziell ist, sind intelligente Tools, die auf den Informationen der Datenbank aufbauen, denkbar. Mit Hilfe solcher Tools können zum Beispiel Kontopakete konfiguriert und Preise optimiert werden oder zur Reduktion von Sonderkonditionen im Tages-/Festgeldbereich Listen von Kunden mit Sonderkonditionen als Basis für die Diskussion mit dem Vertrieb erstellt werden.

Praxisbeispiel: Neue Kontopakete im Zahlungsverkehr

Ein regionales Institut stand vor der Herausforderung, eine neue Kontolandschaft zu konfigurieren. Die alten Kontomodelle waren historisch gewachsen und unter politischen Kompromissen im Zuge einer Fusion entstanden. An erster Stelle der Neukonfiguration der Kontopakete im Zahlungsverkehr stand die Herbeiführung von Klarheit zu den strategischen Vorgaben für den Aufbau der Datenbank. Dies ist unverzichtbar für eine professionelle Preis- und Produktgestaltung. Die Forderung mag trivial klingen, sie bereitet jedoch dem Management oft größte Schwierigkeiten. Deshalb wurden im Rahmen eines Workshops mit der Top-Führungsebene der Bank verschiedene strategische Ziele erarbeitet, diskutiert und dann im Konsens priorisiert. Die höchste Priorität hatte die stärkere Bindung der attraktiven Kunden (Hausbankkunden) mit Hilfe des Ankerprodukts Konto. Neben diesem Ziel verfolgte das Top-Management mit den neuen Kontomodellen, die Angebote der aggressiven Wettbewerber abzuwehren und gleichzeitig neue Kunden und Einlagen zu akquirieren. So ergab eine Analyse, dass zahlreiche attraktive Kunden zur Postbank wech-

selten und dabei die Erträge signifikant reduziert wurden. Die Transparenz über die Sonderkonditionen sowie das Verständnis des Transaktionsverhaltens waren weitere wichtige
strategische Aspekte für die Bank. Vor dem Hintergrund dieser Ziele wurden mit Hilfe von
Workshops neue Konzepte wie das Hausbankmodell entwickelt, die die Verzahnung verschiedener Produktbereiche (Zahlungsverkehr PK mit FK plus Kreditkarten usw.) zum Ziel
hatten. Die aufgebaute Datenbank, die Produktnutzungs- und Preisinformationen enthielt,
half das Kundenverhalten besser zu verstehen. Auf Grundlage dieser und weiterer Informationen (Preiselastizitäten, Wettbewerbspreise und Angebote, Wechselverhalten) erfolgte
die Preis- und Angebotsoptimierung der verschiedenen Kontomodelle mittels eines komplexen Simulations-Tools (siehe Abbildung 7), das auf dem Datenstamm der Datenbank
aufsetzte.

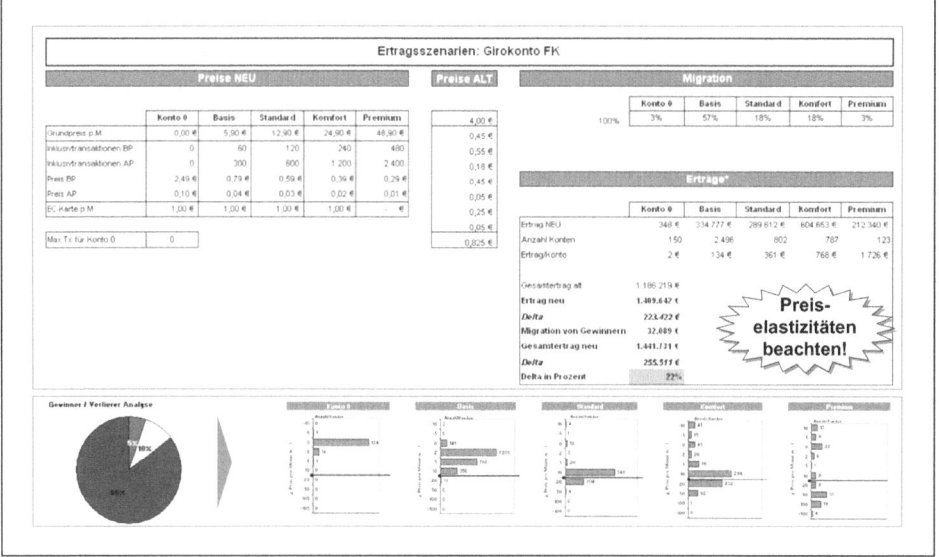

Abbildung 7:   *Optimierung der Konten auf Basis der Datenbank*

Die neue Kontolandschaft besteht aus fünf Modellen. Die Marktpreise wurden unter Berücksichtigung der kundenindividuellen Nutzungsdaten, geschätzter Preiselastizitäten, den Preisen
der Wettbewerber und der Kosten optimiert und sind konsistent aufeinander abgestimmt. Die
professionelle Kommunikation (Flyer, Argumentationsleitfäden usw.) und die Einbindung des
Vertriebs unter Berücksichtigung des Kundenverhaltens (auf Grundlage der Datenbank) sind
weitere wichtige Erfolgsfaktoren in der Umsetzung.

Der Ertrag konnte pro Jahr um mehr als 20 % gesteigert werden. Die Neupositionierung und
Komplexitätsreduktion (weniger Altmodelle im Produktportfolio) führte zu einer Steigerung
der Mitarbeiter- und Kundenzufriedenheit.

3.   Intelligente Preis- und Angebotsdifferenzierung (Phase 3 des Preisprozesses): Wege zur nachhaltigen Ertragssteigerung

Der Preis ist letztlich der Reflektor des Werts von Produkten und Services. Bankmanager müssen deshalb die Werte der eigenen und der Wettbewerbsangebote genauestens kennen, um auf dieser Basis segmentspezifische Preise, Angebote und Lösungen zu implementieren.

Viele Banken positionieren sich als Qualitätsführer. Diese angestrebte Positionierung muss sich in den Angeboten widerspiegeln. Konkret bedeutet dies, dass jede so positionierte Bank ihren Kunden bedürfnisorientierte Angebote offerieren sollte. Doch gerade im Bereich des Massengeschäfts (Retail Bankings) scheint sich eine Schere zwischen gestrafften und kosten-/ prozessoptimierten Produktpaletten und immer individuelleren Kundenbedürfnissen aufzu- tun.

Viele Banken haben grundsätzlich die Alternativen eines undifferenzierten oder differenzier- ten Marketings. Undifferenziertes Marketing ist an den Bedürfnissen des „Durchschnittskun- den" ausgerichtet und führt zu zahlreichen Problemen: Die heterogenen Bedürfnisse der Kunden werden nicht entsprechend adressiert, unterschiedliche Preisbereitschaften der Kun- den werden nicht abgeschöpft und damit Erlöse verschenkt. Zudem besteht die große Gefahr eines Preiskriegs, der mit einer starken Margenvernichtung einhergeht. Undifferenziertes Marketing wird tendenziell in jungen, stark wachsenden Märkten und von „Aggressoren" eingesetzt. Viele Banken befinden sich eher in einer Verteidigungsrolle. Denn das Wachstum ist in vielen Produktbereichen moderat, die Wettbewerbsintensität nimmt aber stetig zu. Vor diesem Hintergrund sollte das Management verstärkt auf differenziertes Marketing setzen.

Generell gilt: Eine intelligente Preisdifferenzierung setzt auf einer bedürfnisorientierten Seg- mentierung auf. Dabei kann die Segmentierung je nach Produktkategorie entlang ganz unter- schiedlicher Bedürfnisdimensionen erfolgen. Wird im Bereich Girokonto häufig nach dem Umfang der genutzten Produkte oder dem Lebenszyklus differenziert, unterscheidet man im Wertpapiergeschäft eher nach der Transaktionshäufigkeit und im Kreditgeschäft eher nach der Risikoaffinität. Im Folgenden werden verschiedene Formen der Produkt- und Preisdiffe- renzierung vorgestellt (siehe Abbildung 8).

Eine **segmentbezogene Differenzierung** stellt die Möglichkeit dar, das betrachtete Leis- tungsangebot besser an die unterschiedlichen Zahlungsbereitschaften von – nach allgemeinen Kundenmerkmalen wie Alter trennbaren – Kundensegmenten anzupassen. Die Anwendung einer solchen lebenszyklusdifferenzierten Segmentierung wird an anhand des folgenden Beispiels verdeutlicht. Für eine Bank wurden die Kundenbedürfnisse sowohl für das Aktiv- als auch für das Passivgeschäft in Abhängigkeit der Lebensphasen analysiert. Das Ergebnis ist in Abbildung 9 dargestellt. In den ersten Lebensphasen bis zu einem Alter von ca. 30 Jahren konzentrieren sich die Bedürfnisse und Anforderungen an eine Bank im Wesentlichen auf die Produkte Girokonto, Kreditkarte und Lebensversicherung. Der darauf folgende Lebensabschnitt wird zunächst durch Baufinanzierung dominiert. Parallel nehmen die Bedürfnisse nach Investitionsprodukten wie Wertpapier- und Einlageprodukte stetig zu. Auf Basis dieser Segmentierung wurden fünf verschiedene Girokontenpakete mit unterschiedlichem Schwerpunkt entsprechend dieser Bedürfnisse entwickelt. Die Kontopakete beinhalten neben den üblichen Leistungen wie Kontoführung, Zahlungsverkehr und Karten auch speziell auf das jeweilige Segment zugeschnittene Vergünstigungen für Anlage- und Versicherungsprodukte sowie Extras wie z. B. Rabatte auf besondere kulturelle Angebote oder Leistungen des öffentlichen Nahverkehrs. Um die Zielgruppenaffinität zu verstärken, wurden in der Kommunikation die Pakete mit entsprechenden Symbolen versehen. Mit einem solchen Angebot konnte die Bank herausragende Erfolge verzeichnen. Die Kundenzufriedenheit konnte deutlich gesteigert und die Abwanderungsrate erheblich verringert werden.

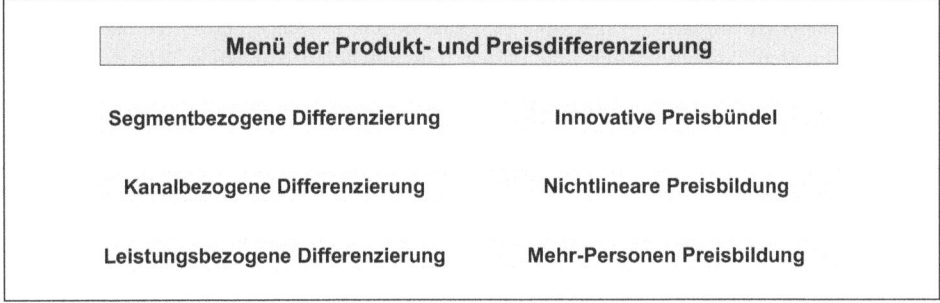

Abbildung 8:   *Menü der Produkt- und Preisdifferenzierung*

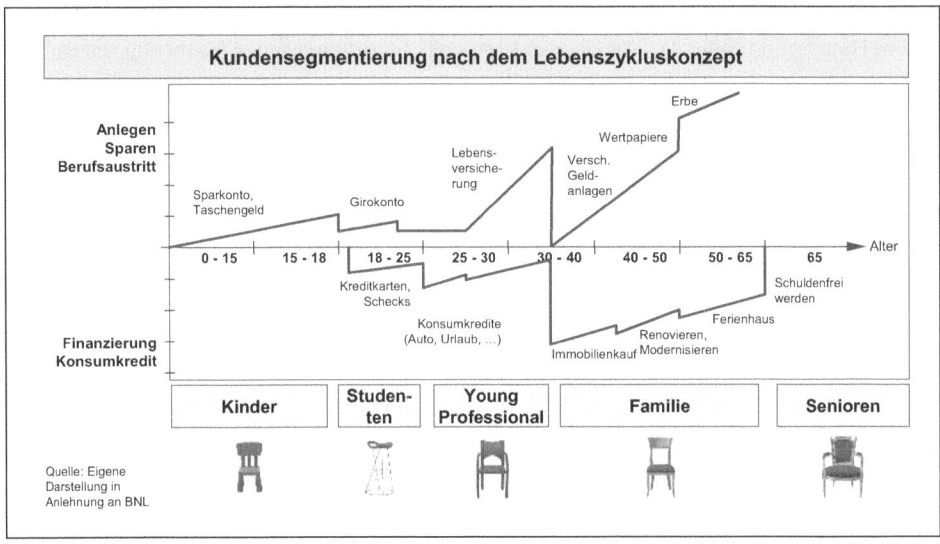

Abbildung 9:   *Preisdifferenzierung der Privatkunden (nach dem Lebenszykluskonzept)*

Weiterhin kann die Bank ihre Preise für eine Produktgruppe auch nach den unterschiedlichen *Vertriebskanälen differenzieren* (zum Beispiel über ein vergünstigtes Online-Konto). So bieten einige Banken ihre Online-Konten kostenlos an, um im Markt als attraktiv wahrgenommen zu werden. Entscheidend ist, dass das Management auch bei diesen Konten Erträge realisiert. Deshalb sollten hochwertige Karten oder beleghafte Transaktionen in diesen Konten zusätzlich bepreist werden. Wichtig für die genaue Preisfestlegung sind die Verfügbarkeit von grundlegenden Informationen wie das Nutzungsverhalten der Online-Kunden (zum Beispiel auf Basis der Preis-Datenbank), Preiselastizitäten oder Kannibalisierungseffekte.

Ziel der *leistungsbezogenen Differenzierung* ist es, die unterschiedlichen Zahlungsbereitschaften durch eine leichte Variation des Leistungsumfanges besser abzuschöpfen. Grundsätzlich ist dies in vielen Fällen durch die Differenzierung in Basis-, Komfort- und Premium-Angebote möglich. Entscheidend für den Erfolg der leistungsbezogenen Preisdifferenzierung ist, dass die wahrgenommenen Nutzendifferenzen zwischen den Produktvarianten groß genug sind. American Express beispielsweise bietet seinen Kunden eine Vielzahl von Kreditkarten an, die sich im Leistungsumfang und im Preis deutlich unterscheiden (siehe Abbildung 10). Die *Blue Card* zielt auf Berufseinsteiger mit geringem Einkommen. Die *grüne American Express Card* hat zusätzlich zu den BlueCard-Leistungen eine Reisekomfortversicherung. Die Haftungssumme der Reiseunfallversicherung liegt deutlich höher. Bei *der Gold Card* erhält der Kunde zusätzlich zu den American Express-Leistungen einen Reisebüroservice und Sonderangebote für Konzert- oder Musicalbesuche und Hotelwochenenden.

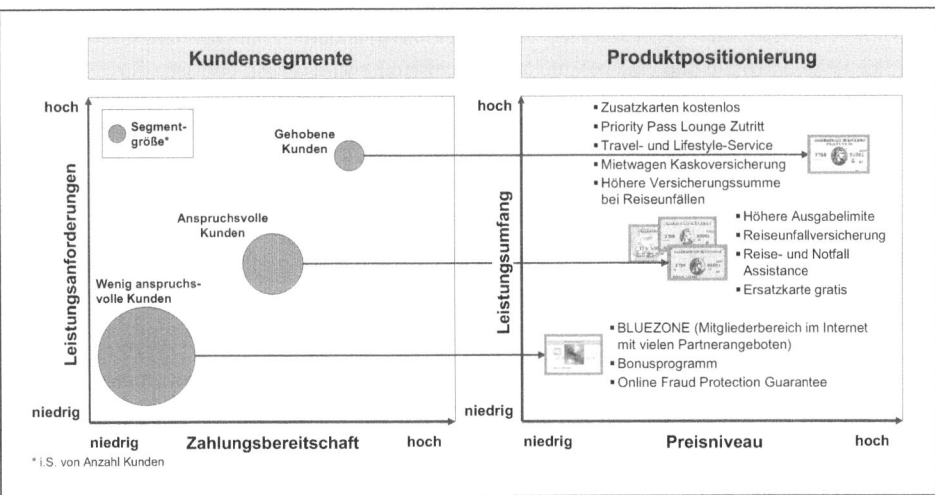

Abbildung 10: *Leistungsdifferenzierung am Beispiel von Kreditkarten*

Darüber hinaus kann sich die Bank für eine *Preisbündelung* mehrerer Leistungskomponenten rund um die jeweils betrachtete Produktgruppe entscheiden. So können beispielsweise einige Banken deutlich höhere Preise für ihre Kontoangebote durchsetzen, indem sie Bankdienstleistungen mit Leistungen aus den Bereichen Sicherheit / Freizeit / Services verknüpfen und zu einem Pauschalpreis anbieten. Viele Banken offerieren in ihren Kontopaketen unterschiedliche Kreditkarten und Leistungen. Dabei verfolgt das Management das Grundprinzip: Je mehr Produkte der Kunde abnimmt, desto mehr soll er oder sie zurückerhalten.

Einige Banken haben ihr Leistungsangebot im Zahlungsverkehr PK um Aspekte einer *nicht-linearen Preisbildung* angereichert. Beispiele dafür sind Konten, bei denen ab einem bestimmten Gehaltseingang, bzw. Mindestumsatz der Kreditkarten, der Grundpreis entfällt oder sich sukzessive verringert. Dadurch ist es möglich, sich der direkten Preisvergleichbarkeit besser zu entziehen und gleichzeitig Anreize für den Kunden zu setzen. Zusätzlich setzen einige Institute auf ein *Mehr-Personen-Pricing,* das in das bereits vorhandene Leistungsangebot integriert werden kann (zum Beispiel Rabatt für Partnerkreditkarte). Dadurch können auch Partner/Angehörige als Kunden gewonnen und an die Bank gebunden werden.

Beim Kampf um den Kunden wird eine intelligente und bedürfnisorientierte Preisdifferenzierung zunehmend an Bedeutung gewinnen, um zum einen segmentspezifische Angebote zu entwickeln und zum anderen ein an den Kundenbedürfnissen ausgerichtetes Marketing zu installieren. Gegenwärtig haben Banken starke Verbesserungspotenziale bei der Anwendung moderner, bedürfnisorientierter Preisdifferenzierungskonzepte. Verhaltensorientierte Preiskonzepte kommen zu kurz, obgleich es mit Hilfe dieses Ansatzes gelingt, die Märkte effektiver zu bearbeiten, Preisbereitschaften besser abzuschöpfen und Gewinne zu steigern. Banken verfügen zwar über viele Informationen (Einkommen, Einlagen, Kreditvolumen etc.), verzahnen diese in der Regel aber nicht mit den verhaltensrelevanten Informationen. Ein klarer Trend ist aber auf jeden Fall erkennbar: auch im Marketing von Banken werden immer häufiger Methoden zur Preisdifferenzierung und Segmentierung verwendet, die in anderen Branchen längst üblich sind. Deutlich höhere Erträge und eine bessere Marktbearbeitung sind die Ergebnisse.

4.   Umsetzung neuer Preismodelle: Das konkrete Heben der Ertragspotenziale

Voraussetzung für die Einführung neuer Preismodelle ist einerseits eine überzeugende Struktur, die sowohl von Kunden als auch von Kundenberatern als attraktiv wahrgenommen wird. Allerdings ist selbst die genialste Struktur wertlos, wenn sich an die Erarbeitung der Konzeption nicht eine professionell durchdachte Implementierungsphase anschließt. In der Praxis unterschätzen Banker massiv den Stellenwert der Umsetzung. Deshalb scheitern viele im Grundsatz gut gemeinte Konzepte dann doch an ihrer Bewährungsprobe in der Praxis. Sinnvoll ist es daher, bereits frühzeitig mit der Vorbereitung der Umsetzung zu beginnen. Das Management sollte proaktiv folgende Fragen beantworten:

- Welche *internen Abteilungen / Mitarbeiter* sind von der Einführung der neuen Preismodelle betroffen?

- Welche Auswirkungen hat das Preismodell auf die IT?

- Welche *juristischen Vorgaben* sind zu beachten?

- Wie wirkt sich das neue Preismodell auf die *internen Prozesse* aus?

- Wie hoch ist das zur Verfügung stehende Vermarktungsbudget?

- Gibt es *Informationsfristen*, die zu berücksichtigen sind?

- *Wen* gilt es *wann einzubinden*?

- Sind die *Vertriebsmitarbeiter* genügend informiert und geschult?

- Welche Tätigkeiten werden an *externe Auftragnehmer* vergeben?

Sinnvoll ist es ferner, *konkrete Zuständigkeiten* für die einzelnen Schritte festzulegen. Wer ist für welchen Prozessschritt verantwortlich? Gibt es einen Preismanager, der zukünftig die Preise professionell optimiert? Zudem sollten auch konkrete *Deadlines* definiert werden, bis wann welche Aufgaben erledigt sein müssen. Bei der Festlegung der Deadlines empfiehlt es sich erfahrungsgemäß, auch *Pufferzeiten* einzuplanen. Dies ist notwendig, um gerade bei zeitkritischen Projekten die Einhaltung des Zeitplans zu gewährleisten.

Idealerweise sollte das Management die Antworten auf diese Fragen in einem Umsetzungsfahrplan zusammenfassen, der allen Teilnehmern des Projektteams zur Verfügung stehen sollte. Abbildung 11 stellt einen solchen Fahrplan für die Einführung neuer Kontomodelle im Firmenkundenbereich dar.

		Themenfeld	Verantwortlich	Deadline
Migration	Erstellung Vetolisten	• Erarbeitung Inhalte der Vetolisten	SKP/Projektteam	20.5.
		• Abstimmung mit ausgewählten Kundenberatern	Hr. A/Hr. L/Hr. W/Hr. V/SKP	27.5.
		• Versand Vetolisten	Hr. V/SKP	3.6.
		• Rücklauf	Hr. V	22.6.
Interne Kommunikation	Interne Kommunikation	• Vorstandsinformation	Hr. D	Ende Mai
		• Regelmäßige Newsletter	SKP/Hr. D	Tbd
		• Mitarbeiterveranstaltung	SKP/Hr. D/Hr. V	2.6., 19 Uhr
	Entwicklung Argumentationsleitlinien	• Aufnahme wichtiger Fragen/Einwände und Formulierung Antworten	SKP/Projektteam	30.6.
		• Expertengespräche mit Kundenberatern	Tbd	Tbd
	Entwicklung Beratertool	• Entwicklung (Inputparameter, Berechnungsvorschriften)	SKP/Projektteam	2.6.
		• Reflektion mit Vertrieb	SKP/Hr. D	Tbd
		• Finale Programmierung und Einstellung ins Internet	SKP	2.6.
Externe Kommunikation		• Kundenanschreiben auf Basis Vetolisten		
		- Massenmailing	SKP/Hr. V	Erstellung: 8.7., Versand: 14.7.
		- Individuelle Anschreiben	SKP/Hr. V	Versand: 14.7.
		• Werbung		
		- Kommunizierte Inhalte	SKP/Hr. V	tbd
		- Medien, Werbemittel	SKP/Hr. V	tbd
		• FAQs		
		- Vorbereitung und Abstimmung mit Vertrieb	SKP/Hr. V	15.7.
		- Einstellen ins Internet	SKP/Hr. V	15.7.
		• Entscheidungshilfen "Modellfinder"		
		- Vorbereitung und Abstimmung mit Vertrieb	SKP/Hr. V	15.7.
		- Einstellen ins Internet	SKP/Hr. V	15.7.
		• Öffentlichkeitsarbeit	tbd	tbd

Abbildung 11: Umsetzungsfahrplan für neue Kontomodelle

4.1   Migrationsumsetzung der neuen Preismodelle

Entscheidend für eine erfolgreiche Kundenmigration ist es, jedem Kunden das optimale Modell zuzuweisen. Optimal bedeutet einerseits, dem Kunden ein Angebot zu machen, welches ideal auf seine Bedürfnisse hinsichtlich der monatlichen Anzahl an Transaktionen abgestimmt ist. Andererseits gilt es, die mögliche Mehrbelastung aufgrund der Migration so gering wie möglich zu halten. Aufschluss über die Veränderung der künftigen Zahlungen gibt eine *Gewinner-Verlierer-Analyse,* die auf Grundlage der Pricing-Datenbank erstellt wurde. Gewinner sind dabei diejenigen Kunden bzw. Konten, die nach der Migration weniger zahlen als vor der Migration. Diese Fälle sind in der Regel vollkommen unproblematisch, weil sie für den Kunden mit einer guten Nachricht verbunden sind. Verlierer sind diejenigen Kunden, die einen gewissen, zu definierenden Mehrbetrag überschreiten. Erfahrungsgemäß werden Preissteigerungen bis zu 15 % als unkritisch eingestuft (zumal viele Kontomodelle über Jahre preislich nicht angepasst wurden). Kunden, die mehr als 15 % mehr zahlen müssten, so die Hypothese, sind abwanderungsgefährdet. Das Management sollte diese Kunden aus dem Standardmigrationsprozess herausnehmen und individuell betrachten. Hierfür ist es sinnvoll, die „Verlierer"-Kunden in so genannten „Vetolisten" an ihre jeweiligen Betreuer zu verteilen. Ziel ist es dabei, diejenigen Kunden zu identifizieren, die künftig mit einer Sonderkondition ausgestattet werden sollen. Voraussetzung ist die Erarbeitung eines Sonderkonditions-Tableaus, das konkrete, hierarchiekonforme Regeln für Sonderkonditionen vorsieht. Neben der Namensnennung der betroffenen „Verlierer"-Konten sollten die Vetolisten weitere Informationen enthalten, die dem Kundenberater eine fundierte Entscheidung über die Gewährung von Sonderkonditionen ermöglichen. Eine gute Orientierung bietet auch der Deckungsbeitrag II, da diese Kennzahl eine ganzheitliche Kundenbetrachtung erlaubt. Das Controlling, welches die Daten liefert, sollte zur Sicherstellung der Datenverfügbarkeit möglichst frühzeitig eingebunden werden. Idealerweise sind die konkreten Inhalte der Vetolisten mit einigen ausgewählten Vertriebsmitarbeitern abzustimmen. Ihre Meinung beeinflusst ganz wesentlich die Akzeptanz der Listen und gewährleistet eine korrekte Bearbeitung. Ferner werden Nachfragen minimiert, indem Unklarheiten oder fehlende Informationen eingearbeitet werden können. Des Weiteren sollte ausreichend Zeit für die Bearbeitung der Vetolisten eingeplant werden. Dabei sind Ferienzeiten bzw. Feiertage zu berücksichtigen. Aufgrund ihrer individuellen Kundenkenntnis ist es den Betreuern möglich, zu beurteilen, welcher Kunde künftig mit der Vergabe von Sonderkonditionen bedacht werden sollte und welcher nicht. Die Sonderkonditionsvergabe sollte dem Grundsatz folgen: „Soviel wie nötig, so wenig wie möglich." Abbildung 12 stellt eine Vetoliste dar, die jeder Kundenbetreuer erhält.

Projekt Neue Geschäftsgirokonten

Geschäftsstelle:

Laufende Nummer	Name	Konto-nummer	Betreuer	Erlöse bei Durchsetzung Listenpreise heute in €/Monat	Davon Soko auf Grundpreis in €/Monat	Davon Soko auf Buchungsposten in €/Monat	Ist-Erlös in €/Monat	Empfohlenes Modell	Erlös Neues Modell in €/Monat	Preisänderung in €/Monat	Eigene Soko, Reduktion um ... €/Monat	Übergeordnete Soko, Reduktion um ... €/Monat	Individuelle Lösung
1	Kunde A	***123	A.L.	5,70	4,00	0,00	1,70	Modell 2	6,90	5,20	1,00	3,00	☐
2	Kunde B	***124	A.L.	7,98	0,00	0,00	7,98	Modell 2	12,35	4,37	1,00	3,00	☐
3	Kunde C	***125	A.L.	26,05	4,00	6,00	16,05	Modell 4	19,90	3,85	2,00	6,00	☐
4	Kunde D	***126	A.L.	17,96	4,00	0,00	13,96	Modell 3	18,30	4,34	2,00	8,00	☐
...	Kunde E	***127	A.L.	9,34	4,00	0,00	5,34	Modell 2	11,88	6,54	1,00	3,00	☐
...	Kunde F	***128	A.L.	5,70	4,00	0,00	1,70	Modell 1	7,89	6,19	0,00	4,90	☐
...	Kunde G	***129	F.N.	51,43	2,00	8,00	41,43	Modell 4	36,55	-4,88	2,00	8,00	☐
...	Kunde H	***130	F.N.	18,42	0,00	0,00	18,42	Modell 4	28,90	10,48	0,00	8,00	☐
...	Kunde I	***131	F.N.	10,38	2,00	0,00	8,38	Modell 2	11,07	2,69	3,00	3,00	☐
...	Kunde J	***132	F.N.	6,73	2,00	0,00	4,73	Modell 2	8,70	3,98	2,00	3,00	☐
...	Kunde K	***133	F.N.	5,45	4,00	0,00	1,45	Modell 1	6,90	5,45	1,00	3,00	☐
4312	Kunde Z	***134	F.N.	5,30	0,00	0,00	5,30	Modell 1	7,11	1,81	0,00	4,90	☐

Abbildung 12: *Auszug einer Vetoliste*

4.2   Interne Kommunikation

Ein wichtiger Baustein für eine erfolgreiche Implementierung stellt die unternehmensinterne Kommunikation dar, da es für Mitarbeiter demotivierend wirkt, wenn sie wichtige, ihren Arbeitgeber betreffende Informationen aus den Medien oder auch von ihren Kunden erfahren und nicht vorab informiert wurden. Es gilt also das Prinzip: „Interne Kommunikation vor externer Kommunikation". Diese ist insbesondere deshalb wichtig, damit alle Mitarbeiter im Boot sind. Wichtige Bausteine sind u.a. eine Mitarbeiterveranstaltung, Vorstandsinformation, die Erarbeitung der Wertargumentation, ein professionelles Beratertool sowie die Schulung des Vertriebs.

Mitarbeiterveranstaltung

Nach Abschluss der Konzeptionsphase sollte das Management die neuen Preis- und Angebotsstrukturen hausintern kommunizieren. Dazu bietet es sich an, eine Mitarbeiterveranstaltung durchzuführen. Neben dem Projektteam sollte auch eine hochrangige Führungskraft bzw. ein Vorstand anwesend sein. Durch ihre Gegenwart symbolisieren sie einerseits den hohen Stellenwert der neu erarbeiteten Angebotsstruktur, andererseits wirkt ein derartiger Auftritt für Mitarbeiter in der Regel motivierend. Ferner wird so sichergestellt, dass alle Mitarbeiter auf dem gleichen Informationsstand sind, so dass Flurfunk von vornherein unterbunden wird. Zum Teilnehmerkreis sollten dabei alle Mitarbeiter zählen, die die neue Kontenlandschaft im Tagesgeschäft aktiv verkaufen.

Vorstandsinformation

Neben der Mitarbeiterveranstaltung ist es zudem ratsam, auch die schriftlichen, hausinternen Kommunikationsmedien zu nutzen, um alle Mitarbeiter des Hauses großflächig und effizient zu informieren. Während die Auftaktveranstaltung lediglich für direkt betroffene Mitarbeiter konzipiert wurde, richten sich derartige Beiträge ausdrücklich an die ganze Belegschaft. Die Vermittlung von Detailwissen ist hier weniger gefragt. Geeignete Medien sind bspw. die Nutzung einer Mitarbeiter-Zeitschrift, Intranet oder, falls vorhanden, Business TV. In manchen Häusern sind zudem monatlich erscheinende Newsletter oder regelmäßige Informationsschriften wie zum Beispiel „Der Vorstand informiert" üblich. Sicherlich hängt das zum Einsatz kommende Medium von den Gepflogenheiten des jeweiligen Hauses ab.

Erarbeitung der Wertargumentation

Ziel ist es, Vertriebsmitarbeiter bei der Einführung neuer Produkte bestmöglich zu unterstützen. Dies ergibt sich aus der Tatsache, dass Vertriebsmitarbeitern auf Grund ihres umfangreichen Produkt-Repertoires nur wenig Zeit bleibt, um sich eingehend mit neuen Produkten zu beschäftigen. Insofern gilt es, ihnen ein adäquat aufbereitetes „Handwerkszeug" an die Hand zu geben, mittels dessen sie einen schnellen und guten Überblick über die Produktdetails bekommen. Im Bedarfsfall fungieren diese Informationen als Nachschlagewerk. Neben einem allgemeinen Teil zum Thema Produktwissen sollte ferner ein Teil enthalten sein, der sich mit möglichen Kundeneinwänden beschäftigt. Den Beratern sind bereits vorformulierte Antworten mitzuliefern, die die Vorteile der neuen Geschäftsgirokonten klar kommunizieren. Dies hilft den Kundenberatern, im Kundengespräch professionell auf mögliche Einwände zu reagieren und sie zu entkräften. Ferner sollte die Wertargumentation auch Angebote von potenziellen Mitbewerbern enthalten. Information schafft Vorsprung. Wertargumentationen stärken die Motivation und das Selbstbewusstsein der Mitarbeiter. Der „Mehr-Wert" muss mit wettbewerberspezifischen Argumenten konkretisiert werden.

Entwicklung Beratertool

Findet eine Differenzierung des Angebotsportfolios statt (zum Beispiel drei Angebote statt nur einem Angebot), so sollte dem Berater ein Hilfsmittel zur Verfügung gestellt werden, damit er für jeden Kunden das optimale Angebot auf Basis des spezifischen Nutzungsverhaltens und der Präferenzen des Kunden identifizieren kann. Ein solches Tool versetzt den Kundenberater in die Lage, durch die Eingabe einiger weniger Parameter das optimale bzw. kostengünstigste Modell für den Kunden auszuwählen. Der Einsatz solcher Tools ist in anderen Industrien wie bspw. der Telekommunikationsindustrie stark verbreitet. Im Bankensektor finden sich solche Tools bislang erst vereinzelt. Dabei erleichtern derartige technische Unterstützungsmedien den Verkauf, weil sie effizient und professionell die Auswahl des richtigen Produkts vornehmen.

Vertriebsschulung / Preisverhandlung

Zusätzlich zur Vertriebsunterstützung in Form von Wertargumentation und Beratertool ist es sinnvoll, für Vertriebsmitarbeiter speziell konzipierte Schulungen bzw. Trainings zur Preisverhandlung durchzuführen. Gibt es unterschiedliche Kundentypen? Wie unterscheiden sich diese? Woran erkenne ich besonders preissensible Kunden? Bei welchen Kunden gilt es welche Wertargumente einzusetzen? Wo muss ich Preiszugeständnisse machen, wo kann ich meinen Preis durchsetzen? Wie ist der Wettbewerb preislich positioniert? Welche Angebote offerieren Mitbewerber? In speziellen, individuell konzipierten Verkaufstrainings werden Kundengespräche mittels Rollenspielen simuliert. Die Teilnehmer lernen so, strukturierte Verkaufsgespräche zu führen, auf potenzielle Kundeneinwände professionell zu reagieren und Gespräche erfolgreich zum Abschluss zu führen – und so letztlich einen höheren Ertrag für die Bank zu realisieren.

4.3   Externe Kommunikation

Im Anschluss an die interne Kommunikation gilt es auch die Kunden zu informieren. In der Regel bestimmen hier juristische Vorgaben das Timing. Häufig müssen Kunden sechs oder acht Wochen vor der geplanten Einführung über die anstehenden Änderungen informiert werden.

Kundenanschreiben

Eine beliebte und geeignete Form der Kundeninformation sind Direct Mailings. Die Kunden, deren Konten von der Migration betroffen sind, werden schriftlich über die künftige Handhabung ihres Kontos informiert. Die Anschreiben sollten die wesentlichen Vorteile der neuen Kontenlandschaft aufführen. Neben dem Zeitpunkt der Einführung sollte ferner der persönliche Betreuer des Kunden als Ansprechpartner für Rückfragen genannt werden. Idealerweise wird dem Anschreiben noch ein Prospekt bzw. Flyer zu den neuen Modellen beigelegt. Auf diese Weise können sich Kunden einen Überblick über die neuen Angebote verschaffen.

Werbung / Flyer

Zur Verkaufsunterstützung ist der Einsatz von adäquat aufbereiteten Flyern / Werbeprospekten empfehlenswert. Erwiesenermaßen ist die visuelle Unterstützung im Verkaufsgespräch sowohl für Kunden als auch für Kundenberater hilfreich: Sämtliche Modelle sind im Überblick dargestellt und von daher leicht zu verstehen. In diesem Zusammenhang ist zu erwähnen, dass gerade in Zeiten der Finanzkrise Werbebudgets stark reduziert werden. Selbstverständlich ist die Erstellung bzw. Produktion von Werbeprospekten nicht kostenlos. Aus Kostengründen kann es jedoch sinnvoll sein, auf teure Hochglanzprospekte zu verzichten und alternativ auf einfacher gestaltete (und kostengünstigere) Flyer zurückzugreifen.

5.   Fazit

Ein Manager verwendet heute die meiste Zeit und Energie auf Kostensenkung und Kostenkontrolle. Dieser Einsatz ist gut und sinnvoll, doch wird nicht annähernd ähnlich viel Zeit und Mühe auf die Optimierung der Preise verwandt, obwohl der Preis der Gewinntreiber Nummer eins ist. Nur ein systematischer Pricing-Prozess führt zu einer optimalen Preis- und

Angebotsgestaltung. Dabei ist es nicht nur wichtig, sich über die eigenen Zielvorstellungen innerhalb der Bank im Klaren zu sein, sondern auch eine fundierte Bestandsaufnahme durchzuführen, bevor man beginnt die Preise und Preisstrukturen auf Basis der gesammelten Daten zu optimieren. Entscheidend für den Erfolg von Pricing-Maßnahmen ist allerdings deren Umsetzung. Hier scheitern die meisten Initiativen, teils aus mangelnder Professionalität und teils aus mangelnder Überzeugung oder internen Widerständen. Manager von Banken und Sparkassen, die diese Hürde aber genommen haben, werden reichlich belohnt. Denn Preismaßnahmen wirken erfahrungsgemäß schnell, haben spürbaren Erlösimpact und das meist ohne große Vorabinvestition.

Searcher, Blogger, Vagabunden und Co. – Wie das Internet das Finanzverhalten verändert

Rüdiger Szallies

Der Mensch neigt in der Regel dazu, seinen eigenen historischen „Standort" zu überschätzen. Was heute sozial, ökonomisch und vor allen Dingen technologisch passiert ist einmalig, war noch nie da gewesen. Der mit der Vergangenheit vertraute Historiker wendet dagegen ein: Es hat sich alles schon einmal irgendwie ereignet, denn „Geschichte wiederholt sich". Ein kurzer Blick auf die Entwicklung der Auswirkungen des Internets auf das Verhalten des Menschen illustriert jedoch in beeindruckender Weise, dass bisher noch keine neue Technologie so rasant akzeptiert und adaptiert wurde. In der Tat, wir leben im tachogenen Zeitalter, in einem Zeitalter sich kontinuierlich beschleunigender Prozesse. So hat sich innerhalb eines geschichtlich äußerst kurzfristigen Zeitraums von nur zehn Jahren die Zahl der Onlinenutzer in Deutschland nahezu verzehnfacht. Aktuell nutzen zwei Drittel der über 14-jährigen Bevölkerung regelmäßig das Internet. Besonders deutlich wird die Dramatik dieser Entwicklung bei der jungen Bevölkerung in Deutschland (Abbildung 1).

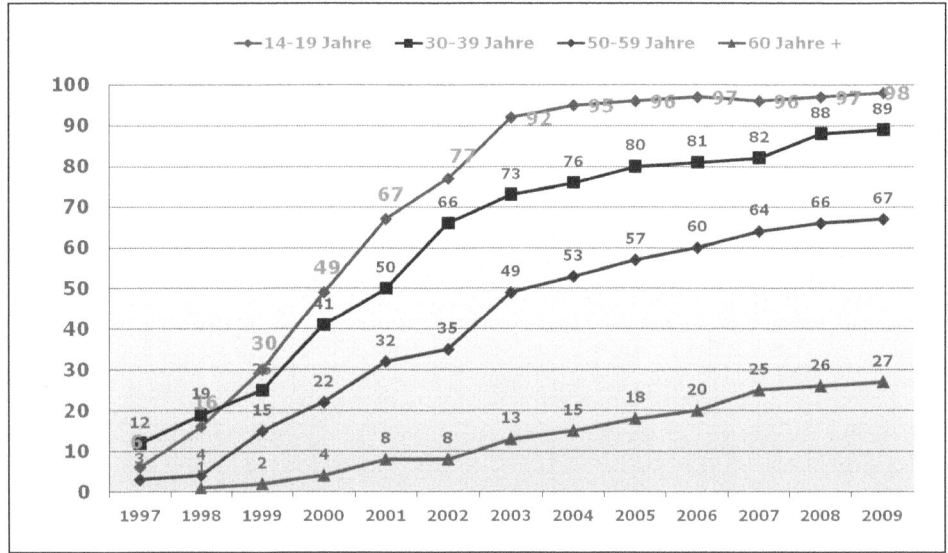

Quelle: ARD/ZDF-Onlinestudie 1998-2009
Abbildung 1:   *Entwicklung Onlinenutzer in Deutschland*

Noch 1997 kamen nur 3 % der 14- bis 19-Jährigen mit dem Internet in Berührung. 2009 waren es 98 %. Selbst bei den 50- bis 59-Jährigen liegt der Anteil der Online-Nutzer schon bei 67 %. Lediglich die über 60-Jährigen zeigen sich noch weitgehend abstinent. Dass sich allerdings auch in dieser Altersgruppe das Verhalten ändern wird, lässt sich schon an der Tatsache erkennen, dass der Mensch in der Regel das gelernte Verhalten auch in das spätere Alter übernimmt. Das heißt, in zehn Jahren werden ca. 80 % der über 14-jährigen Bevölkerung in Deutschland regelmäßig das Internet nutzen. Besonders auffällig sind allerdings die Unterschiede im „advanced using" (Abbildung 2).

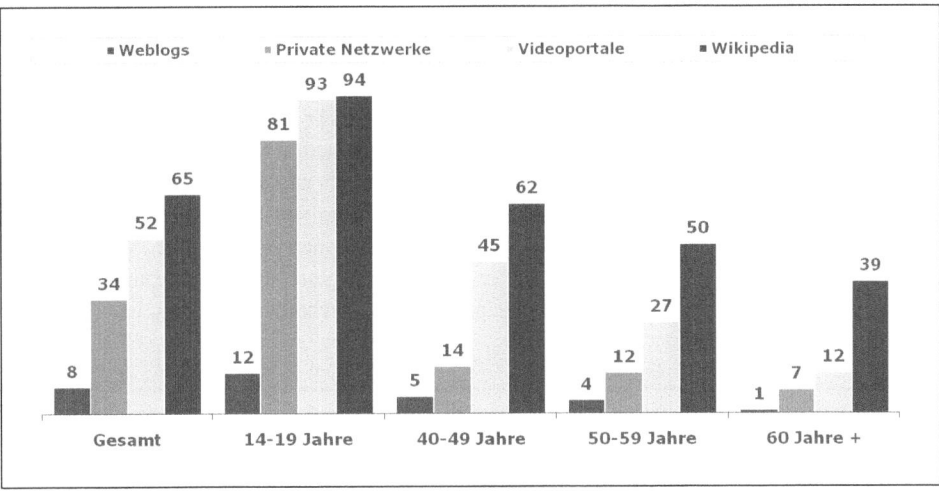

*Quelle: ARD/ZDF-Onlinestudie 2009, Basis: Onlinenutzer ab 14 Jahre in Deutschland
        (2009: n=1212)*

Abbildung 2:   *Genutzte Web 2.0-Angebot 2009: Private Netzwerke bei den Jungen schon
        die Regel (in%)*

Neun von zehn Jugendlichen bedienen sich regelmäßig bei Wikipedia als Informations- und
Bildungsstelle. Jeder achte der unter 20-Jährigen bloggt regelmäßig und acht von zehn tauschen sich über private Netzwerke aus, wobei drei Viertel der Jugendlichen schon ihr eigenes
Profil in das Netz gestellt haben. Auch die aktuelle Datenschutz-Diskussion im Zusammenhang mit Facebook wird die „digital natives", also die Generation, die quasi mit dem Internet
aufwächst, nicht davon abhalten sich auch weiterhin im Netz zu offenbaren.

1.   Das Finanzverhalten steht vor einem
grundlegenden Umbruch

Das Internet bemächtigt sich dabei naturgemäß aller entscheidenden Lebensbereiche des
Menschen und damit auch des Finanzverhaltens. Noch vor zehn Jahren war das Online-
Banking eine Übung für Außenseiter. 2009 nutzten es bereits 42 % (Quelle: Icon Mailpanel).
Extrapoliert man diese Entwicklung, werden in zehn Jahren ca. 70 % der Deutschen Online-
Banking betreiben.

Auch innerhalb der Nutzungsstrukturen des Online-Bankings erleben wir derzeit einen dramatischen Wandel. Während in der Anfangsphase des Online-Bankings die Kunden im Wesentlichen den Komfort schätzten, Überweisungen und Kontostandabfragen online durchzuführen, erweitert sich aktuell das Online-Banking immer mehr von der reinen Transaktions- zu einer Vertriebsplattform. Dies lässt sich auch daran erkennen, wie die Nutzung von Websites zur Produktrecherche eingesetzt wird. Nicht erstaunlich ist, dass die Käufe von CDs, Büchern und sonstigen Gebrauchsartikeln sowie die Buchung von Reisen über die vorherige Produktrecherche zum Beispiel über Google laufen. Dass aber bereits jeder zweite Kunde sich vorher über Google informiert bevor er ein Finanzprodukt bei seiner Bank kauft, ist überraschend und hat enorme Auswirkungen für den Entscheidungsprozess bei der Wahl einer Bank (Abbildung 3).

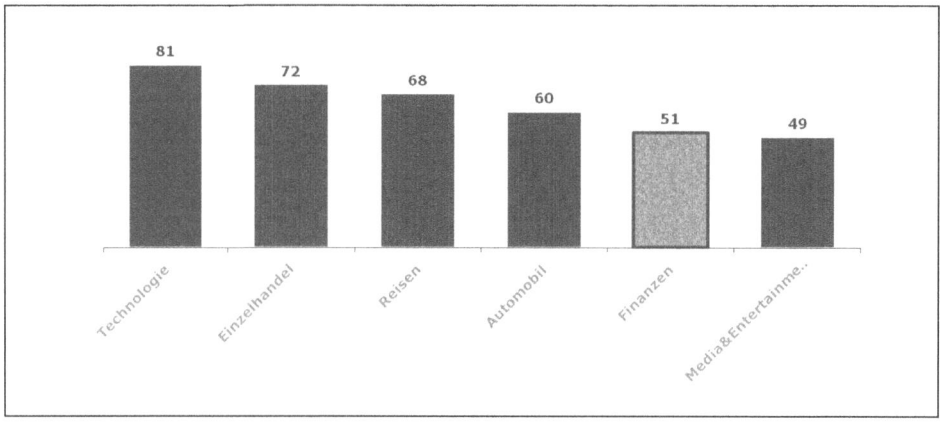

Quelle: Google, Insights für search
Abbildung 3:   Nutzung von Web-Sites zur Produkt-Recherche in welchen Branchen (in %)

Auch hier kommt man wieder zu beeindruckenden Einblicken, wenn man das Verhalten der „digital natives" analysiert. So schauen sich bereits 84 % der 16- bis 21-jährigen Schüler vor der Kaufentscheidung über ein Finanzprodukt die Websites verschiedener Anbieter an. 40 % gehen zudem auf neutrale Preisvergleich-Websites und 62 % informieren sich über ihre sozialen Netzwerke, welcher Anbieter bei welchem Produkt die besten Leistungen bietet. Das heißt, vor dem eigentlichen Abschluss werden von den Heranwachsenden bzw. jungen Erwachsenen zumindest zwei scheinbar neutrale Informationsquellen genutzt, ehe man sich dann für eine Bank entscheidet. Dass das nicht unbedingt die Bank zu sein braucht, bei der man zum Beispiel das Girokonto hat oder die einem die Eltern nahegelegt haben, liegt auf der Hand. Es ist abzusehen, dass bei dem sehr wahrscheinlichen Fortgang dieser Entwicklung das Verhalten der Kunden immer unberechenbarer und auch das Discounting im Retail-Banking weiter zunehmen wird. Denn das maßgebliche Unterscheidungskriterium bei der Wahl für oder gegen eine Bank ist aus der Sicht der Kunden der Preis - zumal ein Großteil der Kunden davon ausgeht, dass die Leistungen und damit auch die Qualitätsunterschiede zwischen den Banken weitgehend austauschbar sind.

Der Blick über den Tellerrand auf das klassische Retailgeschäft im Lebensmitteleinzelhandel in Deutschland illustriert dabei, dass die Preisführer, also die Discounter, mittlerweile einen Marktanteil von über 40 % erreicht haben. Dies geht natürlich zu Lasten der klassischen Betriebsformen des Einzelhandels wie zum Beispiel der Kaufhaus-Warenhäuser, der klassischen Supermärkte und der SB-Warenhäuser. Wenn sich diese Entwicklung auf das Retail-Banking übertragen ließe, ständen die Matadore im Privatkundengeschäft, also die Universalisten wie Sparkassen und Genossenschaftsbanken, vor sehr großen Herausforderungen.

Aktuell sind bei der Informationssuche über das Internet zwei Trends auszumachen. Zum einen ist im Nachgang zur Finanzkrise deutlich geworden, dass Finanzthemen generell sehr stark an Aktualität verlieren. Über den Google-Dienst „Insights for Search" lässt sich sehr gut ablesen, dass Themenbereiche wie Girokonto, Altersvorsorge, Riesterrente, Sparbuch, Baufinanzierung, Fonds u. a. deutlich weniger gesucht werden (Abbildung 4).

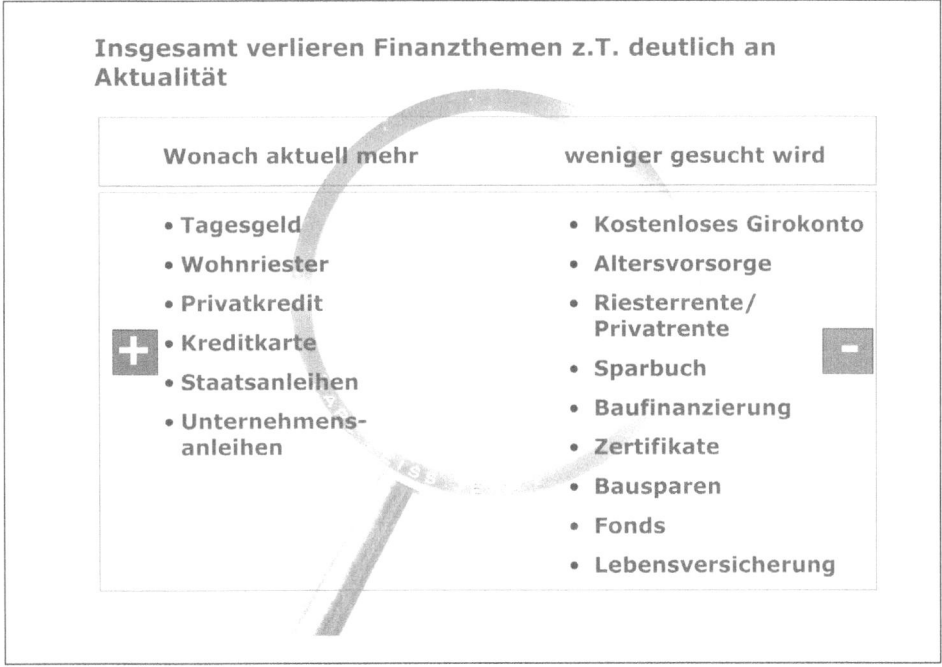

Abbildung 4: Aktualität von Finanzthemen

Hingegen rücken Tagesgeld, Privatkredit, Staats- und Unternehmensanleihen immer mehr in den Fokus. Es bleibt nach den Virulenzen der Finanzkrise offenbar doch nicht alles beim Alten. Einstellungen und Verhalten ändern sich. Das Internet hilft den Kunden, ihren Informationsstand und ihre Kompetenz zu verbessern und sich damit immer mehr gegenüber den Geldinstituten zu emanzipieren.

Der zweite Trend bezieht sich darauf, dass sich die Informationssuche bei Finanzdienstleistungen nicht nur auf Standardprodukte beschränkt, sondern auch zunehmend beratungsintensive Produkte betrifft. Zwar beeinflusst die Produktkomplexität das Verhalten über welchen Vertriebsweg abgeschlossen wird, aber nicht grundsätzlich die Informationssuche über das Netz. So wird zunehmend erkennbar, dass auch der Online-Research vor dem Abschluss von beratungsintensiven Finanzdienstleistungen wie Altersvorsorge, Baufinanzierung und Vermögensanlagen immer mehr die Regel wird. Das heißt, auch bei diesen Leistungsfeldern kann die Entscheidung zu Gunsten oder zu Lasten eines Anbieters fallen, bevor er überhaupt mit dem entsprechenden Geldinstitut Kontakt aufgenommen hat.

2.   Neue Vertriebswege für neue Kunden

Natürlich müssen diese Trends im Suchverhalten auch konkrete Auswirkungen darauf haben, über welche Vertriebskanäle ein Finanzprodukt gekauft bzw. abgeschlossen wird. Sehr bemerkenswerte Einblicke verschafft hier die Finanzmarktforschung der GfK Nürnberg, die über ihr Finanzmarktpanel in der Lage ist, das aktuelle Finanzverhalten nach den zentralen Vertriebswegen zu analysieren und vor allen Dingen regelmäßig zu reporten. Bereits seit 2004 untersucht die GfK, wie viel Prozent des Neugeschäfts bei zentralen Finanzdienstleistungen online abgeschlossen wurde (Abbildung 5).

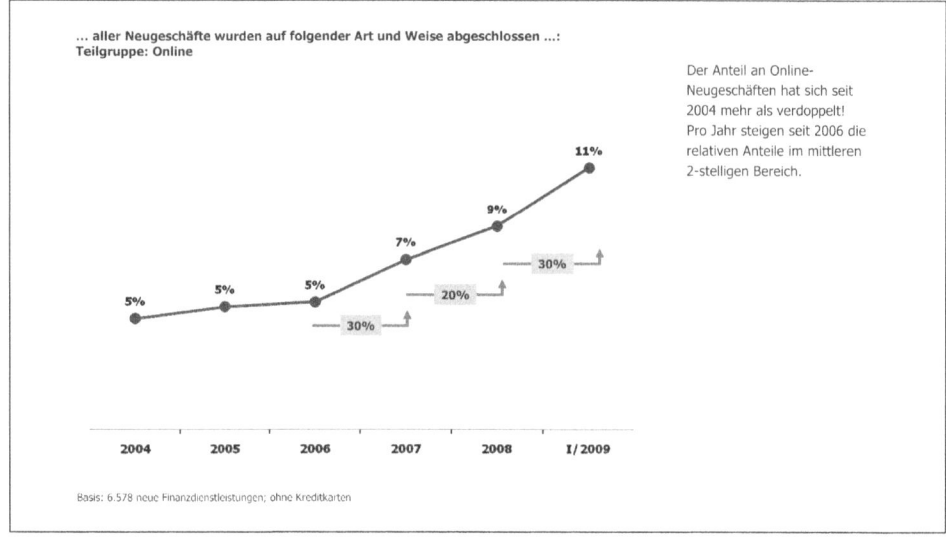

Quelle: GfK Finanzmarktpanel, 2009
Abbildung 5:   *Neugeschäft über den Kanal Internet im Zeitverlauf*

So hat sich der Anteil an Online-Neugeschäften seit 2004 mehr als verdoppelt. Seit 2005 bewegen sich die jährlichen Zuwachsraten zwischen 20 % und 30 %. 2009 wurden bereits 11 % des Neugeschäfts von zentralen Finanzdienstleistungen online abgeschlossen. Was aufgrund des Suchverhaltens im Netz zu erwarten war, ist tatsächlich zur Realität geworden: Auch das Neugeschäft geht immer mehr online.

Analysiert man die Produktbereiche, die vorrangig online abgeschlossen werden, sind zwei Dimensionen für die Online-Abschlusspräferenz auszumachen. Das Finanzprodukt muss einfach sein und der Preis spielt als Abschlusskriterium eine maßgebliche Rolle. Für drei Finanzprodukte treffen diese Voraussetzungen zu. Ein Drittel des Online-Neugeschäfts lief 2009 allein über das Tagesgeld bzw. Festgeld (Abbildung 6).

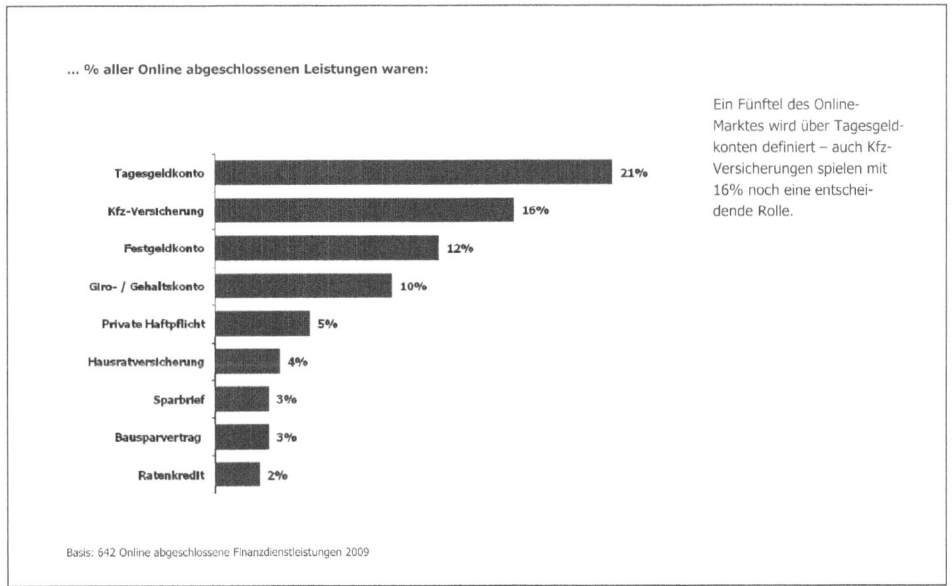

Quelle: GfK Finanzmarktpanel, 2009
Abbildung 6:   *Neugeschäft über den Kanal Internet nach Produkten*

16 % aller online abgeschlossenen Leistungen bezogen sich auf Kfz-Versicherungen und jedes zehnte abgeschlossene Neugeschäft betraf das Girokonto. Das heißt, bei diesen Produktkategorien forciert das Internet die Intensität des Wettbewerbs. Immer härter wird dabei auch der Kampf um das strategisch so wichtige Girokonto. Hier wird mit allen Bandagen gekämpft, denn wer das Girokonto des Kunden hat, hat den Schlüssel für den Ausbau der Kundenbeziehung und eine deutlich verbesserte Plattform für das Cross-Selling. Allerdings wird sich der Online-Abschluss in Zukunft nicht nur auf diese drei Produktkategorien beschränken. Erkennbar wird, dass auch Produkte wie Spareinlagen, der Privatkredit, die Baufinanzierung und auch andere „einfache" Versicherungsprodukte wie die Privathaftpflicht- und die Hausratversicherung für den Kunden zunehmend online-abschlussfähig werden.

In der Differenzierung der Online-Abschlüsse nach Instituten wird deutlich, welche Banken bei diesem neuen Vertriebsweg vorn liegen (Abbildung 7).

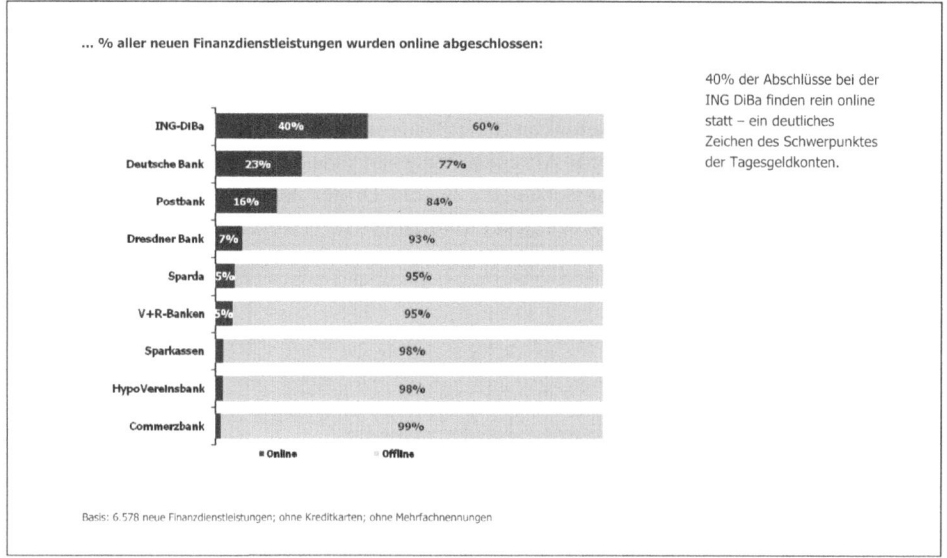

Quelle: GfK Finanzmarktpanel, 2009
Abbildung 7:   *Online-Anteile der Abschlüsse nach Instituten (Bankdienstleistungen)*

Naturgemäß sind es in erster Linie die Direktbanken, hier in starker Ausprägung die ING-DiBa, sowie die Deutsche Bank und die Postbank, die bereits heute einen beträchtlichen Anteil ihres Neugeschäfts über den Vertriebsweg Internet realisieren. Auf der anderen Seite halten sich die großen „Filialisten" wie die Sparkassen und die Genossenschaftsbanken bei diesem Vertriebsweg noch deutlich zurück, weil die Substitutions-Effekte zu den klassischen Vertriebswegen groß und die personellen und organisatorischen Konflikte zwischen stationärem und medialem Vertrieb noch zu lösen sind.

Die Frage ist, ob man sich diese Zurückhaltung auch in Zukunft erlauben kann. Die Vermutung ist: Eindeutig nein. Denn dass - wenn auch bei steigenden Stückzahlen - die wertmäßigen Auswirkungen der Online-Abschlüsse auf das Geschäftsvolumen noch relativ gering sind, liegt schlicht daran, dass die extrem online-affine junge Generation noch nicht über die finanziellen Mittel verfügt um in maßgeblicher Form in den Marktverteilungsprozess eingreifen zu können. Das wird sich mit Sicherheit innerhalb der nächsten zehn Jahre deutlich ändern, zumal auch die vermögenden Privatkunden zu den Kundengruppen gehören, die eine überdurchschnittlich hohe Online-Präferenz aufweisen. Gerade die wichtigen Kundengruppen der jungen Erwachsenen und der vermögenden Privaten werden sich also durch ein ausgeprägtes vagabundierendes Finanzverhalten charakterisieren. Neue und vor allen Dingen nachhaltige Ansätze im Kundenkontakt und in der Dialogkommunikation sind gefragt, um bei dieser Entwicklung nicht als Verlierer auf dem Feld zurückzubleiben.

3.   Von der Breiten- zur Dialogkommunikation

Die Umschichtungen in den Vertriebswegen haben auch konkrete Auswirkungen auf die Kommunikation mit dem Kunden. Wenn auch die Aussagen je nach Standort unterschiedlich sind, konkretisiert sich zumindest heraus, dass die Dialogkommunikation mit dem Kunden zunehmen und damit partiell eine Substitution der klassischen Kommunikation herbeigeführt wird. So hat der Axel Springer Verlag auf Basis einer ZAW-Zeitreihenanalyse von 1974 bis 2008 publiziert, dass die Marktanteile der Anzeigenerlöse für die Tageszeitungen und die Publikumszeitschriften deutlich rückläufig sind, während sie seit 2005 für die Online-Kommunikation stark zunehmen. Lediglich das Fernsehen konnte seine Position halten bzw. sie in den letzten Jahren sogar noch leicht ausbauen (Abbildung 8).

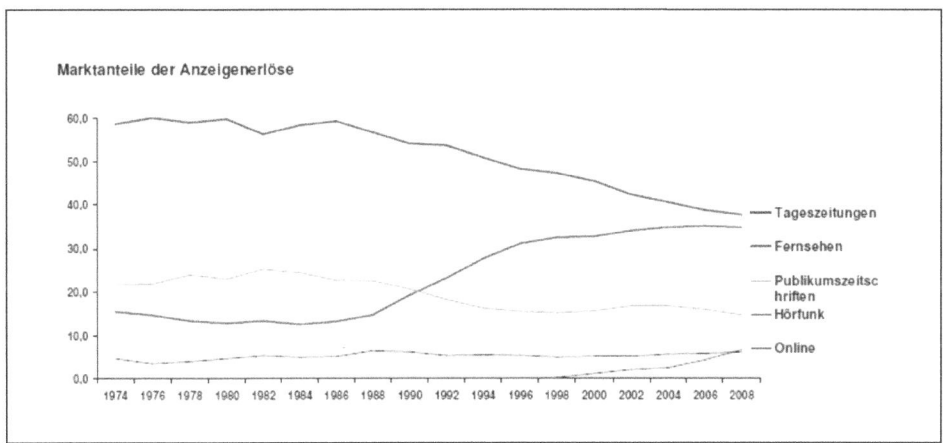

Quelle: ZAW 1974-2008; exklusive Fachzeitschriften, Plakat, Anzeigeblätter, Werbung per Post, Zeitungssupplements, Filmtheater
Abbildung 8: *Verschiebung von Anzeigenerlösen in Richtung elektronischer Medien*

Ob diese noch gute Entwicklung für das Werbefernsehen anhalten wird, bleibt allerdings fraglich, wenn man konstatiert, in welchem Maße die Nutzung von Internet und Videospielen das Fernsehen substituiert. Während sich im Durchschnitt der Bevölkerung 2008 die Nutzungsdauer für das Fernsehen auf die Größenordung von 228 Minuten pro Tag summierte, machte die Nutzungsdauer des Internets 70 Minuten pro Tag aus. Bei den 14- bis 19-Jährigen betrug dagegen die tägliche Nutzungsdauer des Fernsehens nur noch 97 Minuten, während die tägliche Nutzungsdauer des Internet auf 123 Minuten anstieg. Auch hier bleibt wieder die Frage offen, wie weit dieses Verhalten in das spätere Alter übernommen wird. Für aussagekräftige Zeitreihenstudien sind die aktuell zur Verfügung stehenden Zeiträume noch zu kurz.

Unstrittig bleibt dagegen die Aussage, dass sich bei einem nur noch gering erhöhenden Gesamtwerbe-Volumen ein Anstieg in der Online-Kommunikation auf die klassische Breitenkommunikation auswirken muss. Dies wird konkrete Konsequenzen für die Finanzwerbung haben. Wie aktuelle Kontaktpunktanalysen bei Retail-Bankingkunden zeigen, ist die zielgerichtete und individualisierte Online-Kommunikation für den Kunden häufig nutzbringender als die „Durchschnittsware" einer austauschbaren Print- und TV-Werbung.

Natürlich wird gute, kreativ anspruchsvolle und durchsetzungsstarke Print-, Radio-, und TV-Werbung weiterhin die Zugkraft von Bankmarken unterstützen. Auf der anderen Seite ist es allerdings bemerkenswert, in welchem Maße bereits heute große Konsum- und Gebrauchsgüterhersteller wie Unilever, Procter & Gamble, Coca Cola und auch VW (Horst Schlämmer) immer mehr dazu übergehen, Viral-Kampagnen erfolgreich im Netz zu platzieren. YouTube und andere werden zum Ausgangspunkt und zum Umschlagsplatz neuer Formen der Massenkommunikation im Sinne einer neuen „Mund zu Mund"-Werbung, die sich mit einer unglaublichen Geschwindigkeit – und das bei vergleichsweise niedrigen Produktionskosten – im Netz verbreitet.

Das Fazit ist geradezu lapidar: Die neuen Realitäten schaffen neue Kunden und damit neue Herausforderungen für die Retail-Banker. „Think open source", sagen die Amerikaner. Es sind neue, kreative Kontakt- bzw. Kommunikationswege zum Kunden gefragt. Die alte Forderung muss sich erfüllen: Die Bank muss zum Kunden kommen, und zwar „bevor" er im Netz vagabundiert und nicht mehr beeinflussbare Entscheidungen trifft. Ansonsten bleibt der Kontakt zum Kunden zufällig und Zufälligkeiten sind nicht mehr steuerbar. Die Entwicklungen im Verhalten des Kunden werden dann schneller verlaufen als die Reaktionen des Anbieters. Die Konsequenzen dieses Szenarios liegen auf der Hand.

Die Doppelstrategie im Kontext generischer und hybrider Wettbewerbsstrategien – Definitionen in der herrschenden Literatur

Frank Ehlebracht

1.   Grundlagen von Wettbewerbsstrategien

1.1   Einordnung der Wettbewerbsstrategien in die Strategieebenen von Unternehmen

In der betriebswirtschaftlichen Literatur existieren unterschiedliche Definitionen des Begriffes Strategie.[1] Nach der klassischen Definition handelt es sich bei einer Strategie um ein Maßnahmenbündel eines Unternehmens zur Erreichung seiner langfristigen Ziele. Eine Strategie ist das Ergebnis formaler, rationaler Planungen.[2] Innerhalb des Planungsprozesses stellt die strategische Unternehmensplanung ein entscheidungsorientiertes Modell dar, in dem für das Unternehmen relevante Informationen eingearbeitet, aufbereitet und den Entscheidungsträgern zur Verfügung gestellt werden.[3] Diese Planungsaufgabe der Entscheidungsträger sollte aus einer übergreifenden Perspektive durchgeführt werden, da nur aus dieser Position heraus die Unternehmensentwicklung grundlegend beeinflusst werden kann. Dabei steht das Denken über Organisationseinheiten hinweg im Vordergrund. Die Durchführung dieser Planungsaufgabe steht im engen Zusammenhang mit dem organisatorischen Aufbau sowie dem Leistungs- und Produktprogramm des Unternehmens.[4]

Strategien finden sich auf der Gesamtunternehmensebene, auf der Funktionalebene und bei Unternehmen mit mehr als einem Produkt auf der Ebene der Geschäftsbereiche.[5] Bei Ein-Produktunternehmen oder Unternehmen mit einem homogenen Produktangebot ist eine organisatorische Unterteilung nach Geschäftsbereichen nicht unbedingt erforderlich.[6] Wird ein Unternehmen in Geschäftsbereiche unterteilt, sind diese grundsätzlich als organisatorische Einheit innerhalb des Unternehmens für Geschäftsfelder oder Geschäftseinheiten verantwortlich. Im Folgenden soll deshalb die sprachliche Verwendung des Begriffes Geschäftsfeld als Synonym für strategische Geschäftseinheit (SGE) oder strategisches Geschäftsfeld (SGF) verwendet werden.[7] Der Vollständigkeit halber wird darauf hingewiesen, dass in anderen Literaturquellen eine deutliche Unterscheidung dieser Begriffe vorgenommen wird.[8] Die Wettbewerbsführung in einem Geschäftsfeld erfolgt durch die Wettbewerbsstrategie, insofern beziehen sich Wettbewerbsstrategien auf Geschäftsfelder.[9] Wettbewerbsstrategien sind offen-

---

[1]   Vgl. WELGE/AL-LAHAM (2008), S. 15; CORSTEN (1998), S. 3; KREIKEBAUM (1997), S. 17.
[2]   Vgl. WELGE/AL-LAHAM (2008), S. 16.
[3]   Vgl. KREIKEBAUM (1997), S. 20.
[4]   Vgl. HUNGENBERG (2006), S. 15.
[5]   In Anlehnung an WELGE/AL-LAHAM (2008), S. 458.
[6]   Vgl. HUNGENBERG (2006), S. 15.
[7]   Vgl. HUNGENBERG (2006), S. 76.
[8]   Vgl. GRÜNIG/KÜHN (2005), S. 158.
[9]   Vgl. HUNGENBERG (2006), S. 184.

sive oder defensive Maßnahmen zur Festigung der Branchen- und Marktposition. Sie stellen die Art und Weise dar, mit der sich ein Unternehmen am Markt behaupten will.[10] Dabei ist eine Vielzahl von Einzelaspekten relevant.[11] Wettbewerbsstrategien definieren damit die grundsätzlichen Verhaltensweisen in den einzelnen Produkt-Markt-Bereichen. Sie sollen eine Antwort auf die Frage geben, wie das Unternehmen mit den fünf Wettbewerbskräften (Gefahr durch neue Marktteilnehmer, Bedrohung durch Substitutionsprodukte, Verhandlungsmacht der Kunden, Verhandlungsmacht der Lieferanten, Rivalität zwischen den etablierten Wettbewerbern) umgehen will.[12]

1.2   Ziele und Strategietypologien der Wettbewerbsstrategien

Die wichtigsten Ziele einer Wettbewerbsstrategie sind, das Unternehmen im Wettbewerb so zu positionieren, dass seine Fähigkeiten die bestmögliche Abwehr gegenüber den beschriebenen Wettbewerbskräften bieten. Weiterhin ist die Position des Unternehmens im Kräftevergleich mit den Konkurrenten so zu beeinflussen, dass eine Verbesserung der Position eintritt. Darüber hinaus müssen Veränderungen der Wettbewerbsgrundlagen frühzeitig antizipiert werden, um schnell darauf reagieren zu können. Letztlich sind die Veränderungen auszunutzen, um vor den Konkurrenten eine dem veränderten Wettbewerbsumfeld angepasste Strategie zu entwickeln.[13]

Zur Erreichung dieser Ziele wird eine große Bandbreite möglicher Strategietypologien auf Geschäftsfeldebene unterschieden. Dabei haben in der theoretischen Diskussion die Strategietypologien nach Porter erhebliche Relevanz erlangt.

Porter hat in der Auseinandersetzung mit den fünf Wettbewerbskräften drei erfolgversprechende Typologien entwickelt, die er als generische Wettbewerbsstrategien bezeichnet:

- Umfassende Kostenführerschaft

- Differenzierung

- Konzentration auf Schwerpunkte (Nischenstrategie)

---

10   Vgl. CORSTEN (1998), S. 10.
11   Vgl. SCHREYÖGG (1995), S. 23.
12   Vgl. CORSTEN (1998), S. 10.
13   Vgl. PORTER (2008), S. 66.

2. Generische Wettbewerbsstrategien

2.1 Strategie der Kostenführerschaft

2.1.1 Darstellung der Strategie

Die Strategie der Kostenführerschaft wurde aufgrund der Bekanntheit des Erfahrungskurven-Konzeptes (Modell zur Begründung von Bewertungskriterien für Erfolgspotentiale) aus den siebziger Jahren zunehmend populärer und in der Unternehmenspraxis angewandt.[14] Ziel dieser Strategie ist es, einen umfassenden Kostenvorsprung, u. a. durch hohe Produktstandardisierung, innerhalb der Branche zu erreichen und diese Kostenvorteile über die gesamte Wertkette hinweg auszunutzen.[15] Der Erfolg der Strategie wird über die Kostenposition, d. h. über einen niedrigen Preis angestrebt.[16] Niedrige Kosten im Verhältnis zu den Konkurrenten stehen im Fokus sämtlicher Unternehmensentscheidungen, wobei qualitative Aspekte, wie z. B. Servicegedanken, nicht außer acht gelassen werden dürfen. Kostenführerschaft erfordert eine aggressive Kapazitätserweiterung sowie die energische Ausnutzung des Erfahrungskurveneffektes mit dem Ziel der Minimierung der realen Stückkosten.[17] Über die Produktion großer Mengen sollen darüber hinaus mögliche Mengendegressionseffekte (Skaleneffekte) erreicht werden.[18] Dabei sind neben den Stückkosten äquivalent die Gemeinkosten durch entsprechende Analysen zu kontrollieren und zu steuern. Die Kostenminimierung muss sich auch auf Forschung und Entwicklung, Distributionskanäle, verkaufsfördernde Maßnahmen wie z. B. Werbung, und so weiter erstrecken. Darüber hinaus ist eine Untersuchung des Kostenverhaltens vorzunehmen, in der die Kostentreiber identifiziert werden müssen.[19] Porter unterscheidet folgende zehn Kostentreiber: Größenbedingte Kostendegression, Lerneffekte, Struktur der Kapazitätsauslastung, Verknüpfungen, Verflechtungen, Integration, Zeitwahl, unternehmenspolitische Entscheidungen, Standort, außerbetriebliche Faktoren.[20] Das Kostenverhalten jeder Aktivität der Wertkette wird durch die Kostentreiber mehr oder minder stark geprägt. Um daraus Wettbewerbsvorteile zu erzielen, sind die Kostentreiber, die einen erheblichen Anteil an den Gemeinkosten haben, zu kontrollieren und zu steuern.[21] Weitere Ansatzpunkte zur Erlangung der Wettbewerbsvorteile sind beispielsweise rationellere Fertigungs- oder Distributionsverfahren.

---

14 Vgl. KÜHN/GRÜNIG (2000), S. 85; WELGE/AL-LAHAM (2008), S. 517.
15 Vgl. PORTER (2008), S. 72.
16 Vgl. KALUZA/BLECKER (2000), S. 8.
17 Vgl. CORSTEN (1998), S. 94.
18 Vgl. KALUZA/BLECKER (2000), S. 8.
19 Vgl. PORTER (1989), S.102.
20 Vgl. PORTER (1989), S. 102-118.
21 Vgl. WELGE/AL-LAHAM (2008), S. 522.

2.1.2   Wettbewerbsvorteile der Kostenführerschaft

Eine starke Kostenposition ist mit relativen Wettbewerbsvorteilen verbunden, durch die sich Geschäftsfelder preispolitische Spielräume verschaffen und somit bei Kunden als auch bei Lieferanten eine bessere Wettbewerbsposition erarbeiten können. Niedrige Kosten können durch niedrige Preise an Kunden weitergegeben werden. Kostenvorteile bieten Schutz gegen die Rivalität der Konkurrenten, weil dann noch Erträge generiert werden können, wenn Mitbewerber durch ihre gegenseitige Rivalität ihre Gewinne eliminiert haben. Kostenvorteile schützen weiterhin gegen Abnehmer und Lieferanten und schaffen darüber hinaus hohe Markteintrittsbarrieren, zumeist durch Mengendegressionseffekte. Letztlich bietet die Kostenführerschaft dem Unternehmen Vorteile im Umgang mit Substitutionsprodukten im Vergleich zu den Konkurrenten.[22] Die Strategie der Kostenführerschaft ist aber nur dann erfolgreich, wenn ein nachhaltiger Wettbewerbsvorteil erreicht wird. Nachhaltig sind Wettbewerbsvorteile dann, wenn sie selten und schwer zu imitieren sind.[23] Ein Wettbewerbsvorteil ist beispielsweise dann als selten anzusehen, wenn ein Zugang zu einer technologischen Software besteht, die historisch im Unternehmen entwickelt wurde und Konkurrenten nicht zur Verfügung steht.

2.1.3   Risiken der Kostenführerschaft

Die Strategie der Kostenführerschaft führt zu einem starken Spezialisierungseffekt im Hinblick auf kostengünstige Produkt- und Verfahrenstechnologien.[24] Um seine Wettbewerbsposition zu halten, ist das Unternehmen verpflichtet, in moderne Ausrüstung zu investieren, veraltete Ausrüstung und Anlagen konsequent zu entfernen, keine Differenzierung der Produktlinie vorzunehmen und technologische Verbesserungen frühzeitig durchzuführen. Dieser permanente Fokus auf Kostensenkung kann dazu führen, dass das Unternehmen nicht mehr flexibel auf Produkt- und Marktänderungen reagieren kann.[25] Andererseits können technologische Veränderungen den erworbenen Kostenvorsprung zunichte machen, da Konkurrenten neue Technologien schnell imitieren können, so dass ehemalige Wettbewerbsvorteile nur temporär sind. Um dies zu verhindern, sind laufende Investitionen in neueste Produktionstechnologien erforderlich. Darüber hinaus kann die Fokussierung auf den Kostenaspekt und das Bemühen und Bestreben, den erworbenen Kostenvorteil zu verteidigen, zu einer tendenziellen Innovationsfeindlichkeit und damit zu einer Verschlechterung der strategischen Position führen.

---

22   Vgl. PORTER (2008), S. 72/73.
23   Vgl. WELGE/AL-LAHAM (2008), S. 523.
24   Vgl. WELGE/AL-LAHAM (2008), S. 524.
25   Vgl. PORTER (2008), S. 83.

2.2 Strategie der Differenzierung

2.2.1 Darstellung der Strategie

Porters zweite Strategie beschreibt die Differenzierung. Produkte oder Dienstleistungen eines Unternehmens sind so zu differenzieren, dass sie branchenweit als einzigartig angesehen werden können. Die Alleinstellung aus Sicht der Kunden reicht für die Begründung eines Wettbewerbsvorteils aus.[26] Die Ansätze der Differenzierung sind vielfältig. Sie müssen dem Kriterium der klaren Unterscheidung von den Konkurrenzprodukten oder -dienstleistungen genügen. Faktoren der Alleinstellung können z. B. Produkteigenschaften, Garantie- oder Serviceleistungen, Design, Zusatznutzen oder Markenimage sein. Die Aufzählung erhebt keinen Anspruch auf Vollständigkeit, da das Spektrum der Differenzierungsmöglichkeiten unendlich groß ist. Im Idealfall differenziert sich das Unternehmen durch mehrere Alleinstellungsmerkmale. Diese Einzigartigkeit führt dazu, dass Kunden bereit sind, einen höheren Preis zu zahlen, weil die Produkte oder Dienstleistungen im Vergleich zu den Konkurrenzangeboten einen für den Kunden wichtigen Mehrwert bieten. Trotz dieser Fixierung auf Alleinstellungsmerkmale darf die Kostenseite nicht vernachlässigt werden.[27] Allerdings sind die Kosten nicht das primäre strategische Ziel.

Differenzierungsquellen sind auf allen Stufen der Wertkette zu finden. So kann die Beschaffung von Rohstoffen Einfluss auf die Qualität der Endprodukte haben. Darüber hinaus können Technologieentwicklungen zur Neugestaltung von Produkten führen, die im Konkurrenzvergleich einmalig sind. Innovative Lösungen im Bereich der Logistik können die Liefergeschwindigkeit und -zuverlässigkeit verbessern und zu einem Alleinstellungsmerkmal führen.[28] Für diese Strategie sind die Kriterien Qualität, Flexibilität, Zeit und Service herausragende Erfolgsfaktoren.[29]

2.2.2 Wettbewerbsvorteile der Differenzierung

Erfolgreiche Differenzierungsstrategien führen aufgrund der relativen Wettbewerbsvorteile zu überdurchschnittlichen Gewinnen. Unternehmen können sich durch Differenzierungsstrategien gegen die fünf Wettbewerbskräfte abschirmen, weil sie zu einer erhöhten Kundenbindung an die Marke führen. Dadurch verringert sich die Preisempfindlichkeit der Kunden.[30] Die Folge davon sind überdurchschnittliche Erträge. Der Kostenaspekt muss dadurch nicht im Vordergrund stehen. Eintrittsbarrieren werden durch die entstandene Kundenloyalität

---

[26] Vgl. HUNGENBERG (2006), S. 189.
[27] Vgl. PORTER, (2008), S. 74; WELGE/AL-LAHAM, (2008), S. 524.
[28] Vgl. PORTER (1989), S. 166.
[29] Vgl. KALUZA/BLECKER (2000), S. 11.
[30] Vgl. WELGE/AL-LAHAM, (2008), S. 526; PORTER, (2008), S. 75.

geschaffen, so dass Konkurrenten Schwierigkeiten erfahren, im Markt Fuß zu fassen. Aufgrund der erhöhten Gewinnsituation ist es für das Unternehmen leichter, in Preisverhandlungen mit Zulieferern erfolgreich zu sein. Gleiches gilt für die Verhandlungen und die Preisfestsetzung gegenüber den Abnehmern, da für sie Alternativen fehlen und die Preisempfindlichkeit sinkt.[31] Wie bei der Strategie der Kostenführerschaft gilt auch bei der Differenzierungsstrategie, dass sie nur dann langfristig erfolgversprechend ist, wenn sie nachhaltige Wettbewerbsvorteile schafft. Als Kriterien für die Messung gelten ebenfalls die Seltenheit bzw. die Schwierigkeit, Produkte oder Leistungen zu imitieren. Das Kriterium Seltenheit beruht auf der Kreativität des Unternehmens, immer wieder für den Kunden einzigartige Lösungen bereitzustellen. Es befindet sich dann immer in der Position des Initiators, während Konkurrenten die Rolle des Imitators bekleiden.[32]

2.2.3   Risiken der Differenzierung

Die Differenzierungsstrategie stellt den Kostenaspekt nicht primär in den Fokus. Dadurch besteht die Gefahr, dass die Kosten stark steigen und der Preisunterschied zwischen Billiganbietern und differenzierten Unternehmen so groß wird, dass die Kundenloyalität nachlässt, weil die Einzigartigkeit den Preisunterschied nicht rechtfertigt. Die Gefahr der Abwanderung zu den Billiganbietern steigt. Ein weiteres Risiko stellt der abnehmende Bedarf an einem speziellen Differenzierungsfaktor im Zeitablauf dar. Die Wichtigkeit dieses Faktors nimmt aus Sicht der Kunden in ihrer Bewertung ab.[33] Ein drittes Risiko stellt die Imitation dar. Insbesondere in älteren Branchen treten immer wieder Konkurrenten mit Imitationsprodukten oder -leistungen in den Markt ein und führen zu einer Verwässerung.

2.3   Strategie der Nischenbildung

2.3.1   Darstellung der Strategie

Porter erweitert seine Strategietypen um die Strategie der Nischenbildung, oder auch Konzentrationsstrategie genannt. Zunächst soll eine Branche in bestimmte Segmente zerlegt werden.[34] Für diese Segmente oder für diese Zielgruppe versucht das Unternehmen, die bestmögliche Befriedigung der Anforderungen zu erreichen. Die Strategie geht davon aus, dass es für ein Unternehmen leichter ist, in diesem Segment spezialisierte Produkte oder Dienstleistungen besser oder günstiger zu erbringen, als branchenweit operierende und damit

---

[31]   Vgl. PORTER (2008), S. 75.
[32]   Vgl. WELGE/AL-LAHAM (2008), S. 527.
[33]   Vgl. PORTER (2008), S. 84.
[34]   Vgl. CORSTEN (1998), S. 96.

weniger spezialisierte Unternehmen. Innerhalb dieser Nische kann sich das Unternehmen dann für eine Strategie der Kostenführerschaft oder für eine Differenzierungsstrategie entscheiden.[35] Die Konzentrationsstrategie kann nicht im gesamten Markt niedrige Kosten oder Differenzierungen erzielen, sondern nur in einem Segment der Branche. Die Nischenstrategie kann in ihrer Form ähnlich vielfältig sein wie die Differenzierungsstrategie. So sind beispielsweise Segmente möglich, die sich auf regionale Nischen, Zielgruppennischen, Produktnischen oder Brandingnischen (Marke) beziehen. Weitere Nischen können die Geschwindigkeitsnische, die Innovationsnische, die Kooperationsnische, die Marktaufspaltung und die Konternische sein.[36]

2.3.2   Wettbewerbsvorteile der Nischenstrategie

Kernpunkt der Strategie ist es, ein eng begrenztes Segment konsequent zu bedienen und dabei besser zu sein als die Konkurrenz, die sich im breiteren Wettbewerb befindet.[37] Durch diese Konzentration auf die Erfüllung spezifischer Anforderungen eines Segmentes oder einer Nische, kann es einem Unternehmen gelingen, überdurchschnittliche Erträge in seiner Branche zu erzielen. Durch die Konzentration entstehen Kostenvorteile oder ein hoher Differenzierungsgrad. Beide Positionen bieten Schutz gegen die fünf Wettbewerbskräfte. Insofern sind die Wettbewerbsvorteile der Kostenführerschaft und der Differenzierungsstrategie im Rahmen einer Segmentierung der Branche hierher zu übertragen.[38]

2.3.3   Risiken der Nischenstrategie

Die Unterschiede in den Kosten bzw. in den Preisen zwischen breiten Anbietern und dem Unternehmen mit einer Konzentrationsstrategie können so groß werden, dass Kostenvorteile oder Differenzierungsvorteile ausgeglichen werden. Ein weiteres Risiko besteht drin, dass sich die Unterschiede aus den Differenzierungswünschen einer bestimmten Zielgruppe an ein Produkt im Vergleich zum Gesamtmarkt verringern. Darüber hinaus ist es möglich, dass Konkurrenzunternehmen eine noch weitere Segmentierung der Branche vornehmen und sich noch stärker spezialisieren, so dass die Vorteile des Ursprungsunternehmens verloren gehen.[39] Weiterhin besteht die Gefahr, dass die Nische zu klein ist, um die notwendigen Volumina zu erreichen. Darüber hinaus gelten weiterhin die allgemeinen Risiken aus der Kostenführerschaft oder der Differenzierung.

---

35   Vgl. KALUZA/BLECKER (2000), S. 12.
36   Vgl. KRÖGER/VIZJAK/RINGLSTETTER (2006), S. 12-16.
37   Vgl. PORTER (2008), S. 76.
38   Vgl. HUNGENBERG (2006), S. 190.
39   Vgl. PORTER (2008), S. 85.

Über weitere Chancen und Risiken der Strategie der Nischenbildung berichtet eine aktuelle Studie von Kröger/Vizjak/Ringlstetter.[40]

2.4   Beitrag der Strategietypen zur Wertsteigerung

Vor dem Hintergrund der bestehenden Chancen und Risiken ist zu klären, welchen Beitrag die aus den generischen Wettbewerbsstrategien abgeleiteten Wettbewerbsvorteile zur Wertsteigerung des Gesamtunternehmens leisten können.[41] Wie beschrieben, entstehen Wettbewerbsvorteile bei der Differenzierungsstrategie durch Alleinstellungsmerkmale, die Preiserhöhungen zulassen. Im Rahmen der Kostenführerschaft stehen für das Unternehmen Kostenvorteile im Vordergrund. In beiden Fällen besteht das Ziel darin, positive Rentabilitätsspannen zu erreichen. Damit besteht ein Zusammenhang zwischen Shareholder-Value und Customer-Value.[42] Günther hat beispielhaft, aber sehr global, dargestellt, wie die Strategietypen durch die entsprechenden Werttreiber auf den Cash-Flow wirken und ihn positiv beeinflussen.[43] Danach erfordert z. B. ein Umsatzwachstum innerhalb der Kostenführerschaft eine aggressive Preispolitik, im Rahmen der Differenzierung und Nischenstrategie aber eine Hochpreispolitik. Nach Welge/Al-Laham wird in der Darstellung von Günther deutlich, dass die beschriebenen Wettbewerbsstrategien nur alternativ durchzuführen sind.[44].

2.5   Die stuck-in-the-middle-Situation

Da die generischen Wettbewerbsstrategien nach Porter Alternativen darstellen, ist es für Unternehmen unabdingbar, sich für eine Wettbewerbsstrategie zu entscheiden.[45] Also entweder die Kostenführerposition oder eine klare Differenzierung in seiner (segmentierten) Branche zu erreichen. Gelingt Unternehmen keine eindeutige Positionierung, können keine Wettbewerbsvorteile erreicht werden. Dann befindet sich das Unternehmen in einer Position „zwischen den Stühlen". Porter nennt es stuck-in-the-middle. Für die Position der Kostenführerschaft fehlen dem Unternehmen die entsprechenden Marktanteile und letztlich die notwendige Entschlossenheit, konsequent die Kostenführerschaft anzustreben.[46] Oder es fehlt die

---

40 Vgl. KRÖGER, VIZJAK, RINGLSTETTER (2006).
41 Vgl. WELGE/AL-LAHAM (2008), S. 531
42 Vgl. GÜNTHER (1997), S. 383.
43 Vgl. WELGE/AL-LAHAM (2008), S. 532.
44 Vgl. WELGE/AL-LAHAM (2008), S. 533.
45 Vgl. HUNGENBERG (2006), S. 192.
46 Vgl. PORTER, (2008), S. 79.

mangelnde Differenzierung, um aus Kundensicht etwas Einzigartiges zu schaffen. Letztlich mangelt es dem Unternehmen an Konzentration in einer Nische, um Kostenführerschaft oder Differenzierung in diesem Segment zu erreichen.[47] Um den Zusammenhang zu verdeutlichen, erklärt Porter die Beziehung zwischen Marktanteil und Rentabilität eines Unternehmens in einer U-Form. Dieser konvexe Zusammenhang existiert in vielen, aber nicht allen Branchen.

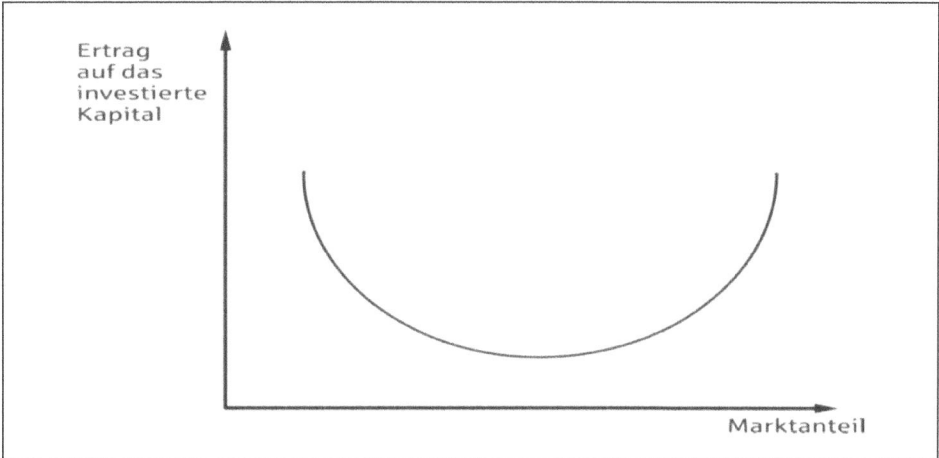

Quelle: Porter, 2008, S. 81
Abbildung 1: *Zusammenhang zwischen Marktanteil und Rentabilität*

Dazu hat Porter zwei grundlegende Annahmen getroffen, die Konvexitätsannahme und die Konsistenzannahme.[48] Die Konvexitätsannahme oder auch Konvexitätshypothese sieht einen klaren Zusammenhang zwischen Marktanteil, Strategietyp und Erfolg.[49] Kostenführerschaft ist im Wesentlichen nur mit hohen Marktanteilen möglich. Die Differenzierungsstrategie und Konzentrationsstrategie ist eher mit kleinen Marktanteilen zu erreichen, denn sie steht für Exklusivität, die mit einem hohen Marktanteil unvereinbar ist. Diese entgegengesetzten Marktanteilspositionen können damit nur entgegengesetzte Strategien ermöglichen und sind somit unvereinbar.[50]

Die zweite Annahme, die Konsistenzhypothese, besagt, dass an einem bestimmten Punkt die Strategietypen in einen Widerspruch zueinander treten. Ist zu Beginn der Strategie noch ein hybrider, d. h. gemischter, Ansatz denkbar, gelangt jede Unternehmung an einen Punkt, wo Differenzierung meist kostspielig ist und Kostenführerschaft nur mit Standardisierung und einem Verzicht auf Differenzierung erreichbar ist.[51]

---

[47] Vgl. PORTER (2008), S. 79.
[48] Vgl. PORTER (2008), S. 79.
[49] Vgl. WELGE/AL-LAHAM (2008), S 534.
[50] Vgl. WELGE/AL-LAHAM (2008), S. 534.
[51] Vgl. WELGE/AL-LAHAM (2008), S. 534; HUNGENBERG (2006), S. 192.

3.   Hybride Wettbewerbsstrategien

3.1   Abgrenzung der hybriden Wettbewerbsstrategien von den generischen Wettbewerbsstrategien

Im vorangegangenen Gliederungspunkt wurde beschrieben, dass sich Unternehmen nach Ansicht von Porter für eine Wettbewerbsstrategie, nämlich die Kostenführerschaft oder die Differenzierung, entscheiden müssen. In der Unternehmenspraxis ist jedoch festzustellen, dass Unternehmen, die eine Strategie der Kostenführerschaft und eine Differenzierung gleichzeitig verfolgen, ebenfalls erfolgreich im Wettbewerb bestehen. Durch eine Kombination der Strategien nach der Porter-Typologie werden hybride Wettbewerbsstrategien, also Mischformen, geschaffen.[52] Unternehmen mit dieser Strategiewahl bieten ihren Kunden Leistungen an, die hoch differenziert und aus Kundensicht als einzigartig anzusehen sind, die aber ebenfalls in einem Preissegment unterhalb der Konkurrenzangebote ansässig sind.[53] Dabei werden Wettbewerbssituationen angedacht, die neben das Management der Differenzierung und dem damit verbundenen Kundennutzen auch das Management der Produktkosten treten lassen.[54] Diese hybriden Wettbewerbsstrategien unterscheiden sich danach, ob sie nacheinander (sequentiell), an unterschiedlichen Orten (multilokal) oder gleichzeitig (simultan) durchgeführt werden.[55]

3.2   Arten hybrider Wettbewerbsstrategien

3.2.1   Sequentielle hybride Wettbewerbsstrategien

Das Konzept der sequentiellen hybriden Wettbewerbsstrategie sieht eine zeitliche Entkoppelung der Kostenführerschaft und Differenzierung innerhalb einer Geschäftsfeldstrategie vor. Es erfolgt also ein Wechsel von der Kostenführerschaft zur Differenzierung oder auch umgekehrt. Trotz des Wechsels soll der Wettbewerbsvorteil, der mit der bisherigen Strategie erreicht wurde, beibehalten werden.[56] Damit wird ein dynamischer Prozess in der Strategie beschrieben.[57]

---

52 Vgl. WELGE/AL-LAHAM (2008), S. 534.
53 Vgl. HUNGENBERG (2006), S. 193.
54 Vgl. CORSTEN (1998), S. 114.
55 Vgl. FLECK (1995), S. 61-84.
56 Vgl. GLASER (1998), S. 214.
57 Vgl. KLEINALTENKAMP (1987), S. 31

Für eine erfolgreiche Umsetzung der Strategie ist es unabdingbar, eine genaue Kenntnis der Branche sowie ihrer Entwicklung zu haben. Darüber hinaus ist die konsequente Ausrichtung der anfänglichen Aktivitäten entweder auf die Differenzierung oder Kostenführerschaft erforderlich. Es ist also die Ausgangsposition zu entscheiden. Weiterhin sind sämtliche Ressourcen des Unternehmens auf den geplanten Strategiewechsel auszurichten.[58] Darüber hinaus ist neben einem exakten Timing vor allem die unternehmerische Fähigkeit zur Anpassung an die im Zeitablauf veränderten Bedingungen von großer Bedeutung.[59]

3.2.2   Multilokale hybride Wettbewerbsstrategien

Mit der Globalisierung von Märkten sind Strategien, die ein internationales und globales Agieren von Unternehmen erforderlich machen, stärker in den Fokus gerückt.[60] Die Bezeichnung multilokale hybride Wettbewerbsstrategie beschreibt eine räumliche Entkoppelung von Kosten- und Erlösvorteilen an unterschiedlichen regionalen Standorten.[61]

Grundsätzlich wird versucht, von Porters Alternativhypothese zu abstrahieren. Kostenführerschaft und Differenzierung können zum selben Zeitpunkt und im selben Markt erreicht werden. Unternehmen versuchen, Vorteile aus der Globalisierung als auch aus der Lokalisierung zu erreichen.[62] Beispielsweise ist es möglich, durch Massenproduktion im Ursprungsland Kostenführer zu werden und gleichzeitig im Zielland Differenzierungsvorteile zu generieren. Unternehmen unterliegen mit dieser Strategie nicht den produktionsorientierten Beschränkungen der bisher beschriebenen Strategien, in denen räumlich beschränkte Unternehmen dargestellt wurden. Voraussetzung für eine erfolgreiche Umsetzung ist es, dass Unternehmen grundsätzlich global agieren können. Außerdem dürfen erhöhte Differenzierungskosten nicht die Kostenvorteile aus der Globalisierung egalisieren und damit den Wettbewerbsvorteil zu Nichte machen.[63]

3.2.3   Simultane hybride Wettbewerbsstrategien

Mit simultanen hybriden Wettbewerbsstrategien versuchen Unternehmen durch zeitgleiche Erreichung der Kostenführerschaft und Differenzierung, Wettbewerbsvorteile zu erzielen. Es erfolgt kein Wechsel der Strategie im Zeitablauf, sondern von Beginn an wird diese hybride strategische Alternative realisiert. Zur Erhöhung des Differenzierungsgrades werden drei Varianten der simultanen hybriden Wettbewerbsstrategien unterschieden: die Qualitäts-, Va-

---

58   Vgl. GLASER (1998), S. 215-216.
59   Vgl. JENNER (2000), S. 11.
60   Vgl. BLECKER (1999), S. 171.
61   Vgl. FLECK (1995), S. 71; BLECKER (1999), S. 172.
62   Vgl. PILLER (1998), S. 61.
63   Vgl. BLECKER (1999), S. 172.

rietäts- und Innovationsstrategie.[64] Schwerpunkt der Qualitätsstrategie ist die Verbesserung der Leistung.

Im Fokus der Varietätsstrategie steht die höhere Individualisierung des Angebotes. Merkmalskombinationen sollen verändert werden. Beispielhaft wird die höhere Wirtschaftlichkeit bei reduzierten Funktionen und gleichbleibender Qualität genannt.

Die dritte Variante ist die Innovationsstrategie. Neue Zusatznutzen bzw. ihre Ausprägungen sollen beispielsweise auf Basis neuer Technologien angeboten werden.[65] Darüber hinaus sind diese Differenzierungsvarianten auf Kostensenkungsaspekte zu überprüfen. Fleck benennt mit den economies of scale (Skalen- und Größeneffekte), economies of learning (Lerneffekte) und den economies of scope (Verbund- und Synergieeffekte) die wichtigsten Ansatzpunkte einer Kostenstrategie.[66] Bei der Differenzierungsstrategie als Startpunkt sind als erstes die Auswirkungen auf die skalenabhängige Kostenposition (Menge) zu ermitteln und es ist zweitens zu prüfen, ob eine Kostenposition bei simultaner Differenzierung zu verbessern ist. Als drittes stellt sich die Frage nach dem preispolitischen Spielraum im Zusammenhang mit der hybriden Differenzierungsstrategie.[67]

3.2.4　Das Konzept der Mass Customization

Eine besondere Variante einer simultanen hybriden Wettbewerbsstrategie stellt die Mass Customization dar. Mass Customization, als relativ neue und innovative Wettbewerbsstrategie, soll nachfolgend in den theoretischen Rahmen der generischen und hybriden Wettbewerbsstrategien eingeordnet und kurz beschrieben werden.

Der Begriff Mass Customization wurde 1987 von Stanley Davis geprägt, der an einem Beispiel aus der Bekleidungsindustrie erstmals die individuelle Massenproduktion beschrieben hat. Der Ausdruck Mass Customization schafft eine Verbindung aus den eigentlich gegensätzlichen Begriffen mass production und customization. Davis beschreibt, dass „jedes individuelle Hemd genauso schnell hergestellt wird, wie identische Hemden, ohne zusätzliche Kosten".[68] In diesem Zusammenhang wird deutlich, dass Mass Customization eindeutig die Alternativhypothese Porters überwindet.[69] Bei der Verwendung des Begriffes Mass Customization in Deutschland hat sich die Bezeichnung kundenindividuelle Massenproduktion durchgesetzt.[70]

Die Definition der Mass Customization in Deutschland liefert Piller mit einer marketingbezogenen Sichtweise:

---

[64]　Vgl. WELGE/AL-LAHAM (2008), S. 539; FLECK (1995), S. 89.
[65]　Vgl. WELGE/AL-LAHAM (2008), S. 539.
[66]　Vgl. FLECK (1995), S. 95
[67]　Vgl. WELGE/AL-LAHAM (2008), S. 539-541; Fleck (1995), S. 99-100.
[68]　Vgl. PILLER (1998), S. 63.
[69]　Vgl. PILLER (2006), S. 181.
[70]　Vgl. PILLER (1998), S. 64.

„Mass Customization (kundenindividuelle Massenproduktion) ist die Produktion von Gütern und Leistungen für einen (relativ) großen Absatzmarkt, welche die unterschiedlichen Bedürfnisse jedes einzelnen Nachfragers dieser Produkte treffen, zu Kosten, die ungefähr denen einer massenhaften Fertigung vergleichbarer Standardgüter entsprechen. Die Informationen, die im Zuge des Individualisierungsprozesses erhoben werden, dienen dem Aufbau einer dauerhaften, individuellen Beziehung zu jedem Abnehmer.[71]"

Mass Customization ist eine simultane hybride Wettbewerbsstrategie,[72] die die Varietätsstrategie im Bereich der Differenzierung beinhaltet, die aber, trotz der mit einer Differenzierungsstrategie eigentlich verbundenen hohen Kosten, die Position der Kostenführerschaft anstrebt und realisiert. Diese gleichzeitige Kombination stellt das Hauptmerkmal einer simultanen hybriden Wettbewerbsstrategie dar. An anderer Stelle in der Literatur[73] findet sich die Zuordnung zu den sequentiellen hybriden Strategien. In dieser Arbeit wird der Auffassung von Piller gefolgt, der zwar konstatiert, dass Mass Customization sequentiell durchgeführt wird, dies aber daraus resultiert, dass Unternehmen bereits erreichte Wettbewerbsvorteile nicht aufgeben, sondern im Zeitablauf ergänzen.[74] Im Modellfall der Neugründung eines Geschäftsfeldes strebt Mass Customization die gleichzeitige Realisierung der Differenzierung und Kostenführerschaft an.

3.3 Hybride Wettbewerbsstrategien unter besonderer Betrachtung der Mass Customization

Im folgenden Gliederungspunkt steht als hybride Wettbewerbsstrategie das Konzept der Mass Customization im Vordergrund. Mass Customization strebt danach, sich im Markt zu differenzieren und dabei gleichzeitig eine Kostenposition einzunehmen, die es erlaubt, kundenindividuelle Produkte zu einem Aufpreis anzubieten, den Kunden vergleichbarer Massengüter noch bereit sind, für die Realisierung individueller Produkte mehr zu zahlen.[75]

Aber warum wurde diese hybride Wettbewerbsstrategie überhaupt realisiert?

In gesättigten Märkten verlangen Kunden nach Individualität. Pine erkennt: „*Kunden wollen keine Auswahl, sie wollen genau das, was sie wollen*[76]". Für ihre individuellen Wünsche sind die heutigen Kunden aber nicht bereit, einen deutlich höheren Preis zu zahlen. Wie sind aber nun diese gegensätzlichen Positionen in der Unternehmenspraxis umzusetzen und welche

---

71 Vgl. PILLER (1998), S. 65.
72 Vgl. CORSTEN (1998), S. 131.
73 Vgl. KALUZA/BLECKER (2000), S. 19.
74 Vgl. PILLER (1998), S. 73.
75 Vgl. STOTKO (2002), S. 4.
76 Vgl. PILLER (1998), S. 3 Vorwort von Pine.

internen Voraussetzungen müssen geschaffen werden? Wie können die individuellen Kundenwünsche in die Leistungserstellung integriert werden ohne dabei die Kosten aus den Augen zu verlieren? Diese Fragen sollen nachfolgend kurz beantwortet werden.

Wichtigste Voraussetzung für Mass Customization ist das Bestehen von Individualisierungswünschen seitens der Kunden. Kunden können sowohl private Konsumenten bei Konsumgütern als auch Unternehmen im Business-to-business-Bereich sein.[77] Wobei Mass Customization die klassische auftragsbezogene Einzelfertigung, beispielsweise im Spezialmaschinenbau, nicht ersetzen kann und will. Kunden sollen nicht ein völlig neues Produkt kreieren, sondern die Möglichkeit haben, bestimmte Eigenschaften eines Produktes nach ihren Vorstellungen zu ändern oder neu zu gestalten.[78] Dies ist auch die wichtigste Abgrenzung zur Variantenfertigung, bei der (anonyme) Kunden aus verschiedenen, ähnlichen Produkten wählen können, die ihren Wünschen ungefähr entsprechen.[79]

Die praktische Umsetzung der Mass Customization erfolgt durch verschiedene Konzeptionen. Im Vordergrund dieser Konzeptionen steht der Ausgleich zwischen Individualisierung und Standardisierung[80].

3.4   Die Doppelstrategie im Kontext der generischen und hybriden Wettbewerbsstrategien

Die Doppelstrategie, wie sie Detlef Effert in seinem Beitrag zu diesem Buch darstellt, hat zum Inhalt, dass Bank- oder Sparkassenmitarbeiter ein Produkt (Angebot des Monats) verkaufen und gleichzeitig Terminvereinbarungen für umfassende Beratungsgespräche mit den Kunden abschließen. Zunächst steht das Produkt im Vordergrund. Das beworbene Produkt ist durch besondere Merkmale gekennzeichnet, die alle darauf zielen, durch einen besonders günstigen Preis oder über eine für den Kunden unter Preisaspekten besonders günstige Zusatzleistung attraktiv für den Kunden zu sein. Vor dem Hintergrund der Theorien von Porter ist ein generischer Ansatz zu erkennen, der sich im Strategiebereich der Kostenführerschaft bewegt.

In der Folge wird gleichzeitig, also während des Verkaufsgespräches für das beworbene Produkt, versucht, eine Terminvereinbarung für ein umfassendes Beratungsgespräch zu erreichen, die sogenannte ganzheitliche Beratung. Mit dieser ganzheitlichen Beratung wird eindeutig die Differenzierungsstrategie verfolgt. Durch das Berücksichtigen der persönlichen Lebensplanung im Beratungsgespräch, verbunden mit den tatsächlichen finanziellen Voraussetzungen und den finanziellen Zielen der Kunden, wird ein Höchstmaß an Individualisierung

---

77 Vgl. PILLER (1998), S. 80.
78 Vgl. PILLER (1998), S. 81.
79 Vgl. PILLER (2006), S. 177.
80 Vgl. PILLER (2006), S. 216.

erreicht. Dabei spielt es keine Rolle, ob der eingesetzte Fragebogen der Bank oder Sparkasse standardisiert ist. Im Gegenteil, er dient den Kreditinstituten dazu, Kosten durch Standardisierung im Beratungsprozess gering zu halten, aber trotzdem Individualisierung zu erreichen. Wichtig ist, dass die mit dem Kunden erarbeiteten Lösungen individuell auf ihn zugeschnitten sind, quasi für ihn einzigartig sind.

Vor diesem Hintergrund ist zusammenfassend zu erkennen, dass die Doppelstrategie den hybriden Wettbewerbsstrategien zuzuordnen ist, da sie versucht, Kostenführerschaft und Differenzierung gleichzeitig, also simultan, zu erreichen. Die Doppelstrategie geht über eine reine Marketingmaßnahme hinaus, da sie langfristig angelegt ist und von der strategischen Grundüberlegung einer umfassenden Kundenbetreuung geprägt ist, und sich damit vom reinen Produktverkauf entfernt. Die Durchführung ganzheitlicher Beratungsgespräche bedarf darüber hinaus einer sorgfältigen Vorbereitung in einem Kreditinstitut und bedeutet zumeist einen tiefen Wandel im Vertriebsverständnis der handelnden Mitarbeiter. Das Angebot des Monats ist dabei nur Mittel zum Zweck. Vor diesem Hintergrund ist die Doppelstrategie mehr Strategie als Marketing.

Die Doppelstrategie ist aber nicht der Mass Customization zuzuordnen. Zwar werden durch die ganzheitliche Beratung hohe Differenzierungsmerkmale und damit hohe Individualität erreicht, es fehlt aber an der Integration der Kunden im Sinne von Mass Customization.

4.   Zusammenfassung und Ausblick

Zusammenfassend ist festzustellen, dass eine Vielzahl von Wettbewerbsstrategien in der Literatur beschrieben wird. Besondere Relevanz haben die generischen Wettbewerbsstrategien auf Geschäftsfeldebene von Porter erlangt. Mit seiner Strategie der Kostenführerschaft, Strategie der Differenzierung und der Nischenstrategie hat er die theoretischen Denkmodelle und damit Grundlagen für weitergehende Modellansätze geschaffen. Aus der Unternehmenspraxis sind viele Beispiele bekannt, die aus seinen Strategien resultieren.

Neben den generischen Wettbewerbsstrategien existieren in Literatur und Unternehmenspraxis hybride Wettbewerbsstrategien. Sie widerlegen in wesentlichen Bereichen die Alternativhypothese Porters. Besondere Beachtung hat im deutschsprachigen Raum die Arbeit von Fleck gefunden, der sich sehr detailliert in den neunziger Jahren mit den hybriden Strategien befasst hat. Er beschreibt, dass sich Unternehmen mit hybriden Wettbewerbsstrategien aufgrund veränderter Marktbedingungen durchaus sehr erfolgreich am Markt durchsetzen können. Mit der Doppelstrategie versuchen Kreditinstitute einen hybriden Weg zu einer verbesserten Marktposition zu gehen.

Neben anderen Arten der hybriden Wettbewerbsstrategien wird in diesem Beitrag das Konzept der Mass Customization betrachtet. Die Veränderung der Wettbewerbsbedingungen insbesondere durch die Veränderungen der Kundenwünsche haben viele Unternehmen dazu veranlasst, ihre Wettbewerbsposition zu überdenken und kundenindividuelle Leistungen an Stelle von Massenproduktionen anzubieten. Ein Weg, diesen neuen Kundenanforderungen zu begegnen, ist das Konzept der Mass Customization.

Um diesen Strategiewechsel vollziehen zu können, sind erhebliche Veränderungen im Unternehmen erforderlich. Allerdings ist ebenfalls festzuhalten, dass in der Literatur und auch in der Unternehmenspraxis Umsetzungsbeispiele zur Mass Customization relativ spärlich gesät sind[81]. Mass Customization ist deshalb nach Piller derzeit vielleicht noch „first of all a vision…There are many ways to make this vision a reality…[82].

Bei allen Individualisierungswünschen der Kunden müssen Unternehmen unter Kosten-Nutzenaspekten für sich entscheiden, welche Wettbewerbsstrategie die richtige ist. Entscheidend ist auch, welche Ausgangsposition das Unternehmen einnimmt. Einen Königsweg gibt es nicht.

Literaturverzeichnis

BLECKER, T. (1999): Unternehmung ohne Grenzen, 1. Auflage, Wiesbaden 1999

CORSTEN, H. (1998): Grundlagen der Wettbewerbsstrategie, 1. Auflage, Stuttgart-Leipzig 1998

FLECK, A. (1995): Hybride Wettbewerbsstrategien, 1. Auflage, Wiesbaden 1995

GLASER, K. (1998): Outpacing-Strategien, in: Zeitschrift für Planung, 1998, Band 9, S. 213-218

GRÜNIG R./KÜHN R. (2005): Methodik der strategischen Planung, 3. Auflage, Bern-Stuttgart-Wien 2005

GÜNTHER, T. (1997): Unternehmenswertorientiertes Controlling, 1. Auflage, München 1997

HUNGENBERG, H. (2006): Strategisches Management in Unternehmen, 4. Auflage, Wiesbaden 2006

JENNER, T. (2000): Hybride Wettbewerbsstrategien in der deutschen Industrie – Bedeutung, Determinanten und Konsequenzen für die Marktbearbeitung, in: Die Betriebswirtschaft, 60. Jahrgang 2000, S. 7-22

KALUZA B./BLECKER T. (2000): Wettbewerbsstrategien, in: TCW-Report Nr. 16, München 2000, Hrsg.: H. Wildemann

KLEINALTENKAMP,M. (1987): Die Dynamisierung strategischer Marketing-Konzepte, in: Zeitschrift für betriebswirtschaftliche Forschung, 39. Jahrgang 1/1987, S. 31-52

KREIKEBAUM, H. (1997): Strategische Unternehmensplanung, 6. Auflage, Stuttgart-Berlin-Köln 1997

---

81   Vgl. PILLER (2006), S. 334.
82   Vgl. PILLER (2005), S. 329.

KRÖGER F./VIZJAK A./RINGLSTETTER M. (2006): Wachsen in Nischen, 1. Auflage 2006, Weinheim 2006

KÜHN R./GRÜNIG R. (2000): Grundlagen der strategischen Planung, 2. Auflage, Bern-Stuttgart-Wien 2000

PILLER, F.T. (1998): Kundenindividuelle Massenproduktion, 1. Auflage, München-Wien 1998

PILLER, F.T. (2005): Mass Customization: Reflections on the state oft the concept, in: The International Journal of Flexible Manufacturing Systems, 2005, S. 315-334

PILLER, F.T. (2006): Mass Customization – Ein wettbewerbsstrategisches Konzept im Informationszeitalter, 4. Auflage, Wiesbaden 2006

PORTER, M.E. (1989): Wettbewerbsvorteile, 1. Auflage, Frankfurt 1989

PORTER, M.E. (2008): Wettbewerbsstrategie – Methoden zur Analyse von Branchen und Konkurrenten, 11. durchgesehene Auflage, Frankfurt-New York 2008

SCHREIER, M/MAIR AM TINKHOFF, A. /FRANKE N. (2006): Warum „Toolkits for User Innovation and Design", für ihre Nutzer Wert schaffen: eine qualitative Analyse, in: Die Unternehmung, 60 Jahrgang 2006, Nr.3, S. 185-201

SCHREYÖGG, G. (1995): Managementrolle: Stratege, in: Produktion als Wettbewerbsfaktor, Hrsg,: Hans Corsten, Wiesbaden 1995, S. 23

STOTKO, C. M. (2002): Das wirtschaftliche Potenzial von Mass Customization als Maßnahme zur Erhöhung der Kundenbindung, Arbeitsbericht Nr. 30 TU München 2002, Lehrstuhl für Allgemeine und Industrielle Betriebswirtschaftslehre, Prof. Reichwald

WELGE M.K./AL-LAHAM A. (2008): Strategisches Management, 5. Auflage, Wiesbaden 2008

Qualität, Innovation und Service bei der ING-DiBa AG

Klaus Oskar Schmidt

Im Gegensatz zu Unternehmen des produzierenden Gewerbes werden Banken und Sparkassen relativ selten mit dem Begriff „Innovation" in Verbindung gebracht. Und wenn dies geschieht, dann oft mit einem kritischen Unterton. Innovationen würden nicht zum Vorteil der Kunden eingesetzt, heißt es. So werde mit Hilfe der Technik die Betreuung der Kunden reduziert. Oder es würden neue Finanzprodukte entwickelt, die für die Kunden immer schwerer zu durchschauen sind und die letztlich nur für die Bank von Nutzen seien. Solche Kritik ist nicht unberechtigt. Denn welche Bedürfnisse haben die Kunden? Wollen sie wirklich immer neue Arten von Sparangeboten mit verzwickten Konditionen und komplizierten Bonus-Regelungen, meist mit schillernden Phantasienamen? Nach unseren Beobachtungen haben die Kunden andere Bedürfnisse. Sie wollen von ihrer Bank zum Beispiel fair behandelt werden. Oder sie wünschen sich einen besseren Service.

Eine Innovationskultur, die sich an den Interessen der Kunden orientiert, darf sich deshalb nicht auf Produktinnovationen oder auf Rationalisierungsmaßnahmen konzentrieren. Das gilt gerade für das Finanzgewerbe. Hier mangelt es zwar nicht an einer Vielfalt immer neuer Produkte – oder besser: Neuer Produktvarianten, denn so verschieden sind die Angebote in ihrem Kern gar nicht. Woran es aber fehlt, sind Innovationskonzepte, die den Kunden und seine Interessen wirklich ernst nehmen. Innovationskonzepte, die nicht die Anzahl der Produkte, sondern die den Umgang mit den Kunden, die den Service und die Kundenzufriedenheit zu ihrem Maßstab nehmen.

Wir bei der ING-DiBa haben uns schon früh für einen anderen Weg entschieden als viele unserer Wettbewerber. Wir versuchen, Innovation vom Kunden her zu denken.

Was ist das Geheimnis unseres Erfolges? Unsere Produkte sind keineswegs besonders originell. Unser Geschäftsmodell ist direkt und fokussiert auf Privatkunden mit wenigen, verbraucherorientierten Produkten, keinen oder sehr niedrigen und transparenten Gebühren und keinen versteckten Nachteilen. Wir sind schnell und freundlich in der Abwicklung und differenzieren nicht zwischen Bestands- und Neukunden. Interessant sind diese Produkte, weil sie sich gegenüber den Angeboten der Konkurrenz durch zwei Merkmale unterscheiden. Erstens sind die Konditionen sehr günstig. In vielen Fällen sind sie die günstigsten am Markt. Dies ist sicher ein ganz wichtiger Faktor für die Attraktivität der ING-DiBa.

Abbildung 1: *Kernprodukte*

Zweitens aber handelt es sich um leicht verständliche Produkte, die keine intensive Beratung benötigen. Wir verzichten grundsätzlich auf Haken und Ösen, auf Sternchen und Fußnoten. Während einige Wettbewerber ihre Produkte immer komplizierter gestalten, immer mehr Ausnahmeregelungen, Sonderkonditionen und Extragebühren einführen, setzen wir auf Einfachheit. Die Konditionen sind eindeutig, sie gelten für alle gleichermaßen, ohne Einschränkungen oder Bedingungen. Und sie sind „all inclusive", damit der Kunde sich wirklich darauf verlassen kann, dass nicht doch noch irgendwelche Gebühren oder Folgekosten auf ihn zukommen.

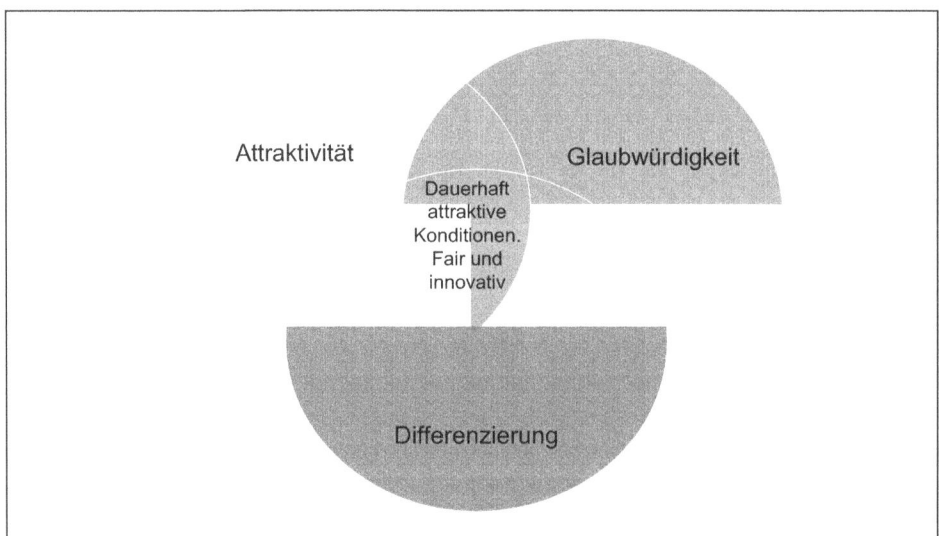

Abbildung 2: *Positionierung der ING-DiBa im Markt*

Unsere Kunden kommen aber nicht nur wegen der attraktiven Konditionen und der transparenten Bedingungen zu uns. Sie kommen auch deshalb, weil sie sich darauf verlassen können, dass sie bei der ING-DiBa fair behandelt werden. Bei uns wird jeder gleich behandelt. Es gibt keine Sonderkonditionen für bestimmte Kundengruppen. Und bei uns kann man auch nicht verhandeln. Auch das führt zu fairen Verhältnissen.

Attraktive Konditionen, Fairness und eine von Innovation geprägte Unternehmenskultur bilden den Kern der ING-DiBa. Dank dieser Eigenschaften hat sich der Name ING-DiBa in Deutschland heute als eine Marke etabliert, die für Attraktivität und Glaubwürdigkeit steht. Und die sich deshalb deutlich von anderen Banken oder Sparkassen unterscheidet. Ein derart klares und dazu sehr positives Markenprofil erreicht man freilich nicht durch Werbung. Ein gutes Image bricht schnell zusammen, wenn es nicht durch die Praxis, durch die tägliche Erfahrung der Kunden bestätigt wird. Deshalb legen wir auf allen Ebenen der Bank größten Wert darauf, dass die Tugenden, für die die Marke ING-DiBa steht, auch gelebt werden.

Dass eine von Innovationen geprägte Unternehmenskultur einen Kernbestandteil der ING-DiBa bilden, habe ich bereits gesagt. Obwohl ich zugeben muss: Sonderlich innovativ sind die standardisierten Angebote der ING-DiBa nicht. Und neue Produkte bringen wir eher selten auf den Markt. Das, was wir verkaufen, sind eher recht klassische Bankdienstleistungen. Dennoch handelt es sich bei der ING-DiBa um eine ausgesprochen innovative Bank mit einer höchst lebendigen Innovationskultur.

Lassen wir erst einmal die Kunden sprechen. Nachstehend die Ergebnisse einer interessanten Marktstudie. Diese zeigt, dass ING-DiBa Kunden ihre Bank wesentlich häufiger als „innovativ" wahrnehmen, als die Kunden anderer Finanzhäuser. 42 % unserer Kunden bezeichnen uns als „innovativ". Bei den Kunden der Volksbanken sind es 29 %, die ihr eigenes Institut als innovativ empfinden. Bei den Sparkassen sind es 25 % und bei der Postbank 22 %. Und geradezu kläglich sieht das Ergebnis bei den großen Geschäftsbanken aus. Die niedrigen Ziffern bedeuten zwar nicht, dass in diesen Häusern keine Innovationen stattfinden oder dass man dort innovationsfeindlich wäre. Ich bin mir sogar ganz sicher, dass die Deutsche Bank sehr viel Geld für Innovationen ausgibt. Was die Zahlen aber besagen ist, dass die Innovationen offenbar nicht beim Kunden ankommen.

Woran liegt es also, dass die ING-DiBa von ihren Kunden als besonders innovativ empfunden wird? Ihre standardisierten Angebote alleine können nicht der Grund sein. Obwohl man es durchaus auch als innovativ bezeichnen könnte, klassische Bankprodukte so zu vereinfachen, dass sie jeder ohne Probleme verstehen kann. Werfen wir noch einmal einen Blick auf das Ergebnis der Umfrage. Hier fällt auf, dass Kunden, die uns nicht kennen, die ING-DiBa nur sehr wenig als „innovativ" wahrnehmen. Lediglich 9 bis 13 % der Kunden anderer Banken schreiben der ING-DiBa das Attribut „innovativ" zu. Hier haben wir also eine große Diskrepanz: Bei Kunden, die uns nicht kennen, gelten wir als wenig innovativ, während sich diese Meinung offenbar erheblich ändert, wenn Kunden konkrete Erfahrungen mit uns machen. Dann nämlich gelten wir plötzlich als die innovativste Bank in Deutschland.

Offensichtlich beurteilen Kunden die Innovationsfähigkeit einer Bank nach anderen Kriterien, als viele Banker meinen. Wichtig scheint für sie zu sein, wie sie von ihrer Bank konkret behandelt werden. Wie ihre Wünsche erledigt, wie ihre Aufträge abgewickelt werden. Mit anderen Worten: Ein ganz wesentlicher Innovationsmaßstab der Kunden scheint der Service zu sein, den ihnen die Bank bietet.

Spontane Attributsbeschreibung			nach Kundengruppen			
in %	ING-DiBa	Spar-kasse	Geno-banken	Post-bank	Groß-banken	
„innovativ"						
ING-DiBa	42	9	9	14	13	ING-DiBa Kunden mit dem höchsten Anteil Zuschreibung „innovativ" – deutlich vor den Kunden anderer Geldinstitute
Sparkasse	12	25	8	8	7	
VR-Banken	5	8	29	9	3	
Deutsche Bank	2	8	6	10	12	
Dresdner Bank	7	4	3	5	11	
Commerzbank	-	4	3	1	5	
Postbank	9	2	4	22	4	
Citibank	2	4	3	4	4	
Sparda	1	1	2	-	-	Frage: Welches Geldinstitut erfüllt Ihrer Meinung oder Erfahrung nach die Aussage „innovativ" am besten? Basis: Jeweilige Kunden Quelle: Marktstudie Icon Added Value
alle Banken	4	5	4	1	6	
keine Bank	4	3	7	3	5	
weiß nicht / k. A.	10	22	15	21	16	

Abbildung 3:   *Welche Banken werden als „innovativ" wahrgenommen?*

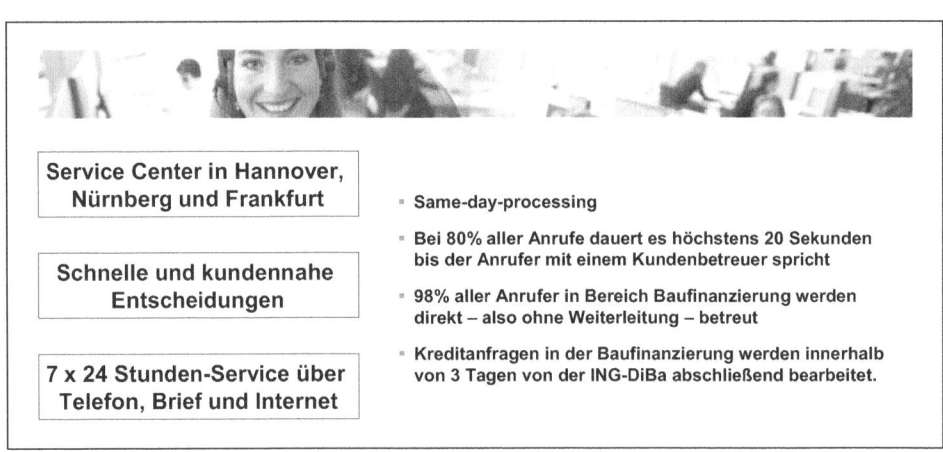

Service Center in Hannover, Nürnberg und Frankfurt

Schnelle und kundennahe Entscheidungen

7 x 24 Stunden-Service über Telefon, Brief und Internet

- **Same-day-processing**

- **Bei 80% aller Anrufe dauert es höchstens 20 Sekunden bis der Anrufer mit einem Kundenbetreuer spricht**

- **98% aller Anrufer in Bereich Baufinanzierung werden direkt – also ohne Weiterleitung – betreut**

- **Kreditanfragen in der Baufinanzierung werden innerhalb von 3 Tagen von der ING-DiBa abschließend bearbeitet.**

Abbildung 4:   *Komfort und exzellenter Service*

In der Tat verfolgen Innovationen bei der ING-DiBa vor allem das Ziel, dass die Kunden sich gut aufgehoben fühlen. Geldgeschäfte sollen eine komfortable Angelegenheit sein. Die Kunden sollen ihre privaten Geldangelegenheiten rund um die Uhr und von überall her erledigen können. Am Telefon darf es keine langen Wartezeiten geben und Anfragen oder Aufträge müssen sofort erledigt werden.

Mehr als 80 % aller Anrufe werden bei der ING-DiBa zum Beispiel innerhalb von zwanzig Sekunden angenommen, die meisten sogar innerhalb von zehn Sekunden. Einerseits wird dies erreicht durch eine ausreichende Anzahl von Mitarbeitern in den Call-Centern. Genauso wichtig ist aber eine innovative Technik, die es dank eines ausgeklügelten Routingsystems ermöglicht, die anrufenden Kunden immer zum passenden, schnellstmöglich verfügbaren Mitarbeiter an einem der drei Standorte in Deutschland weiterzuleiten.

Die Technik, die hinter diesem Service steht, ist in höchstem Maße innovativ und wird laufend verbessert und aktualisiert. In vielen Call-Centern kann man beobachten, dass die Agents sich dort oft mit mehreren Anwendungen auf dem Bildschirm herumquälen und dann noch zusätzlich Daten in Papierform nutzen. Dies kostet Zeit und nervt die Kunden.

Wir setzen eine eigene Software ein, die den Namen „Calimero" trägt und die speziell für die Bedürfnisse der ING-DiBa-Kunden entwickelt wurde. Unsere Kundenbetreuer in Frankfurt, Hannover und Nürnberg müssen zehn Millionen Anrufe im Jahr entgegennehmen. Da können wir uns auf keine billige Standardsoftware verlassen. Unser System ist lernfähig und speziell auf die ING-DiBa-Datenwelt zugeschnitten. Calimero ermöglicht es, alle Kundenanfragen über die gleiche Anwendung abzuwickeln und den Kunden eine optimale und schnelle Betreuung zu bieten.

Innovative Technik und innovative Abläufe im so genannten Back Office ermöglichen uns einen optimalen Service und eine optimale Qualität unserer Leistung. Dazu gehört zum Beispiel, dass Kontoeröffnungen bei uns grundsätzlich innerhalb eines Tages erfolgen. Und auch für die meisten der anderen Leistungen gilt das Prinzip: „Same Day Processing".

Solche Innovationen kommen bei den Kunden an. Sie merken den Unterschied – schon weil sie die Abwicklung anderer Dienstleister kennen. Oder weil sie sich über lange Wartezeiten und schlechte Betreuung anderer Call-Center geärgert haben.

- Hohe Service-Levels
- Förderung der papierlosen Baufinanzierung
- Schulung der Mitarbeiter in den Call-Centern
- Ständige Optimierung des Baufinanzierungsportals
- Besondere Schulung der externen Kundenbetreuer
- Vereinfachung der Planungen

Abbildung 5:   *Service-Optimierung in der Baufinanzierung*

Sehr gut sichtbar wird die hoch entwickelte Service-Qualität der ING-DiBa auch bei der Immobilienfinanzierung. Ausschlaggebend für die Wahl der ING-DiBa als kreditgebende Bank sind zwar in der Regel die guten Konditionen. Aber schon während der Abwicklung der nötigen Formalitäten erhalten wir immer wieder Lob von den Kunden, weil die Sache so schnell, so unkompliziert und ohne den erwarteten Stress verläuft. Das beginnt damit, dass nahezu alle Anrufer im Bereich der Baufinanzierung sofort – also ohne Weiterleitung – kompetent betreut werden. Und auch damit, dass Kreditanfragen in der Immobilienfinanzierung innerhalb von maximal drei Tagen abschließend bearbeitet werden. Spätestens drei Tage nach seiner Anfrage weiß der Kunde also, ob er den Kredit erhält oder nicht.

Diese Schnelligkeit ist freilich nur mit erheblicher technischer Unterstützung und einer optimalen Planung und Prozesssteuerung möglich. Unser Ziel ist es dabei, alle internen Strukturen und Abläufe laufend zu verbessern. Und verbessern heißt vor allem: zu vereinfachen. Komplexität führt nur zu Intransparenz, langen Bearbeitungszeiten und hohen Kosten. Bezahlen muss das letztendlich der Kunde.

Aber auch noch so optimale Strukturen und eine noch so innovative Technik reichen alleine nicht aus, um den Servicelevel zu erreichen, den wir uns gesetzt haben. Der wichtigste Faktor in dem ganzen Spiel ist der Mensch. Deshalb brauchen wir Mitarbeiter mit hohen fachlichen und sozialen Kompetenzen. Mitarbeiter, von denen sich der Kunde ernst genommen, freundlich behandelt und gut aufgehoben fühlt.

Fortwährende Weiterbildung wird bei uns deshalb ganz groß geschrieben. So qualifizieren wir selbstverständlich auch Verkäufer aus externen Vertriebsorganisationen, die unsere Immobilienkredite in ihrem Angebot haben. Ganz besonders wichtig ist uns aber die ständige Schulung unserer Mitarbeiter in den Call-Centern. Allein in der Baufinanzierung werden hier zum Beispiel durchschnittlich 25.000 Anrufe pro Woche getätigt. Der Kontakt mit dem Kunden findet ausschließlich über das Telefon statt. Um hier eine optimale Kundenzufriedenheit zu erreichen, ist kontinuierliches Coaching unverzichtbar. Sowohl was die fachliche als auch was die kommunikative Kompetenz betrifft.

Auch unsere Trainer gehen beim Coaching unserer Kundenbetreuer neue, innovative Wege. Neben der Einübung einiger Standards ermuntern sie die Mitarbeiter dazu, ihren eigenen Stil für das Gespräch mit den Kunden zu entwickeln. Ziel ist es, über den individuellen Stil gefühlte Nähe beim Kunden herzustellen. Denn hier liegt auch eine Chance der Direktbanken gegenüber den Filialbanken, die - trotz ihrer räumlichen Nähe zu den Kunden - oft als distanziert erlebt werden. Wer bei der ING-DiBa anruft, der wird gefühlte Nähe erleben. Und gefühlte Nähe, trotz räumlicher Distanz, ist dem Kunden mehr Wert als räumliche Nähe und gefühlte Distanz.

Ein wesentliches Element unserer innovativen Kundenbetreuung, wie ich sie einmal nennen möchte, ist die Qualitätssicherung. Die Abteilung Total Quality Management zum Beispiel hinterfragt laufend die Bank und ihre Versprechen aus der Perspektive der Kunden. Werden die Versprechen eingelöst, die die Bank den Kunden gibt? Wo kann unser Service noch besser werden? Warum kommt es hier und da zu Beschwerden? Unzufriedene Kunden sind hier hoch willkommen. Weil ihre Kritik dazu beiträgt, die Leistungen der Bank weiter zu verbessern. Aufgabe dieser Abteilung ist es auch, die Stichhaltigkeit von Beschwerden zu prüfen und eine Lösung zu finden, die den Kunden zufrieden stellt. Und manchmal wird hier aus Kulanz sogar mal ein Auge zugedrückt, selbst wenn die ING-DiBa vollkommen im Recht ist. Wichtiger ist es, Wertschätzung und eine hohe Servicequalität zu vermitteln. Langfristig zahlt sich diese Kundenorientierung auch für die Bank aus. Wir haben festgestellt, dass unzufriedene Kunden, die beruhigt werden konnten, nicht nur der Bank treu geblieben sind, sondern ihre Spareinlagen sogar noch erhöht haben.

- Aktives Beschwerdemanagement

- Quality Committee

- "Simplify ING-DiBa"

- Qualitätszirkel

- Wöchentliche Berichte

Abbildung 6:   *Kundenzufriedenheit durch Qualität*

Die kundenorientierte Innovationskultur der ING-DiBa ist allerdings nicht die Sache einzelner Abteilungen oder Spezialisten. Damit diese Kultur ihre Kraft entfaltet, muss sie von der gesamten Belegschaft gelebt werden. Um unsere hohen Standards zu halten und immer weiter zu verbessern, brauchen wir Mitarbeiter, die sich engagieren, die Freude an ihrer Arbeit haben und die selbst an der Entwicklung der Bank mitwirken. Die ständige Vervollkommnung der Bank zu einem kundenorientierten Unternehmen ist die Aufgabe jedes einzelnen Mitarbeiters. Egal, an welcher Stelle er in der Bank tätig ist.

Dass unsere Mitarbeiter sich tatsächlich gerne als Intrepreneure betätigen, zeigt die sehr rege Beteiligung an einem Ideenwettbewerb, den wir „Simplify ING-DiBa" nennen. Bei diesem Wettbewerb sind alle Mitarbeiterinnen und Mitarbeiter eingeladen, Vorschläge zur Steigerung der Effizienz und der Qualität zu machen. Die Resonanz ist seit Jahren außerordentlich und zeugt von einer großen Identifikation der Belegschaft mit ihrer Bank und ihrer Unternehmensphilosophie.

Ideen, die geeignet sind die Qualität unserer Leistungen und des Services weiter zu verbessern, werden dem Quality Committee vorgelegt, das wir vor zwei Jahren ins Leben gerufen haben. Dieses Gremium ist mit Vorständen und Bereichsleitern besetzt und steuert die Qualitätsentwicklung der Bank.

Neben den Vorschlägen des Ideenmanagements werden auch die Ergebnisse aus Servicetests und aus Qualitätsanalysen bewertet. Seine Schlagkraft erhält das Gremium, weil es die Befugnis besitzt, Entscheidungen zu treffen. Zum Beispiel, die Konditionen bestimmter Bankprodukte zu verändern. Denn ein Quality Committee, das nicht entscheidungsbefugt ist – und davon gibt es reichlich – ist letzten Endes nicht mehr als ein zahnloser Tiger.

Alle unsere Konzepte und Überlegungen, von den Produkten über den Vertrieb bis hin zur internen Organisation, orientieren sich am Ziel der Kundenzufriedenheit. Ob wir unser Ziel erreichen, wird jeden Monat überprüft. Auf der nachstehenden Abbildung sehen Sie, wie der Anteil derjenigen schwankt, die mit der ING-DiBa mehr als zufrieden sind, jeweils um die 80 %. Diese hohe Zufriedenheitsquote lässt sich nicht nur mit den attraktiven Konditionen begründen. Denn wer sich schlecht behandelt fühlt oder Ärger bei der Abwicklung von Aufträgen hat, der wird kaum angeben, dass er mit der Bank vollkommen oder sehr zufrieden ist. In dieser Quote drückt sich deshalb auch Zufriedenheit mit dem Service und mit der sonstigen Qualität der Leistung aus.

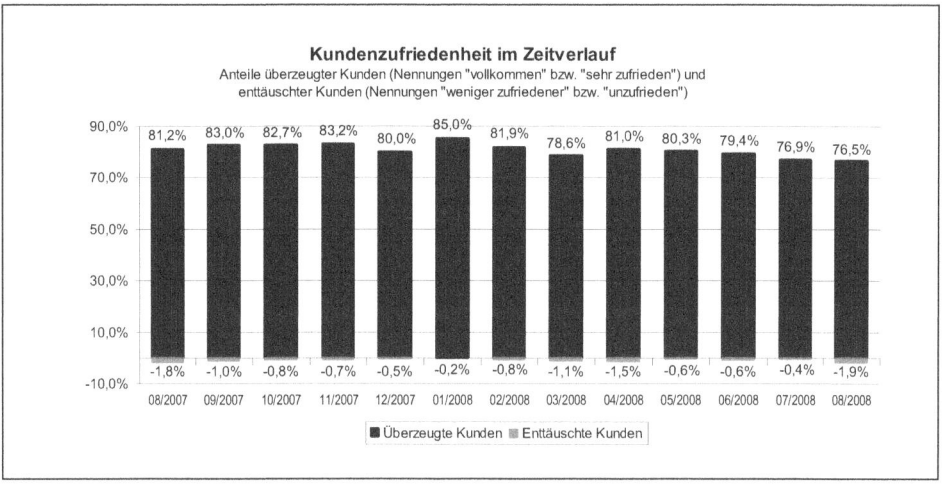

Quelle: monatliche Kundenzufriedenheitsstudie Produkt- & Zielgruppenmanagement
Abbildung 7: *Kundenzufriedenheit*

Aus diesen Erhebungen wissen wir auch, dass 80 bis 90 % der Kunden die ING-DiBa an Freunde weiterempfehlen würden. Tatsächlich weiterempfehlen uns über 20 % unserer Kunden regelmäßig. Das ist die beste und kostengünstigste Werbung, die sich eine Bank wünschen kann. Und in der Tat wissen wir aus den Daten unserer Neukunden, dass sehr viele von Ihnen aufgrund persönlicher Empfehlung zu uns finden und ebenfalls zu zufriedenen Kunden werden.

Die verkaufsaktive Bank – Qualität im Multikanalvertrieb

Frank Büttner

Vertrauen war der Anfang von allem

In den 90er Jahren warb die Deutsche Bank mit dem Slogan „Vertrauen ist der Anfang von allem". Fast wehmütig blickt die Bankenbranche auf jene Zeiten zurück, da sie durch ihr Expertentum in einer heilen Welt ein hohes Ansehen in der Bevölkerung genoss. Durch die Finanzkrise ist das Vertrauen in die Banken allgemein gesunken. Präziser gesagt: das Vertrauen der Verbraucher in eine kundenorientierte und auf den Kundenvorteil fokussierte Beratung. Die öffentliche Meinung differenziert nicht. Das Image, nur auf den eigenen Vorteil zu schauen, haftet schwer wie Blei auch an den Sohlen all jener, die von der Krise nicht betroffen waren und nach wie vor das Vertrauen der Kunden verdient hätten.

Während vor der Finanzkrise geringe Zinsspannen und der Kostendruck den Finanzhäusern das Leben schwer machten, ist es heute der Vertrauensverlust und die tief sitzende Skepsis gegenüber einer objektiven Kundenberatung.

Nur jeder fünfte Anleger (21 %) ist der Ansicht, dass die Mitarbeiter in der Filiale seiner Bank fehlerfrei arbeiten. Das ist ein Ergebnis einer repräsentativen Umfrage des Beratungsunternehmens Gallup Deutschland unter 3.800 Bankkunden (Februar 2010). Lediglich jeder Vierte (26 %) glaubt demnach, dass sein Geldinstitut hält, was es verspricht.

Vertrauen muss man sich verdienen, Vertrauen schafft Raum für menschliche Nähe, Vertrauen ist die Basis für ein verlässliches Miteinander. Unsere Branche wird sich daran messen lassen müssen, inwieweit es ihr gelingt, das Vertrauen der Verbraucher zurückzugewinnen und als verlässlicher Partner öffentlich wahrgenommen zu werden. Über hehre Worte allein wird das nicht gelingen.

1.   Die Medien als Anwalt der Verbraucher

Die Medien beobachten mit Argusaugen das „Treiben" der gescholtenen Banker und stellen sich als Anwalt der Verbraucher dar. Sie haben die Branche in „Sippenhaft" genommen, sie als die gierigen Täter entlarvt und die Verbraucher als entrechtete Opfer ausgemacht. Die Politik sieht sich veranlasst, die Kunden vor den Banken zu schützen und erlässt neue Regelwerke zur Beratung bei Investmentprodukten. Objektivität bei der Betrachtung des Geschäftsgebarens der Finanzdienstleister bleibt dabei auf der Strecke. Damit muss die Bankenbranche leben und daraus ihre Schlüsse ziehen. Ein „weiter so wie bisher" oder ein Übertünchen des Problems mit neuen Slogans und frischen Imagekampagnen wird wenig hilfreich sein.

Um das Vertrauen der Verbraucher zurück zu gewinnen, bedarf es gravierender Veränderungen. Der Vertrauensverlust seitens der Kunden muss zu einer Umorientierung auf der Anbieterseite führen. In der Produktpolitik, der Konditionenpolitik, der Kommunikation und vor allem im Beratungsgespräch.

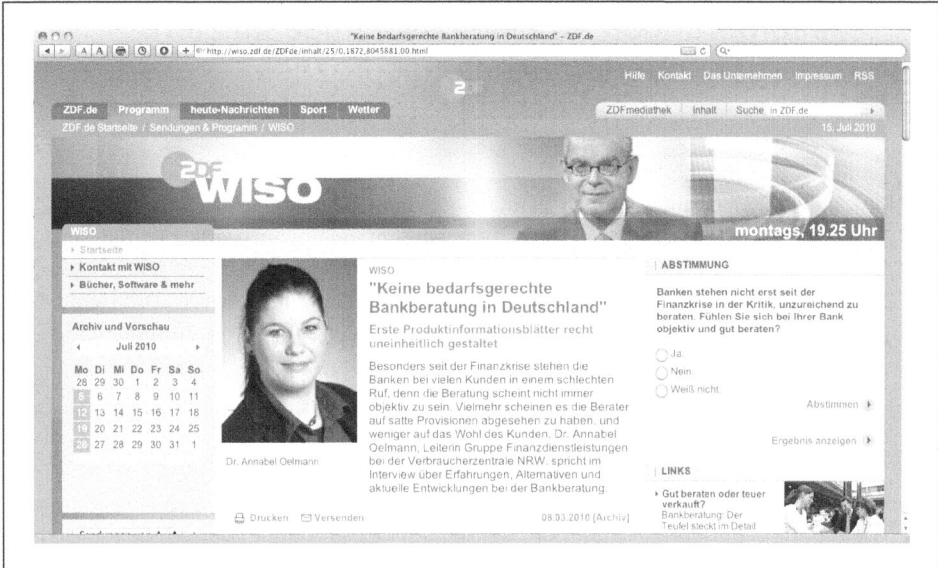

Abbildung 1: *Internetseite „WISO" aus Juli 2010*

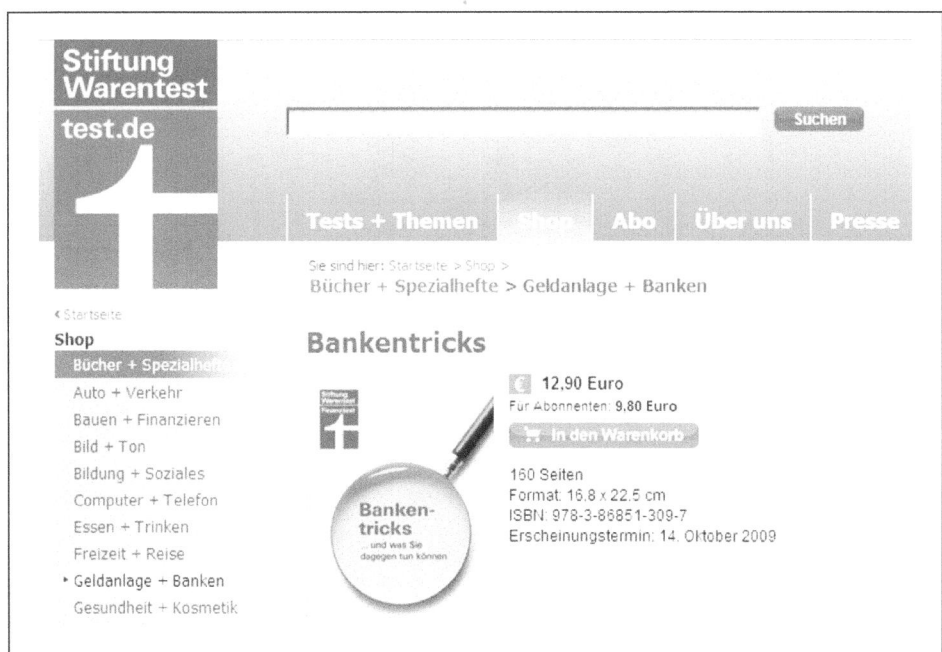

Abbildung 2: *Internetseite „Stiftung Warentest" aus Oktober 2009*

2.   Anforderungen an einen systemgestützten, dialogorientierten Beratungsprozess

Die Notwendigkeit einer qualifizierten Beratung gewinnt dadurch eine ganz neue Dimension. Ein Großteil der Kunden, Internet hin oder her, wünscht eine qualifizierte Beratung und ist auch darauf angewiesen. Allerdings muss die Beratung heute bedarfsgerecht und transparent sein, sowie nachrechenbare Vorteile einfach und verständlich transportieren. Die Herausforderung liegt in der Sicherstellung dieser Zielgrößen und definiert so die Anforderungen an einen modernen systemgestützten, dialogorientierten Beratungsprozess.

Abbildung 3:   *Beraterbüro mit Dialogarbeitsplatz, Filiale Karolinenstraße Sparda-Bank Nürnberg*

- Der Prozess muss für den Multikanalvertriebsansatz entwickelt werden und die Filiale, das Internet und den Call-Center-Einsatz abbilden.

- Der Prozess ist in der Lage, Retailkunden einfach und standardisiert Angebote anzubieten und zu verkaufen (zum Beispiel eine Geldanlage).

- Der Beratungsprozess findet am Bildschirm dialogorientiert statt, das heißt, der Kunde kann jeden Prozessschritt zeitgleich und transparent nachvollziehen.

- Die Rechenmodule bieten die Möglichkeit einer grafischen Visualisierung.

- Über den Beratungsprozess erfolgt eine systemgestützte Empfehlung, zum Beispiel für die Geldanlage.

- Der Prozess sichert alle formellen und rechtlichen Anforderungen ab (unter anderem Protokollierung des Beratungsgespräches).

- Systemgestützte Modellrechner erleichtern das Beratungsgespräch.

- Alle Eingaben sind kundenindividuell, das heißt, Beispielrechnungen erfolgen nicht allgemein, sondern bilden stets individualisierte Ergebnisse ab.

Nutzen für die Bank

- Der systemgestützte Beratungsprozess sichert
  - einen einheitlichen Beratungsstandard (Technik, strukturierter Gesprächsverlauf)
  - eine einheitliche Beratungsqualität (Integrierte Rechenmodule, Produktvorschläge)
  - liefert zeitgleich systemgestützt kundenindividuelle Cross-Selling-Hinweise bei einer gleichmäßig hohen Prozesssicherheit.

- Die fachliche Beratungskompetenz der Mitarbeiter wird durch einen effizient gestalteten Verkaufsprozess optimal eingesetzt. Die Mitarbeiter werden systemseitig durch den jeweiligen Teilprozessschritt geführt und fachlich unterstützt.

- Je nach Beratungsanlass kann das Prozess-Controlling analysieren (Ertrag, CS-Werte, Stückzahlen, Volumen). Notwendige individuelle Schulungsanforderungen für Mitarbeiter werden erkannt.

- Der Beratungsprozess sichert systemseitig die Erfüllung der rechtlichen Vorgaben ab und minimiert so aufsichtsrechtliche Risiken.

Vorteile für den Mitarbeiter

- Dreh- und Angelpunkt ist der Mitarbeiter, der sich im Verkaufsgespräch ganz auf den Kundenwunsch konzentrieren kann.

- Das Programm ist selbsterklärend, vereinfacht das Verkaufsgespräch und dokumentiert die Kompetenz des Mitarbeiters.

- Der Berater erkennt durch das System die kunden- und produktindividuell auszuhändigenden Unterlagen.

- Damit wird eine einheitliche, systemgestützte Beratungsqualität sichergestellt, die sowohl die Mitarbeiterorientierung/Beratersicherheit erhöht als auch zu einem Imagegewinn bei den Kunden führt.

- Der Beratungsprozess bildet dem Berater systemgestützt jeweils kundenindividuelle Produkt-/Lösungsvorschläge ab.

Vorteile für den Kunden

- Der Kunde profitiert von der systemseitig angezeigten Möglichkeit, bestimmte finanzielle Bedarfssituationen zu regeln (zum Beispiel Zukunftsvorsorge, hohe Geldeingänge).

- Der systemgestützte Beratungsprozess sichert technisch den hohen Qualitätsstandard auch bei fachlich unterschiedlicher Mitarbeiterqualifikation.

- Die persönliche Beziehung zwischen Kunde und Berater sichert dabei für beide Seiten den Erfolg.

3.   Multikanalvernetzung als zentrale Herausforderung

3.1   Selbstbedienung versus Beratung

Die Herausforderung eines modernen, systemunterstützten Beratungs-/Verkaufsprozesses liegt in der Vernetzung der Zugangs-/Vertriebswege, die dem Kunden angeboten werden.

Es reicht schon lange nicht mehr aus, sich auf die Kunden zu konzentrieren, die tagtäglich in die Bank kommen. Denn die Filialfrequenz hat spürbar nachgelassen. Auch dies ist ein Phänomen, welches nicht erst seit der Finanzkrise das neue Selbstbewusstsein der Kunden widerspiegelt. In gewisser Hinsicht haben die Filialbanken ihre Kunden durch intensives Promoten von Selbstbedienungsautomaten über Internetbanking bis hin zum Direkt-Broking zur Selbständigkeit erzogen.

Dabei hat der Kontakt der Kunden zu ihrem Institut keineswegs an Intensität verloren. Ganz im Gegenteil. Nach wie vor haben über 80 % der Kunden mindestens einmal im Monat Kontakt zu ihrer Bank, allerdings zum geringeren Teil beratungsorientiert. Sie nutzen vielmehr die Schalterperipherie mit Geldausgabeautomat, Kontoauszugsdrucker und SB-Terminal.

3.2 Ein Kunde hat nur noch drei Beraterkontakte pro Jahr

Eine Analyse der Kundenströme der Sparda-Bank im Jahr 2009 zeigt, dass Girokunden ohne Net-Banking-Nutzung an 32,7 Tagen im Jahr die SB-Geräte in der Bank aufsuchten. Bei Kunden mit Net-Banking-Nutzung reduzierte sich dieser Wert auf 25,7 Tage. Demgegenüber nutzten Kunden mit Net-Banking-Freischaltung im Jahr 2009 an 86,3 Tagen das Net-Banking-Angebot. Die gleiche Kundengruppe machte ebenfalls an 12,7 Tagen vom Angebot des Telefon-Bankings Gebrauch. Weit abgeschlagen liegt dann der Kontakt mit einem Kundenberater mit nur noch an durchschnittlich 2,4 Tagen im Jahr. Kunden ohne Net-Banking-Freischaltung haben an durchschnittlich 3,3 Tagen pro Jahr einen Beraterkontakt.

Anzahl Tage der Vertriebswegenutzung							
Ver-triebsweg	**NB** Net-Banking	**SB** Selbstbedienungs-Bereich		**Telebanking** per Telefon-Computer		**Filiale** Beratung	
	Kunden mit NB	Kunden ohne NB	Kunden mit NB	Kunden ohne NB	Kunden mit NB	Kunden ohne NB	Kunden mit NB
Giro-kunden	86	32	25	14	12	6	3

In dieser Tabelle wird dargestellt, an wie vielen Tagen im Jahr Kunden durchschnittlich den jeweiligen Vertriebsweg genutzt haben. Die Darstellung unterscheidet zwischen Net-Banking-Nutzern (NB) und anderen.

Abbildung 4:   *Vertriebswegenutzung (Anzahl der Tage)*

Dies zeigt, dass die Möglichkeiten zur persönlichen vertrieblichen Akquisition in den Filialen im Durchschnitt nur an 3 Tagen im Jahr erfolgreich sein kann, während im Internet an 86 Tagen im Jahr die Möglichkeit besteht, Kunden attraktive, individuell auf ihn zugeschnittene Angebote zu machen.

3.3   Vom Filial- zum Multikanalbanking

Die Zahlen belegen, dass sich die Vertriebsanforderungen vom Bring- zum Holgeschäft ent-wickelt haben. Früher verkauften die Kundenberater der Sparda-Bank weitgehend auf Grund eines Kundenwunsches, initiiert durch eine attraktive Kondition mit klarem Zinsvorteil ge-genüber dem Markt. Der Vertriebskanal Filiale hatte keine Konkurrenz.

Auch heute bietet die Sparda-Bank hervorragende Produkte, gute Konditionen und einen erstklassigen Service. Aber im Gegensatz zu früher hat der Mensch-Mensch-Kontakt nachge-lassen. Gründe dafür sind primär die neuen Medien, wie Internet- und Telefon-Banking, sowie die Einführung der automatischen Prolongation bei Geldanlagen.

Die Entwicklung des Bankgeschäfts vom früheren Filialbanking zum heutigen sogenannten Multikanalbanking schreitet rasant und unaufhaltsam voran. Die Zahlen belegen, dass Spar-da-Bank Kunden heute ganz selbstverständlich neben der Filiale auch die Möglichkeiten des „medialen Banking", wie dem Telefon-Banking und vor allem dem Internet-Banking nutzen.

3.4   Direktbank mit Filialen

Wir reagieren auf das veränderte Kundenverhalten und setzen diese Erkenntnisse in einer neuen Vertriebsstrategie als „Direktbank mit Filialen" um. So offerieren wir unseren Kunden und Mitgliedern einerseits sehr gute Konditionen. Andererseits können sie im Unterschied zu einer Direktbank gleichzeitig von den Vorteilen einer regionalen und persönlichen Vor-Ort-Beratung mit sehr hohen Qualitätsstandards profitieren. Dabei nutzen wir konsequent mögli-che Synergiepotenziale der einzelnen Vertriebswege. Die Filiale bleibt, trotz aller technischen Entwicklung, das Rückgrat unserer Bank. Aufgrund unserer nach wie vor relativ günstigen Kosten- und einer homogenen Kundenstruktur sind wir hervorragend in der Lage, die Vorteile beider „Welten" im Retailbanking für unsere Kunden zu verbinden.

Unser Leistungsangebot in den einzelnen Vertriebswegen richtet sich einerseits nach dem Kundenwunsch, andererseits nach betriebswirtschaftlichen Grundsätzen. Wir bieten unseren Kunden ein Produkt- und Leistungsangebot, das sowohl in der Gestaltung des Produktes und des Pricings als auch im Beratungs-/Verkaufsprozess attraktiv ist.

Abbildung 5: *Vorteile der Vertriebswege*

3.5 Das Internet – vom Informations- und Transaktionskanal zum Vertriebskanal

Das Internet ist, neben der Filiale, der wichtigste Vertriebskanal der Zukunft. Ohne dessen strategische Entwicklung sind die Wachstums- und Vertriebsziele nicht erreichbar. Die Strategie einer gezielten Weiterentwicklung des Netzauftritts erfolgt dabei sowohl unter quantitativen als auch unter qualitativen Gesichtspunkten. Die Zielsetzung lautet dabei: Vom Informations- und Transaktionskanal zum vollwertigen Vertriebskanal.

3.6 Alle wesentlichen Produkte mit optimalen Prozessen im Internet

Dies beinhaltet, dass die wesentlichen Kernprozesse, Produktabschlussmöglichkeiten, Akquisitionsansätze etc. allen Kunden und auch Nichtkunden soweit wie möglich über das Netz zur Verfügung stehen. Die Möglichkeiten/Prozesse für Nichtkunden bei einer Sparda-Bank Kunde zu werden, wurden verbessert und vor allem auch vereinfacht. Dies gilt in gleichem Maße für die Breite des abschlussfähigen Internetangebotes. Dabei bieten wir differenzierte Internetauftritte für Neukunden/Interessenten und für Bestandskunden an.

3.7   Einfache, klare und schlanke Prozesse

Alle Prozesse im Netz sollen einfach, klar und schlank sein (aus Banken- und Kundensicht). Sie müssen an die besonderen Gegebenheiten im Internet angepasst sein. Darüber hinaus berücksichtigen sie die allgemeinen Anforderungen des Netzes, speziell in Bezug auf das Verhalten der Internetnutzer (zum Beispiel nur kurzes Verweilen auf bestimmten Netzseiten, unverbindliches Ausprobieren, gesteuerter Verkaufsprozess ohne die Mithilfe eines Bankberaters etc.). Zwar ist auch in der Prozessgestaltung den Notwendigkeiten einer optimalen bankinternen Abwicklung und damit einer möglichst hohen Gleichartigkeit der Vertriebsprozesse in allen Vertriebswegen Rechnung zu tragen, aber letztendlich sind die Bedürfnisse unserer Zielgruppe, das heißt hier der Internetkunden und Nichtkunden, die Messgröße.

3.8   Steigerung der Marktanteile – Giro, Einlagen, Kredit und Dienstleistungen

Unser Ziel ist es, unsere Marktanteile gezielt unter Nutzung der medialen Vertriebswege im Geschäftsgebiet auszubauen. Dies betrifft vor allem die haushaltsbezogenen Marktanteile (Girokunden) als auch die bessere Marktausschöpfung bei Einlagen, Krediten und im Dienstleistungsgeschäft.

Abbildung 6: *Internetauftritt für Neukunden www.sparda-n.de*

Im Mittelpunkt steht der Kunde mit seinen finanziellen Wünschen und Zielen. Diese Kundenbedürfnisse gilt es, zu analysieren und zu befriedigen. Die Intensität der vertrieblichen Aktivitäten wird durch das Geschäftspotenzial pro Kunde bestimmt.

So gelingt ein effizienter Einsatz der Ressourcen unter Ertrags- und Kostengesichtspunkten. Zugleich erhalten Kunden genau die Angebote, die sie interessieren, in den von ihnen bevorzugten Vertriebskanälen. Dabei synchronisieren wir weitestgehend die Beratungs-/Verkaufsprozesse über alle Vertriebskanäle und schaffen so für den Kunden eine identische Erlebniswelt. Das sichert eine über alle Multikanalvertriebswege gleichbleibend hohe Qualität bei maximaler Transparenz für den Kunden. Die Kundenerwartungen werden erfüllt, der Abwanderung zum Wettbewerb wird vorgebeugt.

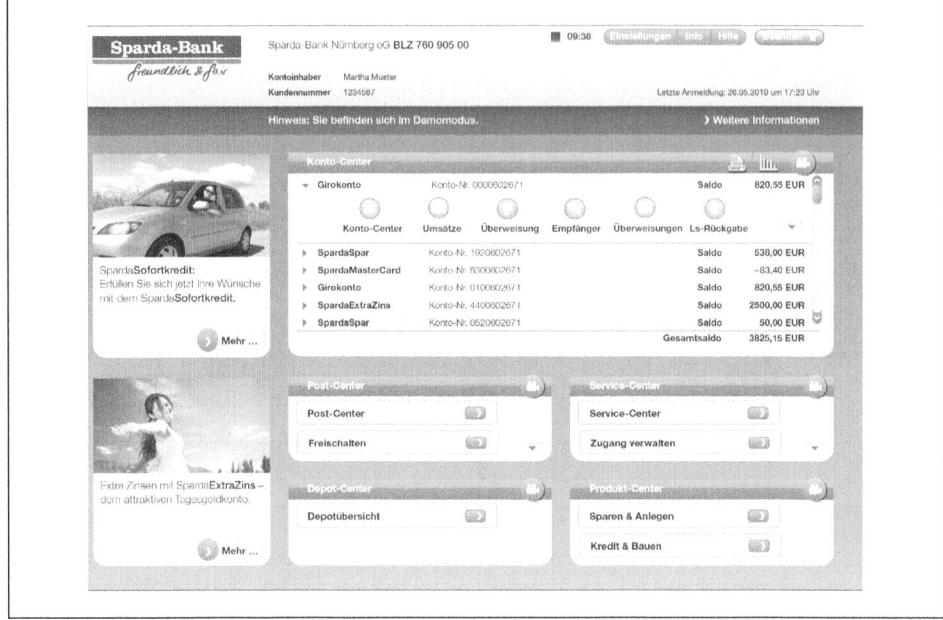

Abbildung 7:   *Netbanking-Portal für Bestandskunden*

3.9   Qualifizierte Frequenz über alle Vertriebswege

Die veränderten Konsumgewohnheiten im Umgang mit Bankgeschäften führten dazu, dass die Sparda-Bank neben den Vertriebskanälen und Beratungsprozessen auch laufend ihren Kommunikationsmix optimiert.

Die effiziente Nutzung der Beraterzeiten und die betriebswirtschaftlich sinnvollste Nutzung aller Vertriebskanäle stehen dabei im Vordergrund. Das Ziel ist klar definiert: qualifizierte Frequenz über alle Vertriebswege, das heißt, Angebot und Abschluss erfolgen über den von dem Kunden bevorzugten Vertriebsweg. Die kundenorientierte Marktbearbeitung erfordert differenzierte Informationen über die Bedarfssituation und Erwartungen der Kunden sowie eine adäquate Kundenansprache. Dies setzt insbesondere eine genaue Kenntnis des Produktbedarfs sowie der Einstellung zu Finanzthemen, der Vertriebswegeaffinitäten und der technischen Ausstattung eines jeden Kunden voraus. Der Vertrieb kann nur dann erfolgreich arbeiten, wenn er sowohl das Potenzial, das in den Kunden steckt, als auch den aktuellen Kundenbedarf erkennt.

Für die effektive Marktbearbeitung ist es sinnvoll, die Kunden in differenzierte Kundensegmente zu unterteilen, um die Potenzialausschöpfung zu verbessern. Zu diesem Zweck analysieren wir die Potenziale bzw. Kaufaffinitäten unserer Bestandskunden und typisieren diese. Während das Kundenpotenzial mittels Berechnung der Kaufaffinitäten über Analysen errechnet wird, erheben wir den aktuellen Kundenbedarf durch Befragung am Schalter bzw. am Telefon, messen die Vertriebswegenutzung unserer Kunden und ermitteln gleichzeitig die Multikanalvertriebswegeaffinitäten (Filiale, Telefon, Internet, Brief).

Dadurch gelingt es, Ansprachewege, Response- und Abschlussmöglichkeiten durch den betriebswirtschaftlich sinnvollsten Vertriebsweg zu steuern. Zugleich kommuniziert die Bank mit dem Kunden jeweils in dessen bevorzugtem Kommunikationskanal.

3.10 Der Kunde erwartet keine Produkte, sondern Lösungen

Den Bankkunden früherer Tage, der zu seiner Bank „aufblickt", gibt es nicht mehr. Der Kunde von heute ist, verstärkt durch die Finanzkrise äußerst kritisch und zurückhaltend in Finanzdienstleistungsangelegenheiten. Aber nicht nur das. Auch seine Einstellung zu seinem Institut hat sich verändert. Große Teile der Bankkunden misstrauen ihren Instituten. Sie erwarten transparente Informationen und eine objektive, nachvollziehbare Beratung. Sie akzeptieren immer weniger reine Produktwerbung. Gefragt sind nicht vorgefertigte Produktkonserven, sondern individuelle, durch den Kunden ausgewählte Lösungen, die seiner jeweiligen persönlichen Lebenssituation am besten entsprechen.

3.11 Wettbewerbsvorsprung durch Kundenvertrauen

Auch oder gerade nach der Finanzkrise ist der Bedarf der Kunden nach Finanzdienstleistungsberatung deutlich gestiegen.[1] Aber wem können die Kunden noch vertrauen? Schon heute informieren sich 50 % der Kunden vor einem Produktabschluss im Internet auf einschlägigen Vergleichsportalen oder tauschen sich – Social Media macht es möglich – im Web mit Gleichgesinnten aus.[2] Die Akzeptanz der Informationen in den „Newsgroups" ist hoch[3] –

---

[1] Vgl. Neske, Privatkundengeschäft der Zukunft – Die neue Legitimation der Banken, http://www.die-bank.de/banking/die-neue-legitimation-der-banken, Aufruf 5.7.2010.

[2] Vgl. Klingsporn, Online-Communities bei Finanzdienstleistern: Skepsis unbegründet, Bank und Markt, April 2010, S. 42.

[3] Vgl. Nielsen, Pressecharts „Vertrauen in Werbung, 2009, S. 3, http://de.nielsen.com/site/documents/VertraueninWerbung_Presse_Deutschland.pdf, Aufruf 5.7.2010.

25 % der Onliner nutzen diese Plattformen mindestens wöchentlich zum Austausch mit anderen Usern und zur Suche nach hilfreichem Wissen.[4] Und obwohl die ausgetauschten Ratschläge nicht den verschärften rechtlichen Auflagen unterliegen, ist deren Akzeptanz doch sehr hoch.[5]

Seit dem Beginn der Finanzmarktkrise steigt das Interesse der Bankkunden an einer bedarfsgerechten und unabhängigen Beratung. Das Finanzberatungsunternehmen FORMAXX führte im Jahr 2009 unter 248 Finanz- und Versicherungsmaklern eine Studie durch, die Folgendes ergab: 20 % der Makler verzeichnen einen Zustrom an Neukunden, bei 50 % der Makler machen 20 % des Kundenstamms Klienten aus, die seit Oktober 2008 hinzugewonnen wurden.[6]

Wie können wir in dieser veränderten Situation dennoch bei unseren Kunden punkten? Den Kunden die Wünsche von den Augen abzulesen heißt in unserer digitalisierten Welt, die Informationen über die Kundenaffinitäten und -bedürfnisse so zu verarbeiten, dass wir im Bedarfsfall als Erster bei den Kunden sind – vor den Wettbewerbern und auf den Multikanalvertriebswegen, die sie bevorzugen. Zugleich muss es auch in Zeiten des Internets das Ziel sein, das Vertrauen der Kunden zur eigenen Bank an die erste Stelle zu stellen. Die Basis für eine gute Zusammenarbeit zwischen Bank und Kunden ist – auch oder gerade in einer Finanzkrise – das gegenseitige Vertrauen. Nur Vertrauen schafft eine nachhaltige Grundlage für Kundenzufriedenheit und Kundentreue.

3.12   Die Bank mit den zufriedensten Kunden

Als Sparda-Bank Nürnberg gehören wir zur Gruppe der Sparda-Banken, die im Jahr 2009 zum 17. Mal in Folge den Spitzenplatz in ihrer Branche in der Kundenzufriedenheits-Studie „Kundenmonitor Deutschland" der ServiceBarometer AG erreichten. Die Studie Kundenmonitor misst seit 1992 die Zufriedenheit der privaten Verbraucher mit verschiedenen Dienstleistungen. Dazu werden jedes Jahr über 20.000 Deutsche befragt.

4   Vgl. ARD/ZDF-Onlinestudie 2009, Genutzte Onlineanwendungen 2009, http://www.ard-zdf-onlinestudie. de/index.php?id=onlinenutzung-anwend, Aufruf 5.7.2010.
5   Vgl. Harris Interactive, Digital Influence Index Study, 2008, S. 14, http://www.harrisinteractive.de/ pubs/Digital_Influence_Index_Whitepaper_DE.pdf, Aufruf 5.7.2010, Aufruf 5.7.2010.
6   Vgl. Presseanzeiger.de, Unabhängige Finanzberatung, http://www.presseanzeiger.de/meldungen/finanzen-versicherungen/299725.php.

3.13 Pegasus Award

2009 gewann die Gruppe der Sparda-Banken auch den Pegasus-Award – mit weitem Vorsprung – in der Kategorie Banken. Die Auszeichnung wird an Institute vergeben, die aus Sicht des Kunden in Zukunft erfolgreicher sein werden als ihre Wettbewerber.

3.14 Bester Kundenservice aller Filialbanken

Zu diesem Ergebnis kam eine Studie der ServiceRating GmbH im August 2009. Grundlage dieser Untersuchung war eine Online-Befragung von mehr als 2.300 repräsentativ ausgewählten privaten Bankkunden. Die Gruppe der Sparda-Banken konnte unter den elf untersuchten Filialbanken das beste Ergebnis erzielen.

3.15 Großes Vertrauen in die Marke Sparda

Auch der in der größten Verbraucherstudie Europas, der Reader´s Digest-Umfrage „European Trusted Brands", gab es 2009 Bestnoten für die Sparda-Banken. Wir sind top in Sachen Qualität, Preis-Leistungs-Verhältnis und Kundenorientierung. Für diesen Preis wurden 23.000 Leser in 16 europäischen Ländern befragt.

Dieses Vertrauen jeden Tag neu zu bestätigen, ist die größte Herausforderung in der Beziehung zwischen Bank und Kunde.

4.   Praxisbeispiele

4.1   High-Potential-Kunden und Multikanalvertrieb

Früher erfolgten Produktverkäufe in den Filialen auf Grund von kundeninitiierten Kontakten zum Berater oder durch „Kaltansprachen" der Berater. Die Beratung musste in der Regel ohne detaillierte Kenntnis des Potenzials eines Kunden auskommen. Bei einer Mengenge-schäftsbank ohne feste Beraterzuordnung und rund tausend Kunden pro Berater war das nicht immer effizient.

Heute erfolgt die Kundenansprache im Rahmen einer Kampagne gezielt auf Basis von vorher berechneten Kaufaffinitäten eines Kunden für einen Bedarf. Mittels Analysen werden dem Vertrieb zur Vorbereitung von Beratungsgesprächen Informationen über potenzielle Produkt-interessenten auf den Beraterbildschirm geliefert. Konkret heißt das: Wir konzentrieren die Verkaufsaktivitäten unserer Berater auf Potenzialkunden, die im Einzelfall zum Beispiel nur noch bei circa 4 % des Gesamtkundenbestandes liegen. Auf diese High-Potential-Zielgruppe richten wir den größten Teil unserer Beraterleistung aus und aktivieren sie unter anderem

- mittels Mailing mit konkretem Angebot

- und anschließender telefonischer Nachakquisition (nach vorheriger Zustimmung durch den Kunden)

- zum Zwecke einer Terminvereinbarung in der Filiale (Terminquoten von 14 bis 35 %) je nach Produkt

- durch individuelle Kundenansprache im Internet bei Kunden mit Online-Banking-Freischaltung mit konkretem Angebot und Direktabschlussmöglichkeit bei einfachen stan-dardisierten Produkten.

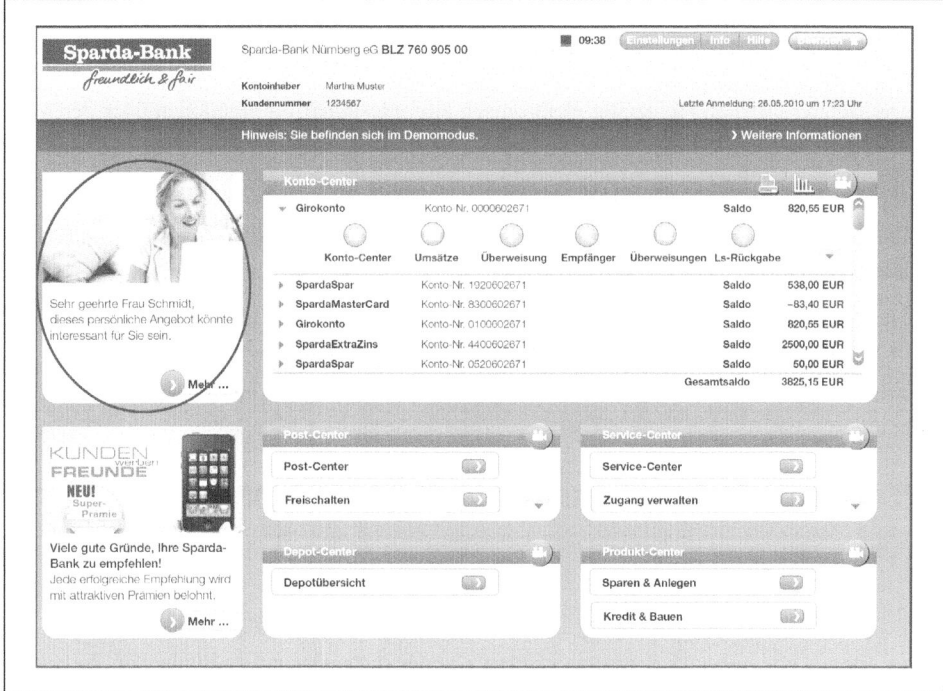

Abbildung 8: *Individuelles Angebot im Netbanking-Portal*

4.2 Terminvereinbarung als Erfolgsfaktor

Die „teuren" Beraterzeiten in den Filialen müssen effektiv genutzt, das heißt, Leerläufe sollten vermieden werden. Durch eine aktive Terminvereinbarung bei Potenzial- bzw. Kampagnenkunden für die Kundenberater erreichen wir eine *kontinuierliche qualifizierte Frequenz*. Damit eröffnet sich für die Berater eine wichtige Voraussetzung zur Steigerung der Verkaufsproduktivität. Im Jahr 2010 planen wir etwa 60.000 Termine mit ausgewählten Potenzialkunden für die Filialen. Die „Buchung" der Termine erfolgt auf Basis eines elektronischen Terminplanungssystems, welches individuell die jeweils freien Zeiten pro Berater ausweist. Die Callcenter-Mitarbeiter vereinbaren telefonisch Termine mit den Potenzialkunden pro Kampagne. Hier werden, je nach Produkt oder Bedarfsfeld, Terminquoten von 1 bis 35 % erreicht.

Doch die Terminvereinbarung an sich nützt wenig. Erfolgreich wird die Maßnahme erst, wenn im Vertrieb die Voraussetzungen für einen erfolgreichen Verkauf durch Terminvereinbarungen gegeben sind. Was heißt das?

1. Die Terminsysteme zwischen Callcenter und Filiale müssen kompatibel sein.

2. Die exakte Führung des persönlichen Terminkalenders ist Pflicht für jeden Berater.

3. Die Berater erhalten rechtzeitig elektronisch alle relevanten Informationen über den vereinbarten Termin.

4. Jeder Berater bereitet sich auf die Beratungsgespräche vor.

5. Die Beratungsgespräche folgen einem standardisierten Ablauf (zum Beispiel systemgestützter, elektronischer Beratungsprozess)

6. Der Verkaufserfolg wird elektronisch erfasst und liefert so wertvolle Informationen zur Verbesserung des gesamten Prozesses von der Zielgruppenauswahl bis zum Beratungserfolg.

4.3   Kommunikationsmix als Erfolgsfaktor

Natürlich wissen wir, dass wir nicht für alle Kunden den Bedarf vorhersagen können.

Daher führen wir neben der personalisierten Kundenansprache mit individuellen Anlässen (persönlich durch Berater/im Internet durch E-Mail oder individuelle Kundenansprache im Banking/Ansprache im Callcenter/Direktmailings) weitere produkt- bzw. themenorientierte Schwerpunktkampagnen durch, welche wir mit einer ganzen Reihe nicht personalisierter Aktionen unterstützen, zum Beispiel:

- Deko in der Filiale,

- Schaufensterplakate und -aufkleber,

- Kundeninformationen mittels Kontoauszugsdrucker,

- Redaktionelle Beiträge in der Kundenzeitung „sparda aktuell",

- Produktflyer zu Kampagnen,

- Interne Beraterinfos,

- Aktionen zur Steigerung der Kundenzufriedenheit

Abbildung 9: *Aktionsausstattung Filiale/Berater anlässlich der Auszeichnung Platz 1 in der Kundenzufriedenheit beim Kundenmonitor Deutschland 2009 – mit Gewinnspiel und Aktion „Kunden werben Freunde"*

Von der Unternehmensvision zur operativen Preistaktik

Matthias Wolpers / Bernd Hoppe

Einleitung

Fast alle Finanzdienstleistungsunternehmen haben sich für eine Wachstumsstrategie entschieden. Das angestrebte Wachstum orientiert sich in erster Linie am Marktanteil und am Umsatz. Mit den Marktanteilsgewinnen und den Umsatzzuwächsen wird häufig ein Ertragswachstum in Verbindung gebracht. Diese Überlegung führt jedoch bei eher sinkenden Margen in der Finanzdienstleistungsbranche im besten Fall zu Ertragskonstanz. Kann nun über die Preispolitik ein Ertragswachstum generiert werden? Um die Auswirkungen der Preispolitik auf das Gesamtergebnis besser steuern zu können, müssen u. a. folgende Fragen beantwortet werden:

- Wird die Bedeutung der Preisfunktion unterschätzt?

- Müssen die Finanzdienstleister dem Margenverfall tatenlos zusehen?

- Welche Rolle spielt der Preis in einer Wachstumsstrategie?

- Wird die Preissensibilität der Kunden richtig eingeschätzt?

- Welche Rolle spielt die Dauer der Geschäftsverbindung oder das Alter des Kunden?

- Können die Marke des Unternehmens, die allgemeine Kundenzufriedenheit oder die Kundenbeziehung zum Berater eingepreist werden?

- Hat die Finanzmarktkrise Auswirkungen auf die Preissensibilität?

- Werden die Berater bzgl. der Preisfindung richtig gesteuert?

- Und welche Bedeutung haben eigentlich die Preise im Internet?

Die Sparkasse Hildesheim hat sich auf den Weg gemacht, diese Fragen zu beantworten.

1.   Strategische Ausgangssituation der Sparkasse Hildesheim

Unsere Vision

„Sparkasse Hildesheim. Beste Bank in der Region.*
Für Kunden. Für Mitarbeiter. Für immer."

* auch im Internet

Unsere Vertriebsstrategie

„Wachstumsstrategie statt Schrumpfungsstrategie"

Definition der Vertriebs-Sparkasse Hildesheim:

„Durch Spitzenleistung im Vertrieb erhöhen wir unsere Profitabilität und erweitern unsere Marktanteile. Und das bei hoher Kundenzufriedenheit und hoher Mitarbeitermotivation!"

Unsere Vertriebsphilosophie

„Fachgeschäft statt Blöd- und Geizladen"

Zur Abgrenzung gegenüber den Mitbewerbern und um dem gestiegenen Qualitätsbewusstsein ihrer Kunden Rechnung zu tragen, positioniert sich die Sparkasse Hildesheim zunehmend als Qualitätsanbieter und nicht als Preis- bzw. Kostenmarktführer.

Ergebnisse der Marktstudien Privatkunden aus dem Jahr 2009 und Unternehmenskunden aus dem Jahr 2010

Unsere Vision und unsere Ziele sind formuliert, jetzt benötigten wir noch die Ausgangslage unserer Sparkasse mit einer Stärken- und Schwächenanalyse (SWOT-Analyse).

Dazu führen wir seit mehreren Jahren im 3-jährigen Turnus eine Marktstudie für Privatkunden und für Selbständige durch. Die folgenden Schaubilder zeigen, dass trotz einer deutlichen Marktführerschaft und einer positiven Gesamttendenz noch einige Handlungsfelder bestehen – insbesondere beim wahrgenommenen Preis-Leistungsverhältnis.

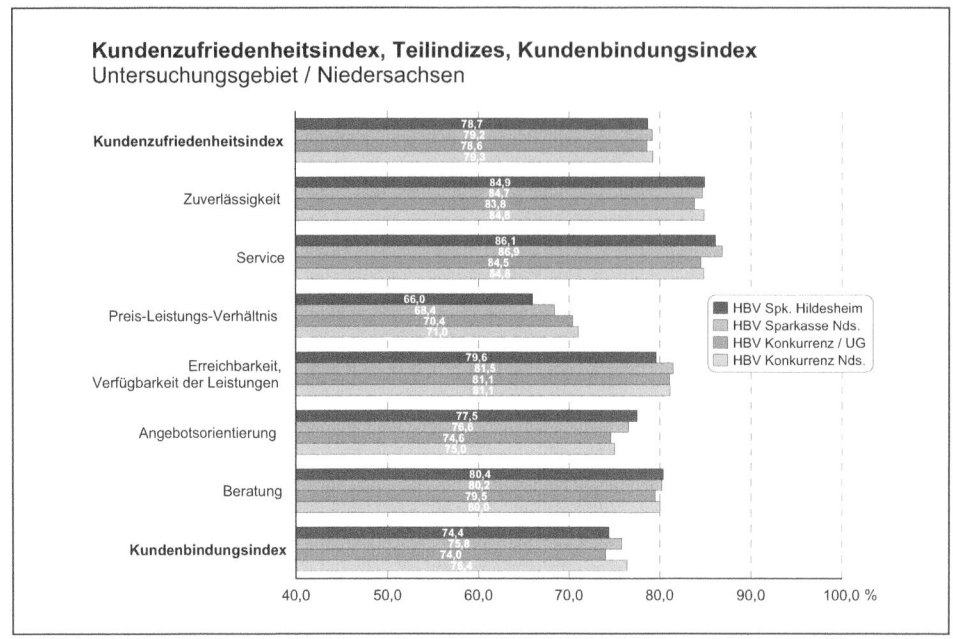

Abbildung 1:   *Marktstudie Privatkunden*

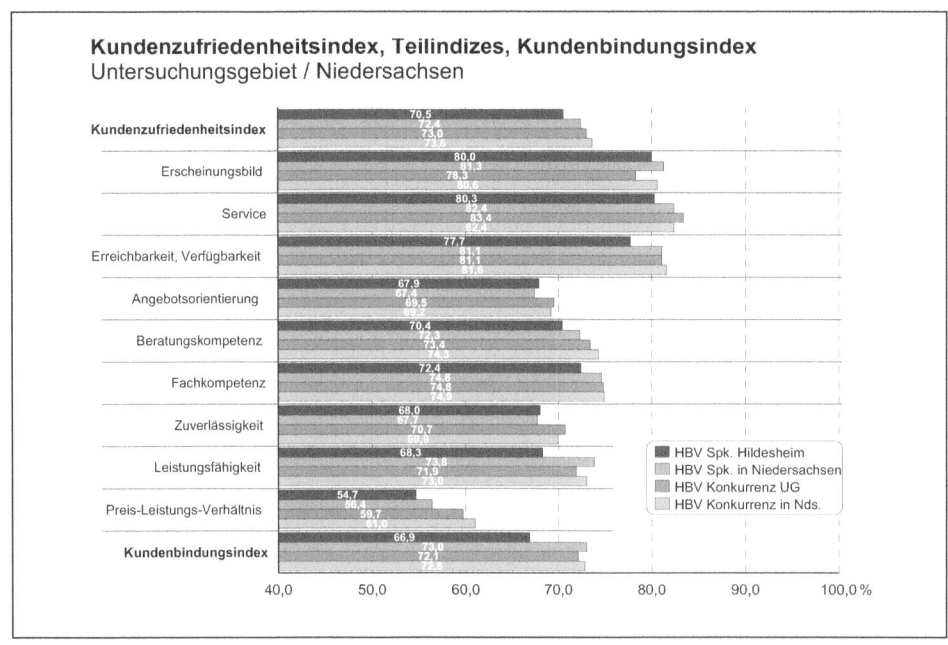

Abbildung 2:   *Marktstudie Unternehmenskunden*

Wesentliche Handlungsfelder aus den Marktstudien:

- Weiterer Ausbau des Wertpapiergeschäftes

- Vertriebsintensivierung des Konsumentenkreditgeschäftes

- Intensivierung des Schwerpunktthemas „Altersvorsorge"

- Erhöhung der Kundendurchdringung/Kundenkontakte

- Intensivierung der Neukundenakquise

- Persönliche Komponente des FK-Geschäfts betonen, Vermittlung von Wertschätzung, zum Beispiel durch Kundenbesuche

- Unaufgefordert Informationen zu Bankgeschäften an die Firmenkunden weitergeben

- Sparkasse als Partner der Firmenkunden für private und geschäftliche Geldanlagen positionieren

- Wahrnehmung des Preis-Leistungsverhältnisses – insbesondere bei Finanzierungen – deutlich verbessern

2.   Die Vertriebsstrategie der Sparkasse Hildesheim

Die Sparkasse Hildesheim hat im Rahmen eines kompletten Strategieprozesses ihre Vertriebsstrategie formuliert. Neben dem Kapitel „Preisstrategie" geht deren Inhalt in weiteren Themenstellungen auf die Wirkungen von Preisfunktionen ein. So wird zum Beispiel in der Beratung – der ganzheitlichen Beratung mit dem Finanzkonzept – Bezug auf die Preissensibilität der Kunden genommen. *„Mit der Durchführung eines Finanzkonzeptgespräches reduziert sich nachweislich die zugenommene Preissensibilität der Kunden."*

Die gesamte Ausrichtung zum Qualitätsmarktführer soll sich auch in der Preisgestaltung und der Preiskommunikation widerspiegeln. Nur wenn die vorgehaltene Qualität der Sparkasse Hildesheim auch vom Kunden wahrgenommen wird, geht unsere „Preiswertstrategie" auf. Entscheidend ist nicht das Wissen des Absenders (Sparkasse) bzw. was dieser kommuniziert, sondern welche Botschaft beim Empfänger (Kunden) ankommt und wie er diese wahrnimmt. Deshalb kommt der externen Kommunikation bezüglich des Preisimages der Sparkasse eine enorme Bedeutung zu.

Aber auch intern muss die Preisstrategie bei allen Vertriebsmitarbeitern bekannt und verinnerlicht sein. Dafür hat die Sparkasse Hildesheim Produkt- und Preisleitsätze formuliert und im Unternehmen kommuniziert.

Produktstrategie – Produktleitsätze der Sparkasse Hildesheim

- Die Produktstrategie folgt der Qualitätsstrategie
- Der Bedarf des Kunden und dessen Risikoprofil entscheiden über das Produktangebot
- Doppelstrategie = ganzheitliche Beratung (Finanzkonzept) + Produktkampagnen
- Zinsprodukte und Provisionsprodukte sind im Vertrieb gleichberechtigt
- Stärkere Fokussierung auf das Wertpapiergeschäft und auf die Vorsorgeprodukte
- Allfinanzanbieter – Verkauf auch von strategischen Produkten zur Kundenabschottung sowie Nutzung von Cross-Selling-Ansätzen, zum Beispiel Sachversicherungen, Bausparen, Leasing
- Konzentration auf Trendprodukte, möglichst „Early Mover" bei Produkt- und Beratungsinnovationen
- Offene Produktarchitektur in den Segmenten Firmenkunden, Private Banking und SVM bzgl. Wertpapiere und Versicherungen
- Multikanalanbieter – reduzierte, bedarfsorientierte Produktpalette in den Geschäftsstellen und der Internetfiliale
- Aktuell keine Angebote von Mehrwertkonten oder von Produktbündeln

Preisstrategie – Preisleitsätze

- Faire Preise – kein Preisführer
- Qualitätsführer statt Kostenführer
- Qualifiziertes Wachstum – kein Wachstum um jeden Preis
- Preisniveau im oberen Drittel unter den stationären Anbietern (um die Wachstumsstrategie zu unterstützen)
- Preiswertstrategie = Stärken der Sparkasse Hildesheim und der Sparkassenorganisation (Nähe, persönliche Ansprechpartner, Vertrauen, regionale Verbundenheit etc.) in die Preiswaagschale werfen
- Besondere Beobachtung der Giropreise, des Zahlungsverkehrs und der Kontoführung
- Erzeugung einer positiven Preiswahrnehmung durch die Doppelstrategie 1A-Angebot des Monats mit Preiskommunikation + Einsatz des Finanzkonzepts
- Preisdifferenzierung zwischen dem stationären und dem medialen (Internet) Vertriebskanal
- Risikoadjustierte Preise im Kreditgeschäft
- Aktuell keine Bepreisung der Beratungsleistung
- Preisgestaltung nach Volumengrößen, zum Beispiel mit Konditionsstaffeln
- Sonderkonditionskompetenzen und Vergaberegeln für die Berater, um flexibel auf Mitbewerber reagieren zu können
- Preisorientierung am (abgebildeten) Gesamtdeckungsbeitrag des Kunden
- Regelmäßiger, zentraler Anstoß zur Überprüfung der individuellen Sonderkonditionen
- Regelmäßige Schulungen und Trainings zum Thema „Preisverhandlungen"
- Nutzung von preispsychologischen Ansätzen in der Werbung und in den persönlichen Preisverhandlungen
- Regelmäßiges Reporting über die Bestands- und Neugeschäftsmargen (Margenbarometer) sowie das Sonderkonditionsverhalten der Berater
- Regelmäßiges Preis-Reporting inkl. Kundenabwanderungen
- Angebot von Zinsmanagementsystemen im Bereich Unternehmenskunden

> ▪ Wöchentliche Offenlegung der Preis- und Produktwettbewerbssituation

3.   Das Preismanagement oder die Preistaktik

3.1   Preisfindung

Bei der Preisfindung der angebotenen Produkte orientiert sich die Sparkasse Hildesheim an der betriebswirtschaftlichen Kalkulation, dem aktuellen Wettbewerbsumfeld und preispolitischen Überlegungen im jeweiligen Produktfeld.

Kalkulation

Im Rahmen der Preiskalkulation werden sowohl die Regelkonditionen als auch die Sonderkonditionsspielräume abgebildet. Die Regelkondition basiert auf der betriebswirtschaftlich, notwendigen Preisuntergrenze (Einstand, Risikokosten, Optionsprämien, zum Beispiel für Sondertilgungsrechte, Eigenkapitalkosten, Produktionskosten) und einem geschäftspolitisch festgelegten Gewinnzuschlag („Nettomarge"). Die Sonderkonditionsspielräume der Berater (vier funktionsgebundene Kompetenzstufen) werden tagesaktuell auf Basis vordefinierter Nettomargen ermittelt.

Wettbewerbsumfeld

Wesentlicher Bestandteil einer systematischen Marktbeobachtung ist ein wöchentliches Ranking der regionalen und der relevanten überregionalen Wettbewerber in den wichtigsten Produktfeldern. Die Zielposition der Sparkasse Hildesheim liegt dabei grundsätzlich im oberen Drittel der stationären Anbieter. Diese leitet sich aus der auf Marktanteilsgewinne ausgerichteten Wachstumsstrategie ab. Darüber hinaus gilt der Grundsatz: „Der Marktführer führt den Markt!" Seine Aufgabe ist es zu agieren, Impulse zu setzen und gezielt daran zu arbeiten, dass sich die Wettbewerber am „Leitwolf" ausrichten. Dieses Phänomen hat sich eindrucksvoll in den extremen Zinssenkungsrunden in 2009 bestätigt. Hier ist die Sparkasse mehrfach „vorgeprescht" – und die örtlichen Volksbanken sind zeitnah gefolgt!

Preispolitische Überlegungen

Kalkulationsblätter und Wettbewerbsvergleiche sind wichtige Hilfsmittel der Preisfindung. Entscheidend ist aber vor allem der Faktor „Mensch". Dies gilt sowohl für die Festlegung von Regelkonditionen als auch für die einzelnen Preisverhandlungen vor Ort. So fließen in die Entscheidung – neben verschiedenen preispolitischen Überlegungen – Intuition, Bauchgefühl und persönliche Erfahrung der handelnden Personen ein. Hier sind einige Beispiele:

- Markenwert

  Welchen Mehrpreis kann die Sparkasse gegenüber Wettbewerbern aus ihrer starken Marke heraus generieren? Allein wenn man sich die markenorientierten Preisunterschiede in den erlebnis- und lifestyleorientierten Branchen anschaut, wird deutlich, wie viel Potenzial noch im Bankenbereich schlummert.

- Timing

  Der optimale Zeitpunkt spielt sowohl in der betriebswirtschaftlichen Betrachtung (zum Beispiel Hinauszögern von ertragsmindernden Maßnahmen), als auch in der Kommunikation (zum Beispiel Koppelung an gerade in den Medien verbreiteten EZB-Zinsanpassungen) eine wichtige Rolle.

- Signalling

  Es kann durchaus Sinn machen, Kunden durch eine frühzeitige Ankündigung auf spätere Maßnahmen vorzubereiten. Positive Informationen werden so früh beim Kunden platziert – auch wenn die eigentliche Maßnahme erst viel später kommt – , um den Kunden gegenüber den Wettbewerbern abzuschotten. Bei eher negativen Informationen kann eine frühe und auch mehrfache Ankündigung ebenfalls von Vorteil sein. Die spätere Umsetzung wird dann vom Kunden nicht mehr so kritisch aufgenommen.

  In Richtung der Wettbewerber kann der gezielte Einsatz von Signalling sinnvoll sein, um gewünschte Reaktionen zu provozieren.

3.2   Preiskommunikation

Unsere Preisstrategie nennen wir auch „Preiswertstrategie". Wir haben eine Formel entwickelt, die auf einen Blick verdeutlicht, welche Leistungen wir in die Waagschale zur Findung des genauen Preises werfen. Aktuell überlegen wir, ob diese Formel nicht auch für die externe Kommunikation, zum Beispiel als Beraterhilfe, eingesetzt werden kann.

Preis	**x**	**Leistung**	**=**	**Preiswert**
Internetpreis		Beratungsqualität, Vertrauen		Preiswahr-

Produktwerbung mit Preisen	Servicequalität , Marke	nehmung
Sonderangebote	Persönlicher Ansprechpartner	
	Nähe, Geldautomatennetz	
	Nachhaltigkeit, Menschlichkeit	
	Regionalität und Fairness	

Preispsychologie

„Kaufentscheidungen fallen im Bauch" – diese Binsenweisheit gilt auch im eigentlich eher „verkopften" Bankenbereich. Deshalb ist es wichtig, die vielschichtigen Erkenntnisse und Erfahrungen aus der Preispsychologie, zum Beispiel Preisbarrieren, Schwellenpreise, Suche nach Erfolgserlebnissen (Schnäppchenjäger) u.v.m. aktiv einzusetzen. Neben der reinen Preisinformation versuchen wir gerade die preispsychologischen Ansätze in die Beratung und in die Werbung zu integrieren. Jeder von uns kennt die Situation: Wir sehen ein Sonderangebot und greifen sofort zu. Dieser Kauf war nicht geplant. Wie treffen wir heute Kaufentscheidungen? Wir gehen nicht nur nach der Vernunft, sondern lassen uns auch von Vorurteilen, Stimmungen und allgemeinen Sichtweisen leiten. Diese Erkenntnis aus dem Einzelhandel wird aktuell immer häufiger in der Finanzdienstleistungsbranche genutzt.

Gerade bei den Lebensmittelhändlern und den Elektronikfachmärkten gibt es Anbieter, die als sehr günstig gelten. Bei einem genauen Preisvergleich sind sie allerdings eher Mittelmaß.

Hier einige Beispiele:

- Bei drei Angeboten wird eher das mittlere genommen
- Bei zwei Angeboten wird nicht überlegt, ob überhaupt gekauft wird
- Bei zwei angebotenen Produkten entscheidet sich der Kunde eher für das zweite
- Preise erscheinen bei Monatspreisen oder Erträgen durch den Jahres- oder Gesamtertrag kleiner oder größer
- Schwellenpreise mit ‚99 – Endungen
- Preise ins Verhältnis setzen … kostet soviel wie ein Bier
- Krumme Preise, um eine genaue Kalkulation zu suggerieren
- Superteuere Produkte stehen neben dem Verkaufsangebot, um dessen Preis klein erscheinen zu lassen
- Gratis Angebot als Zusatz … zum Beispiel beim Kauf von zwei Produkten entfallen die Versandkosten
- Einsatz von Referenzen ….hat mein Nachbar auch gekauft … habe ich auch
- Einsatz von Preisschildern – wie im Einzelhandel – suggerieren einen günstigen Preis

■ Staffelpreise

Buchempfehlung: „Denken hilft zwar, nützt aber nichts" von Dan Ariely erschienen 2008 im Droemer-Verlag

3.3   Preisdurchsetzung

In Zeiten der „Otto-Normalverbraucher" reichten – bis auf wenige Ausnahmen – die einheitlichen Regelkonditionen aus. Der Preis stand für den Kunden weniger im Fokus. Es fehlte die Transparenz und es galt beinahe schon als „unfein" entsprechende Anfragen zu stellen. Auf Seiten der Berater und Führungskräfte waren Konditionszugeständnisse eher tabuisiert und wurden sehr restriktiv geregelt.

Inzwischen hat sich der Bankenmarkt immer mehr in Richtung eines orientalischen Basars entwickelt. Es wird sowohl für den Kunden als auch für den Berater immer selbstverständlicher den Endpreis auszuhandeln. Allerdings wird vielfach „Den Preis aushandeln" mit „den Preis senken" verwechselt. Die wesentliche Herausforderung liegt darin, die individuelle Preisdifferenzierung so auszugestalten, dass es eben nicht nur um Preisnachlässe geht, sondern am Ende des Tages ein positives Ergebnis verbleibt.

Was macht einen erfolgreichen Händler aus?

1. Ein guter Kaufmann

2. Ein guter Menschenkenner

3. Ein guter Taktiker

1. „Ein guter Kaufmann"

Die Berater sollten ihre Preisspielräume nicht nur kennen, sondern auch aktiv und gezielt einsetzen. Gefördert wird dieses unter anderem durch verschiedene Kompetenzsysteme. Zum Beispiel sind sie auf unterschiedliche Kundentypen (preissensibel/nicht preissensibel) oder auch auf die unterschiedlichen Kundenpotenziale (A/B/C/D Typisierung) zugeschnitten. Ein besonderes Phänomen ist hier, dass Sonderkonditionen sehr häufig punktgenau bis zur Kompetenzgrenze vergeben werden. Um diese Möglichkeit weiterhin zu geben, können die Kompetenzgrenzen durch eine Kalkulation leicht erhöher Gewinne – für den Berater kaum spürbar – verändert werden.

Sehr wichtig ist auch, dass die Ziel- und Anreizsysteme den konkreten Verhandlungserfolg spürbar honorieren und erlebbar machen. Die Sparkasse Hildesheim löst dies derzeit über weitreichende und hoch gewichtete Ertragsziele, insbesondere in den Individualkundenbereichen. Im Geschäftsstellenbereich werden Abschlüsse zu Regelkonditionen im eigens entwickelten Punktsystem deutlich höher gewertete als Abschlüsse mit Sonderkonditionen.

2. „Ein guter Menschenkenner"

In der Preisverhandlung kommt es auf das richtige Ziel und die richtige Verhandlungstaktik an. Grundlage ist dafür eine gute Einschätzung des Kunden. Wie „tickt" der Kunde und wo liegt seine interne Preisgrenze – quasi die persönliche Preis-/Absatzfunktion? Diese Einschätzung kann aus vorhandenen Informationen abgeleitet werden, zum Beispiel aus dem CRM-System, durch aktives Zuhören oder auch einfach durch Intuition.

Die Erfahrungen aus Preisverhandlungen sollten für zukünftige Gespräche nutzbar gemacht werden. Dies betrifft sowohl die systematische Speicherung im CRM-System, als auch das permanente Lernen aus den Erfolgen und Misserfolgen der Vergangenheit.

3. Ein guter Taktiker

„Die Wahrheit liegt ja bekanntlich auf dem Platz" – d. h. die Preismanagementsysteme können noch so gut sein, entscheidend ist am Ende, wie erfolgreich der Berater in der Kundenverhandlung ist.

Voraussetzung für diesen Erfolg ist zunächst einmal, dass ein ausreichendes verkäuferisches Potenzial vorhanden ist (Personalauswahl). Wichtige Soft Skills sind dabei zum Beispiel überzeugendes Auftreten, Charme, Ausstrahlung.

Entscheidend ist dann aber, dass die „PS" auch auf die Straße gebracht werden!

Kennen heißt nicht automatisch können – **Können** heißt nicht automatisch **Machen**!!

Deshalb ist es wichtig, die verschiedenen Entwicklungsbausteine umfassend einzusetzen:

- **Kennen**
  Die Sparkasse Hildesheim hat in den letzten Jahren über alle Vertriebsbereiche verkaufsorientierte Schulungen zum Thema „Preisverhandlungen" durchgeführt.

- **Können**
  Man kennt das eher aus dem Sport. Eine wesentliche Basis für den sportlichen Erfolg ist regelmäßiges Training. Dieses selbstverständliche, ständige „Üben" ist uns bisher nicht in Fleisch und Blut übergegangen und scheint aus Sicht eines gestandenen Beraters wahrscheinlich ziemlich abwegig. Doch selbst die erfolgreichsten Sportstars müssen ständig trainieren, um ihre Spitzenposition verteidigen zu können.

  Insgesamt besteht hier noch ein Handlungsfeld das Thema Training auch für das Verhalten in Preisverhandlungen zu intensivieren. Hierzu gibt es verschiedene Ansätze. Zum einen werden spezialisierte Trainerteams eingesetzt. Andererseits übernehmen die Vertriebsführungskräfte diese Aufgaben. In der Sparkasse Hildesheim wird letzteres ausgebaut. Parallel werden die Trainingstechniken weiterentwickelt, zum Beispiel PodCast-Training.

■ **Machen**

Was nützt das intensivste Training, wenn man nicht auf den Platz geht und spielt? Wichtige Grundlagen sind hierbei die persönliche Einstellung und Motivation (Wollen) und das entsprechende Selbstvertrauen. Hier ist intensives Coaching durch die Führungskräfte gefordert.

3.4   Preiscontrolling

Basis eines Preiscontrollings sollte zunächst sein, dass aus der Preisstrategie und den Preisleitlinien auch messbare Zielwerte abgeleitet werden können. Bei der Sparkasse Hildesheim werden in diesem Zusammenhang für die wichtigsten Produktfelder (Werttreiber) nach den Vertriebsbereichen differenzierte Zielmargen, für die Bestände und das Neugeschäft, festgelegt und mit den Istwerten aus dem Controlling-Berichtssystem abgeglichen.

Über diesen Gesamtblick hinaus kommt es darauf an, auf Beraterebene und für die Führungskräfte den einzelnen Verhandlungserfolg transparent und erlebbar zu machen. Dabei geht es sowohl darum gute Leistungen anzuerkennen und zu verstärken als auch Schwächen aufzuzeigen. So kann gezielt an einer Verbesserung gearbeitet werden.

Dies erfordert eine systematische Abbildung der einzelnen Neugeschäfte mit den erzielten Margen und möglichst auch den vereinbarten Sonderkonditionen, zum Beispiel:

a)   Abgleich der Ist-Margen mit den Zielmargen des Vertriebsbereiches

b)   Interner Vergleich der Ist-Margen und Sonderkonditionen (Berater-Ranking)

c)   Externer Vergleich der Ist- Margen und Sonderkonditionen (Kunden-Ranking).

Gerade in den turbulenten Zinsänderungsphasen Anfang 2009 haben sich diese Transparenz und die daraus resultierenden Führungs- und Steuerungsmöglichkeiten bewährt. Dabei wurden zum Beispiel beim CashKonto (tägl. fälliges Geldmarktkonto) gezielt Zinssatz-Rankings eingesetzt, um gerade bei den individuellen Sonderkonditionen schnell akuten Handlungsbedarf aufzuzeigen.

Dies reichte bis zu der Steuerung mit vorgegebenen Zinssatzsenkungen, auf die nur noch in besonderen Fällen mit Zustimmung des Bereichsleiters / Vorstandes verzichtet werden konnte. Die Erfahrungen zu früheren Aktionen zeigen, dass diese Umkehrung der Aktivität zu einem deutlich höheren Umsetzungsgrad der Konditionsanpassung führt.

4.   Beispiele für erfolgreiches Preismanagement

4.1   1A-Angebot des Monats

Die Idee

▩ Bestehende Produkte werden optisch „verpackt" und mit Zugaben oder Gewinnen versehen.

▩ Jeden Monat wird eine neue Erlebniswelt mit Produkten geschaffen – nur in diesem Monat gibt es das Produkt „günstiger".

▩ Eine attraktive Vermarktung der Produkte soll die Gesamtwahrnehmung der Sparkasse positiv beeinflussen: innovativ, kreativ, besonders aktiv und günstig.

▩ Einbindung „bekannter" Vertriebsmitarbeiter für die Fotomotive

▩ Das „1A-Angebot des Monats" ist für Privatkunden.

▩ Für Selbständige gibt es das „1A-Angebot Business" – dies erscheint quartalsweise.

Grundgedanken zur Umsetzung

▩ Die Festlegung des „1A-Angebot des Monats" erfolgt in enger Anbindung an die geplanten Produktkampagnen im Rahmen der Vertriebspläne.

▩ Die Idee des „1A-Angebot des Monats" stellt keine zusätzliche Maßnahme für den Vertrieb dar, sondern beschäftigt sich mehr mit der kreativen Vermarktung von geplanten Produktkampagnen.

▩ Die Umsetzung betrifft schwerpunktmäßig den Bereich Privatkunden.

▩ Die Festlegung von Zugaben oder Gewinnen soll Aufmerksamkeit erwecken, Impulskäufer aktivieren und Beratern im Vertrieb die Kundenansprache erleichtern.

▩ Begrenzung des Angebotes: Das Produkt gibt es in dieser „Sonderform" nur im jeweiligen Angebotsmonat.

Die Vermarktung

- Breit angelegte Kampagnen sollen dazu beitragen, das „1A-Angebot des Monats" als Marke zu etablieren. Dafür wird das aktuelle Angebot in ausgewählten Medien immer zum gleichen Zeitpunkt und an gleicher Stelle platziert.

- Ankündigung des neuen Angebotes am letzten Geschäftstag des Vormonats über Titelkopfanzeigen in den reg. Tageszeitungen.

- Eckfeldanzeige in den reg. Tageszeitungen am ersten Geschäftstag

- Im lfd. Monat eine Anzeige auf den Regionalseiten der Tageszeitungen sowie in allen reg. Anzeigenblättern.

- Flipchart mit Plakat und ggf. mit integriertem Angebotsflyer und/ oder Gewinnspielkarten in allen Geschäftsstellen.

- Din-A4-Aufsteller in Geschäftsstellen und in allen Besprechungsräumen der SVM-Zentren.

- Internet: Dauerhaft feste Platzierung auf der Homepage mit dem Titel

- „1A-Angebot des Monats" sowie als Opener in der 1. Angebotswoche.

- Allgemeines Angebot in den KAD-Displays sowie Internetbanner beim regionalen Marktplatz und beim Stadttheater

- Die Ansage der Warteschleife des eigenen ServiceCenters informiert die Kunden jeden Monat über das aktuelle Angebot.

- Nutzung einer Autosignatur bei allen ausgehenden E-Mails.

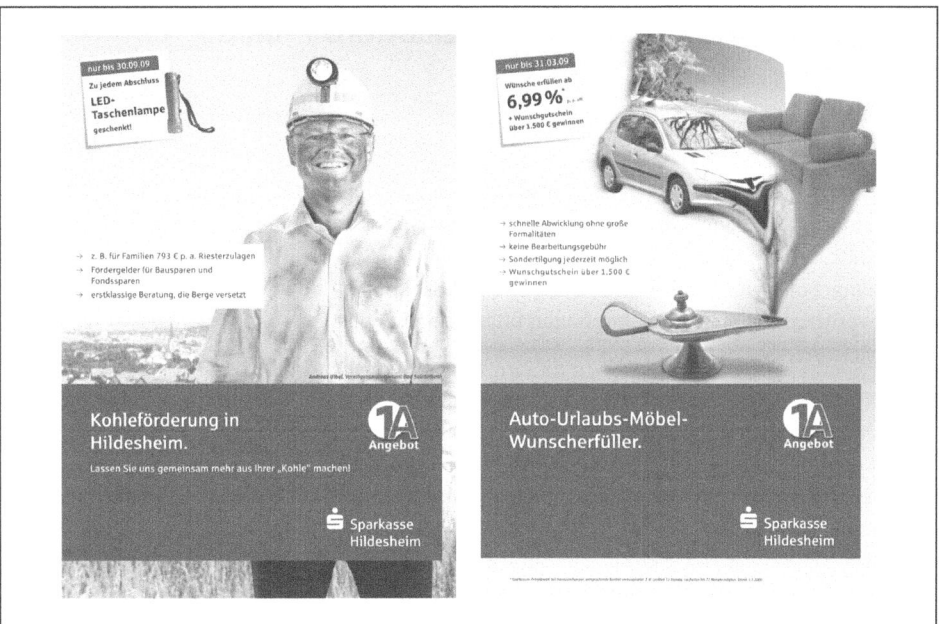

Abbildung 3:   *Beispiele des „1A-Angebot des Monats" für Privatkunden*

Abbildung 4:   *Beispiele des „1A-Angebot Business" für Selbständige*

4.2   Differenzierte Preise: Stationäre Filiale / Internetfiliale

In der Hochzeit der „Geiz ist geil"-Ära in den Jahren 2006/2007 beherrschte das kostenlose Girokonto die Kundenwahrnehmung. Die Berater gerieten zunehmend unter Rechtfertigungsdruck. Auch trat das Internet zunehmend seinen Siegeszug im Banking an. Einfache Produktangebote wie zum Beispiel Girokonten, Cashkonten und Standardkredite wurden von Wettbewerbern zu günstigen Konditionen fallabschließend angeboten.

Bei der Sparkasse Hildesheim war zu diesem Zeitpunkt erstmals eine deutlich spürbare Negativentwicklung der Privatgirokonten zu verzeichnen (- 2.000 p.a.). Auch die „Mittelabflüsse" bei CashKonten an die Direktbanken nahmen zu. Im Rahmen einer Strategiediskussion haben wir uns getreu unserer Vision „Beste Bank …" nicht für eine Abwehr- sondern eine Angriffsstrategie entschieden. Ihr Ziel ist es, die beste Multikanalbank in der Region zu werden, d.h. den stationären Vertrieb um ein wettbewerbsfähiges Internetangebot zu ergänzen und somit auch im Medialen Vertrieb Marktführer zu werden.

Leitlinien zum Ausbau des Online-Vertriebes:

1. Die Sparkasse Hildesheim verfolgt weiterhin die Grundausrichtung zum Qualitätsanbieter.

2. 2007 haben wir die Vertriebsstrategie dahingehend erweitert, dass wir insbesondere bei den interessanten Zielgruppen (Potentialkunden/Individualkunden) Marktanteile nicht nur sichern sondern auch ausbauen wollen, um die hieraus möglichen langfristigen Ertragspotentiale zu erschließen.

3. Hier müssen wir unsere Grundausrichtung vom bisherigen „Halten" auf „kontrollierte Offensive" umstellen.

4. Um erfolgreich zu bleiben, werden wir an den wesentlichen Stellen die Beratungsqualität und Preiswahrnehmung deutlich verstärken.

5. Wir schaffen keine separate Direktbank – wir optimieren unser Multikanalangebot.

6. Wir setzen weiterhin auf die „Preiswert-Strategie". Wir wollen der „preiswerteste" Anbieter sein – nicht aber der „billigste".

7. Mit der Kombination „Service-/Beratungsqualität und Topangeboten" inkl. des kostenlosen Girokontos, setzten wir uns an die Spitze der Wettbewerber in der Region. Insbesondere den strategischen Wachstums-Zielgruppen, den Potenzial- und Individualkunden, bieten wir damit das attraktivste Gesamtangebot. Unser Ziel ist die „Finanzdienstmeisterschaft" – nicht der Platz im „gesicherten Mittelfeld".

1	Ertrag	Multikanalproduktangebot
		Produkte und Preise sind in allen Kanälen gleich gestaltet
2	**Wachstum**	**Multikanalproduktangebot mit Preis- und Produktdifferenzierung**
		Vertrieb von einem oder mehreren Online-Aktionsprodukten für einen begrenzten (Kampagnen-)Zeitraum
3	**Chance**	**Multikanalproduktangebot ergänzt um reine Online-Produktpalette mit Preis- und Produktdifferenzierung**
		Vertrieb von einem oder mehreren Online-Produkten als dauerhaftes Angebot – integriert im Internetauftritt des Institutes oder – unter separater Marke / URL im Internet erreichbar

Strategie 2007 → 2

Strategie 2008 → 3

Abbildung 5: *Szenarien bei der Definition der Produkt- und Preisgestaltung im Online-Vertrieb*

Im Rahmen der Gestaltung der Online-Angebote haben wir uns bewusst für eine Preisdifferenzierung zu den stationären Angeboten entschieden.

Hierfür wurde vorab ein Markttest mit einem speziellen Online-Kredit durchgeführt. Die Online-Kondition lag dabei mit 5,99 % deutlich unterhalb der Regelkondition des stationären Vertriebes (8,99 %). Das Ergebnis war sehr positiv. Sowohl das Kreditabschlussvolumen also auch die daraus erzielten Margen blieben erhalten. Und über den Online-Vertrieb wurde Zusatzgeschäft akquiriert.

Zum Start im April 2008 wurden die günstigen Online-Angebote sehr intensiv beworben, u. a. mit Online-Kampagnen und dem Einsatz etlicher Medien, wie Tageszeitungen, Hauswurfsendungen und Mailing.

Trotz dieses hohen Werbedrucks blieben nennenswerte Kannibalisierungseffekte aus. Selbst das kostenlose Online-Konto hat nicht zu einer Massenwanderung in dieses Modell geführt. (Anteil nach 2 Jahren: rd. 10 % der Privatgirokonten). Gleichzeitig wurde aber die Negativentwicklung mit Verlusten von 2.000 Privatgirokonten p. a. gestoppt. Und die Berater sind nicht mehr mit ständigen Rechtfertigungsgesprächen belastet. In der Privatkunden-Marktbefragung 2009 wurde bereits eine deutliche Verbesserung der Preiswahrnehmung bei Girokonten erzielt.

Insgesamt wurden die strategischen Baustellen aus der folgenden Übersicht über die offensive Preisdifferenzierung und Vermarktung erfolgreich bearbeitet. Diese Entwicklung soll weiter konsequent ausgebaut werden, um auch in der medialen Welt die Vision von der „besten Bank" mit Leben zu füllen.

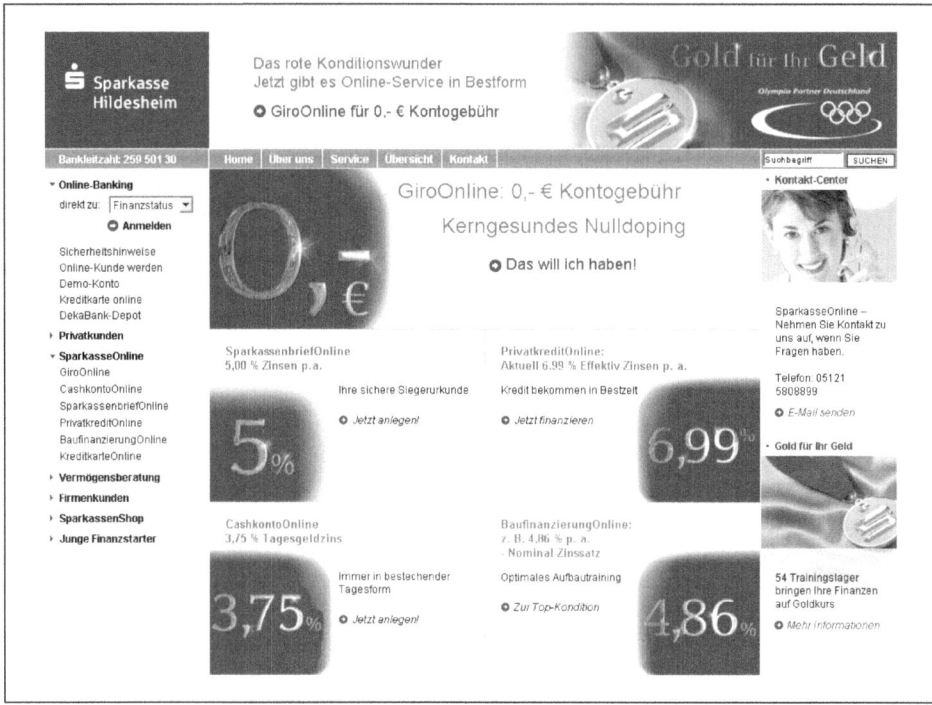

Abbildung 6: *Werbung für Online-Angebote*

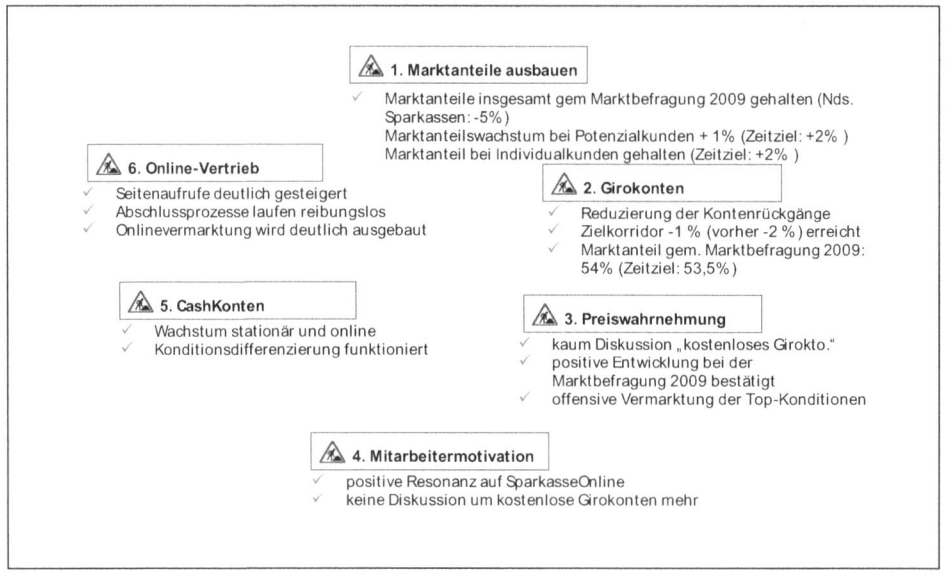

Abbildung 7: *Aktuelle Strategische Handlungsfelder*

4.3   Nach Preissensibilitäten differenzierte Cash-Kontenmodelle

Der bisherige „Otto-Normalverbraucher" hat sich mittlerweile zum „Aldi Dallmeier" entwickelt. Am Mittwoch kämpft er um 9:00 Uhr im Discountmarkt um die Sonderangebote. Anschließend trinkt er genüsslich im Feinkost-Cafe „latte macchiato". Diese Veränderung macht auch vor dem Bankschalter nicht halt.

Die wesentliche Herausforderung für das Preismanagement besteht in einer zunehmenden Angebots und Preis-Differenzierung.:

Früher:	„One to All"	Ein Angebot für Alle
Gestern:	„One to Many"	Ein Angebot für Viele
Heute:	„One to One"	Ein Angebot für jeden Einzelnen
Morgen:	„Many to One"	Verschiedene Angebote für jeden Einzelnen

Im kleinteiligen Individualgeschäft wird diese Differenzierung im Rahmen der Beratungsgespräche zwischen Kunde und Berater austariert.

Bei einem Massenprodukt, wie dem CashKonto (Tagesgeldkonto) ist angesichts von rd. 36.000 Konten eine reine individuelle Konditionsgestaltung nicht sinnvoll. Es hat sich bewährt, hier nach verschiedenen abgestuften Zinssensibilitäten differenzierte zentral gesteuerte Konditionsmodelle zu verwenden.

Das Differenzierungsmodell der Sparkasse Hildesheim basiert dabei auf einer fünfstufigen Zinssensibilitätsskala. Das Konditionsmodell für Kunden mit der geringsten Sensibilitätsstufe – Stufe 1 – wird in der Basiskonditionsstaffel (je nach Volumen: 0,3% - 0,5%) geführt. Mit steigender Sensibilitätsstufe steigen die Modellzinssätze. Da das CashKonto-Online und das Modell für „zinssensible Kunden" beide in der Stufe 3 gesehen werden, liegen hier die zentral gesteuerten Zinssätze auch auf gleicher Höhe (0,8%).

Tabelle 1: Zinssensibilitäten

Konditionsmodell	Zinssensibel Stufe 1 - 5	betroffene Konten	Zinssatz (durchschnittl.)
Regelkondition Staffel	1	17.385	0,41%
CashOnline	3	9.754	0,80%
Soko moderat	2	1.367	0,50%
Soko zinssensibel	3	6.658	0,80%
Soko sehr zinssensibel	4		1,00%
individuelle Soko	5	495	1,00%
Konten gesamt		35.659	0,72%

Die Einstufung der Kunden in die verschiedenen Modelle erfolgt aktuell noch über die persönliche Einschätzung des Beraters. Sie ist auch über Sonderkonditionskompetenzen reglementiert.

Individuelle Sonderkonditionen beschränken sich angesichts der systematischen Differenzierungsmöglichkeiten auf wenige Ausnahmefälle (Anteil an Kontenzahl gesamt: 1,4%). Dies macht auch Sinn, da bei den zentral gesteuerten Sonderkonditionen zukünftige Anpassungen wesentlich stringenter und schlanker umgesetzt werden können. Die besseren zentralen Steuerungsmöglichkeiten und die systematische Vorgehensweise haben sich gerade in den turbulenten Zinssenkungsphasen Anfang 2008 mehrfach erfolgreich bewährt.

5.   Schlussbetrachtung

Sämtliche Prognosen sagen aus, dass sich der Wettbewerb um die Kunden in der Finanzdienstleistungsbranche noch weiter verschärfen wird. Dieser Wettbewerb wird nicht nur über die Qualität geführt, sondern zunehmend auch über den Preis. Deshalb müssen sich auch die Sparkassen wesentlich intensiver und vor allem professioneller mit Preisstrategien beschäftigen. Hier können wir sicherlich von dem Einzelhandel, der Telekommunikations- oder der Automobilbranche lernen. Den Finanzdienstleistungsunternehmen werden später noch die Energiekonzerne bezüglich der Strom- und Gaspreise folgen. Der Geschäftsabschluss zum Listenpreis oder zum transparenten Einheitspreis gehört somit in unserer Branche eher der Vergangenheit an.

Da der Preis wesentlich stärkere Auswirkungen auf das Gesamtergebnis eines Unternehmens hat als der Umsatz oder die Kosten, ist die intensive Beschäftigung mit dem gesamten Preismanagement zwingend notwendig – auch unter den Aspekten der Risikosteuerung.

Das Preismanagement ist eine echte Managementleistung. Hier müssen die unterschiedlichen Interessen der Kunden und der Sparkasse ausbalanciert werden.

Neben der Steuerungsaufgabe im zentralen Management muss die Verhandlungsstärke der Berater noch deutlicher in den Focus rücken.

Die Erzielung des *Preisoptimums* für das Unternehmen kann kaum über Steuerungssysteme oder -instrumente umgesetzt werden. Diese Leistung kann nur individuell am „Point of Sale" durch den Berater erfolgen.

Deshalb müssen unsere Berater in Preisverhandlungen in der Lage sein, ihre Stärken, die ihres Instituts und der Organisation in die Waagschale zu werfen. Unsere Kunden lassen sich gern vom *„Preiswert"* überzeugen. Die wenigsten von Ihnen wollen um jeden Preis die beste Kondition. Sie wollen faire Preise und ein gutes Gefühl beim Kauf. Dieses wird nur durch eine vertrauensbildende und persönliche Beratung vermittelt.

Und spätestens wenn sich ein Beraterhonorar in unserer Branche durchsetzen sollte, rückt die individuelle Beraterleistung noch stärker in den Blickwinkel des Preismanagements.

Das „Angebot des Monats": Besser als bisher bekannte Kampagnen

Michael Bug

1.   Einleitung

Das Geschäftsgebiet der Kreis- und Stadtsparkasse Speyer (Sparkasse) befindet sich am südwestlichen Rand der Metropolregion Rhein-Neckar (Ludwigshafen/Mannheim) und umfasst ca. 80.000 Einwohner. Die Sparkasse unterhält neben 14 Geschäftsstellen ein Vermögensanlage-, ein Firmenkunden- und ein Immobiliencenter. Von der räumlichen Ausdehnung gleicht sie mehr einer Stadt- als einer Flächensparkasse.

Die Stadt Speyer ist vom Dienstleistungs- und Verwaltungssektor geprägt. Große Industrieunternehmen befinden sich nicht direkt vor Ort aber im Umfeld. Ein dicht ausgeprägtes Verkehrsnetz aus Schnellstraßen, Autobahnen und S-Bahnen ermöglicht die unkomplizierte Anbindung in alle Richtungen.

In näherer Umgebung (max. 50 km) liegen mehrere größere Industrie- und Dienstleistungsunternehmen, u.a im Norden BASF und John Deere, im Osten Heidelberger Druck, MLP und SAP sowie im Süden Daimler.

Die Stadt Speyer mit ihrer glanzvollen Geschichte von über 2000 Jahren war einst Kaiserresidenz und Domstadt. Diese Historie macht Speyer noch heute zu einem (Tages-)Tourismusmagnet für die gesamte Pfalz.

Die beiden großen Kirchenorganisationen Deutschlands haben jeweils ihren regionalen Verwaltungssitz in Speyer, daneben prägen Institutionen, wie die Deutsche Rentenversicherung, Deutsche Hochschule für Verwaltungswissenschaft etc. die Stadt. Stark ausgeprägt ist auch die Wettbewerbssituation im Finanzbereich. Elf weitere Kreditinstitute und eine Vielzahl von weiteren Finanzdienstleistern haben eine Filiale bzw. Vertretung in der Stadt. Die Region hat insgesamt mit die durchschnittlich höchsten Haushaltseinkommen von Rheinland-Pfalz.

2.   Entwicklung der ganzheitlichen Beratung

Die Sparkasse gestaltete in den letzten Jahren systematisch die Geschäftsstellen einheitlich nach dem Ein-Zonen-Konzept um und implementierte auch die damit verknüpfte Vertriebsphilosophie. Entsprechend sind - mit Ausnahme der Hauptgeschäftsstelle - keine „Kassen" mehr vorhanden. Die Geschäftsstellen sind standardmäßig mit Kontoauszugsdruckern, Selbstbedienungsterminals für den Zahlungsverkehr sowie mit Geldein- und -ausgabeautomaten ausgestattet.

Der Ansatz zur ganzheitlichen Beratung von Individual- und Privatkunden wurde zeitversetzt zum Ein-Zonen-Konzept mit einem selbstentwickelten Finanzkonzept (papiergebunden) im Jahr 2003 flächendeckend bei den gehobenen Privatkunden eingeführt. Im Jahr 2009 erfolgte - aufgrund der nunmehr vorhandenen technischen Möglichkeiten - die Adaptierung und der Wechsel auf das Finanzkonzept der Sparkassenorganisation. Gleichzeitig wurde der ganzheitliche Vertriebs- und Betreuungsansatz auf das Servicekundensegment mit dem „Finanzcheck" erweitert. Dieser strategische Ansatz der ganzheitlichen Kundenbetreuung bildet auch künftig den Fokus im Vertrieb und für die Aktivitäten der Sparkasse. Durch diese Fokussierung entsteht jedoch automatisch ein Spannungsfeld zu aktuellen Themen bzw. Kampagnen der Sparkassenorganisation. Geschäftspolitisches Ziel ist es, möglichst die Vorlagen des DSGV und der Verbundpartner zu beachten. Gleichwohl ist eine vollständige Synchronisation aller Partner und deren Topthemen nicht immer möglich. Mit einer hohen Flexibilität in der Planung versucht man die Themen/Leuchtturmprodukte attraktiv und in einem Gleichklang vor Ort stringent einzubinden, um das übergeordnete Ziel der ganzheitlichen Beratung nicht aus dem Auge zu verlieren.

Eine Ist-Analyse der Durchdringungsquote mit der ganzheitlichen Beratung hat trotz vieler Maßnahmen und der „längeren" Tradition ergeben, dass dennoch die berühmte „20 : 80-Regel" auch für die Sparkasse gilt, sprich nur mit ca. 20 % der Privatkunden wurde in den letzten drei Jahren ein ganzheitliches Beratungsgespräch geführt. Diese Erkenntnis bildete die Grundlage, das Thema Kundenansprache und -betreuung neu zu positionieren, mit dem Ziel der Generierung neuer Gesprächsanlässe, insbesondere bei Kunden, die bisher nicht ganzheitlich betreut wurden.

3.   Einführung Doppelstrategie

Nach der Analyse entschied man, dass die Fortsetzung der Strategie zur ganzheitlichen Beratung konzentriert und gleichzeitig das Thema Kampagnen mit der Zielrichtung zur Generierung von Gesprächsanlässen mit der „Lauf"-kundschaft nicht vernachlässigt werden darf. Berücksichtigung fand auch die eingetretene Veränderung im Kunden- und Kaufverhalten und die Nutzung der „neuen" Medien. Das früher zitierte Beispiel, dass der Kunde abends im 3-Sterne-Lokal isst, aber kurz davor noch das Schnäppchen beim Discounter macht, ist heute positiv besetzt und nicht mehr vom Standing des Kunden abhängig, sondern eher als „state of the art" zu bezeichnen.

Entsprechend dem Discounterkonzept ist auch die Strategie zum Angebot des Monats (AdM) aufgebaut, mit dem Kernziel neue Kunden für die ganzheitliche Beratung zu erschließen. Über den Verkauf am Point of Sale (PoS) mit „einfachen" Schlüsselprodukten (Schnäppchen) die Aufmerksamkeit der Kunden gewinnen und in der Beratung vom umfangreichen Leistungsangebot der Sparkasse zu überzeugen. Die Sparkasse betrachtet also die Thematik der monatlichen Aktion als Anlassgenerator und Unterstützung zur ganzheitlichen Beratung, insbesondere für das Service- und Privatkundensegment.

Die Analyse hatte ergeben, dass zurzeit ca. 40 % der Kunden bereits über einen online-Zugang zur Sparkasse verfügen. Es wird erwartet, dass in den nächsten drei Jahren die Anzahl der online-Kundenverbindungen auf mindestens 60 % gesteigert wird. Auch dieses künftig veränderte Nutzenverhalten wird nach unserer Meinung nicht zu einer Schließung von Geschäftsstellen vor Ort führen, aber zu einer weiteren Verschiebung der Tätigkeiten innerhalb der Geschäftsstellen (Rückgang von Routine- und Servicetätigkeiten, Zunahme von Beratungsgesprächen). Entsprechend ist die Einführung dieser Doppelstrategie indirekt auch eine Personalentwicklungsmaßnahme und -chance für Servicekundenbetreuer, um erste Erfahrungen in der Ansprache und Beratung von Kunden zu sammeln. Auf dieser Basis ist eine gezielte Fortentwicklung zum Privatkundenberater und Individualkundenberater gegeben.

Die Auswahl der Schlüsselprodukte für das Angebot des Monats ist durch folgende Parameter gekennzeichnet:

- „Massen"-produkt bzw. -thema

- Leicht verständlich

- Leicht erklärbar

- Auch vom Servicekundenbetreuer direkt abschließbar

- Thema sollte im Fokus stehen, nicht das Produkt

- Anreicherung bzw. Zugaben (zum Beispiel Bonus, Gewinnspiel, Geschenk, Rabatte etc.) erzeugen zusätzliche Aufmerksamkeit.

Die Ziele Kundenwahrnehmung und eine Stärkung des Images der Sparkasse spielen eine besondere Rolle.

Die Sparkasse hat das Konzept übernommen und die damit verknüpfte Strategie genutzt, konsequent die Präsentation in den Geschäftsstellen, den Internetauftritt, Medienberichte, aber auch Veranstaltungen zu optimieren und entsprechend die Kundenwahrnehmung zu intensivieren.

Strategisch bedeutet die Doppelstrategie, dass die vorhandenen Marketingkonzeptionen der Sparkassenorganisation für die Zielgruppen der Individual- und Privatkunden auf die bundesweiten Leuchtturmkampagnen konzentriert werden, verstärkt dort durch den Einsatz von Mailings und Telefonkampagnen und daneben im Sinne der Doppelstrategie jeden Monat ein neues „anderes" Thema/Produkt für die Laufkundschaft und Schnäppchenjäger geschaffen wird.

Mit dieser neuen Doppelstrategie kann das Ziel, Kunden auf aktuelle Themen/Produkte anzusprechen, verfolgt werden und gleichzeitig Anlässe für die ganzheitliche Beratung generiert werden. Es ermöglicht schnell, aktuell und flexibel auf neue Themenstellungen zu reagieren, da nicht der längerfristige Kampagnenplanungs- und Umsetzungsprozess der Sparkasse betroffen ist. Für Kunden und Mitarbeiter wird gleichzeitig verdeutlicht, bei welchen Themen der geschäftspolitische Akzent gesetzt wird.

4. Beispiele „Angebot des Monats" als Verkaufshits

Im Folgenden werden einige ausgewählte Beispiele für Aktionen zum „Angebot des Monats" (AdM) vorgestellt, versehen mit Hinweisen zur Umsetzung.

Beispiel 1: Angebot des Monats Januar 2009

Thema: Prämiensparen flexibel – Hohe Zinsen ohne Wenn und „ABBA"!

Ziel des Angebots war die Gewinnung langfristiger Ratensparverträge für die Sparkasse. Die Basis der Aktion bildete das Produkt Prämiensparen flexibel, mit einer variablen Grundverzinsung und einer laufzeitabhängigen Bonuszahlung von maximal 50 %. Das Produkt wurde aufgewertet durch einen Zusatzzins von 5 % für die ersten 6 Laufzeitmonate. Die max. Sparrate wurde bei 250 € begrenzt, Einmalzahlungen waren nicht zulässig.

Der Vertrieb wurde angereizt mit einer Verlosung von 100 x 2 Eintrittskarten für eine PS-Auslosungsveranstaltung mit einer ABBA-Musikshow als Highlight. Diese Art von „Party"-Veranstaltungen sind im Kundenkreis sehr begehrt, wurden aber bewusst nicht mit dem Kaufabschluss verknüpft.

In der Außendarstellung sind die beiden Themen Eventveranstaltung und Angebot des Monats durch den Slogan verknüpft kommuniziert worden. Die Plakatierung, Kundenflyer und Hemdbuttons für sämtliche Mitarbeiter im Vertrieb unterstrichen die Themen ebenso, wie die Hinweise in Presseartikeln und die Veröffentlichung im Internet.

Abbildung 1:   *Kundenflyer Angebot des Monats Januar 2009: Prämiensparen*

Erkenntnisse:

Das Ergebnis aus dieser Kombination hat sowohl in der Stückzahl als auch im Sparvolumen die Erwartungen der Sparkasse deutlich überschritten und lag auf dem Niveau einer üblichen Gesamtjahresproduktion. Ein stringentes Controlling im Nachgang belegte, dass auch nach Ablauf von 6 bzw. 12 Monaten nach Durchführung der Aktion, über zwei Drittel der geschlossenen Kundenverträge aktiv bespart werden.

Die Idee in der Finanzmarktkrise mit einem einfachen Standardprodukt - ohne Kosten und Risiken für die Kunden - sich zu positionieren war im Nachgang betrachtet richtig. Insbesondere der attraktive Startzins wurde mehrfach, als Abschlussgrund genannt.

Beispiel 2: Angebot des Monats April 2009

Sparkassen Privat- und Auto-Kredit „Zeit für einen Neuen?"

Im Frühjahr 2009 rückten - ausgelöst durch die Finanzmarktkrise - überraschend die Themen Konjunkturprogramm und Abwrackprämie in den Blickpunkt des Bevölkerungsinteresses. Zu diesem Zeitpunkt war die Marketingstrategie der Sparkassenorganisation für das Jahr 2009 durchgeplant, abgestimmt und kommuniziert, so dass eine kurzfristige Reaktion auf das Thema bundesweit nicht möglich war. Die Sparkasse hat sich kurzfristig entschieden, mit einem Maßnahmenbündel diese Thematik aufzugreifen. Zielrichtung war einerseits den Automobilhandel vor Ort zu unterstützen und andererseits im Bereich des Privatkreditgeschäftes Marktanteile zurück zu gewinnen.

Das Motto für den April 2009 war „Zeit für einen Neuen?" und stellte den Sparkassen-Auto-Kredit und die KFZ-Versicherung in den Fokus.

Produktpolitisch reagierte die Sparkasse mit der Auflage eines Sonderkreditprogramms mit einem attraktiven Nominalzins von 3,84 %, Effektivzins 4,99 %, Laufzeit max. 48 Monate, beste Bonität (max. Kundenscoring bis 6). Alternativ konnte den Kunden das Angebot der Deutschen Leasing Finance offeriert werden.

In der Kommunikationsstrategie wurden mehrere Maßnahmen ergriffen:

- Entwicklung eines eigenen Kundenflyers für das Sonderkreditprogramm mit folgenden Hinweisen:

  - Autofrühling in Speyer
  - Verbandskasten als Zugabe bei Produktabschluss
  - Integration des Kfz-Versicherungsangebotes der Versicherungskammer Bayern

- Es wurden in den Geschäftsstellen und im Internet aktuell Informationen zur Beantragung für die Abwrackprämie und deren Abwicklung zur Verfügung gestellt.

▫ Die Geschäftsstellen werden regelmäßig für das jeweilige AdM nach einem klar definierten Konzept mit Plakaten ausgestattet. Dieses Konzept legt fest, an welchen Fens-
tern/Informationsständern in der Geschäftsstelle für die allgemeine Öffentlichkeitsarbeit,
Leuchtturmkampagnen oder Aktionen aus dem „Angebot des Monats" Plakate anzubrin-
gen sind. Es wird entsprechend dieser Logik für die Kundschaft, wie auch nach innen an
die Mitarbeiter gerichtet, plakatiert.

▫ Eine spezielle Kundenzeitung wurde mit den Themen Autokredit, Abwrackprämie und
Autofrühling angereichert und an sämtliche Haushalte im Geschäftsgebiet der Sparkasse
verteilt. Integriert in diese Kundenzeitung wurden auch die teilnehmenden Autohäuser,
welche sich am 4. Speyerer Autofrühling beteiligten. Die Autohäuser erhielten ebenso
Kundenflyer und Plakate für den „Autofrühling" in Speyer.

Zur vertriebspolitischen Unterstützung der Berater wurde die Zugabe eines Kfz-
Verbandskastens bei Abschluss eines Sparkassen-Auto-Kredites bzw. einer Kfz-Versicherung
für die Kunden bereitgestellt. Diese Verbandskästen wurden gleichzeitig auch als Eyecatcher
an den PoS in den Geschäftsstellen positioniert. Zur Abrundung sind die Vertriebsmitarbeiter
mit T-Shirts für den Aktionszeitraum und den Speyerer Autofrühling ausgestattet worden.

Abbildung 2a: *Kundenflyer Angebot des Monats April 2009: Sparkassen-Auto-Kredit*

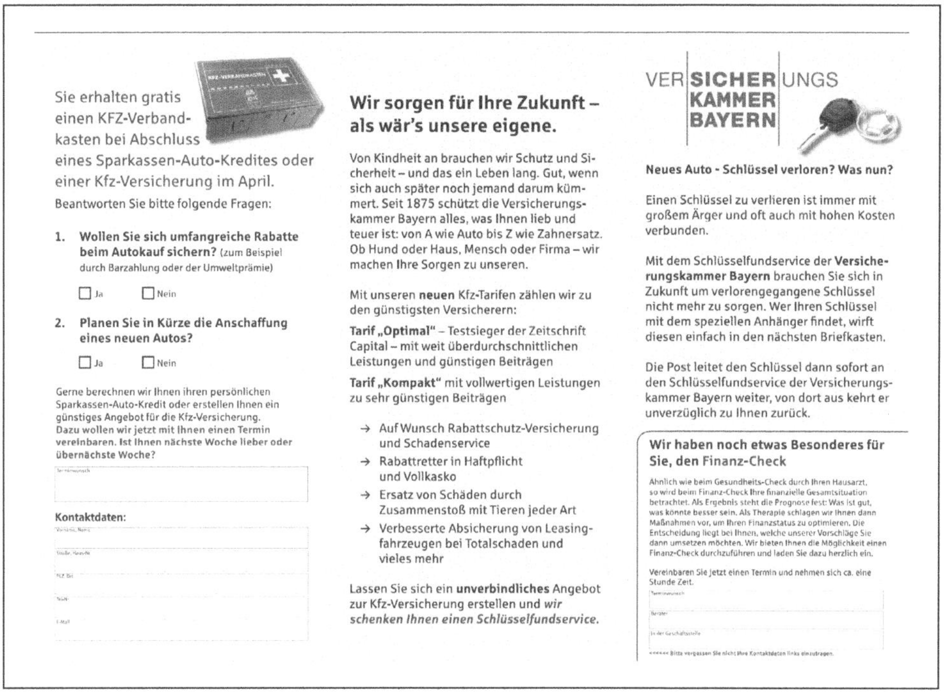

Abbildung 2b: Kundenflyer Angebot des Monats April 2009: Sparkassen-Auto-Kredit

Erkenntnisse:

Während in der Vergangenheit das Thema Sparkassen-Auto-Kredit nur als Randthema in den Köpfen der Kunden und Mitarbeiter verankert war, ist es der Sparkasse mit dieser gebündelten Aktion in der Kundenwahrnehmung gelungen, im Jahr 2009 über 300 Autofinanzierungen abzuschließen. Diese Anzahl entspricht ca. 10 % der Pkw-Neuzulassungen im Geschäftsgebiet der Sparkasse und zeigt, dass noch erhebliche Steigerungspotenziale vorhanden und zu heben sind. Die Sparkasse erhielt für dieses Ergebnis den 1 Voraus-Award des Sparkassenverbandes Rheinland-Pfalz und war in der Gesamtjahresbetrachtung 2009 in Relation der Anzahl von Kfz-Finanzierungen zur Bevölkerung die erfolgreichste Sparkasse der Deutschen Leasing Finance in der Region Mitte (Saarland, Rheinland-Pfalz, Hessen). Hervorzuheben ist, dass über den Kommunikationsweg am PoS gezielt Kunden angesprochen wurden denen oft nicht bekannt war, dass die Sparkasse dieses Geschäftsfeld betreibt. Es konnten aus dieser direkten Ansprache Kunden für den Abschluss eines Sparkassen-Auto-Kredites bzw. einer Kfz-Versicherung gewonnen werden. Die Kundenzeitung und Mundpropaganda ermöglichten auch mehrere echte Neukundenakquisitionen für die Sparkasse.

Der Cross-selling-Ansatz mit der Verzahnung zum Thema Kfz-Versicherung funktionierte aufgrund der Integration in den Kundenflyer hervorragend. Vielen Kunden war nicht bewusst, dass die Sparkasse Verbundpartner der Versicherungskammer Bayern und erster Ansprechpartner auch für das Thema Kfz-Versicherung vor Ort ist. Im Rahmen der Finanzierungsgespräche erfolgte automatisch die Überleitung in die ganzheitliche Beratung, so dass weitere Akquisitionsanlässe und Abschlüsse in unterschiedlichen Produktfeldern generiert werden konnten.

Ein direktes wöchentliches Controlling mit Veröffentlichung und Anreize für die Mitarbeiter hat innerbetrieblich die Maßnahmen abgerundet. Der Grundsatz „Miss es oder Vergiss es" bildet eine wichtige Komponente auch für die Durchsetzungskraft von AdM-Aktionen für den einzelnen Mitarbeiter.

Aus Kundensicht kann das gewählte Motto „Zeit für einen Neuen?" als Volltreffer bewertet werden. Vielen Kunden wurde erstmalig verdeutlicht, dass auch Finanzierungs- und Versicherungsprodukte für Automobile zur Produktpalette der Sparkasse in unterschiedlichen Ausprägungen gehören. Im Nachgang der Aktion - ohne Sonderkreditprogramm und Marketingaktionen - wurde eine kontinuierlich höhere Abschlussquote in diesem Segment gemessen.

Beispiel 3: Angebot des Monats Januar 2010

Thema: Krankenzusatzversicherung „Schöne Zähne müssen nicht teuer sein!"

Das Thema Krankenvoll- und zusatzversicherung war in der Vergangenheit eher ein Spezial- und Randthema im Allfinanzvertrieb der Sparkassen. Viele Institute konzentrierten sich mit Spezialisten auf das interessante Krankenvollversicherungsgeschäft mit der gehobenen Privatkundschaft und Selbständigen. Aufgrund des wenig verbreiteten Fachwissens und der erforderlichen Detailkenntnisse konnten diese Produkte bisher nicht im Massenvertrieb positioniert werden. Die Strategie der Sparkasse im Januar 2010 war über eine gezielte AdM-Aktion mittels eines einfachen Zahnzusatztarifes (ohne Gesundheitsfragen) mit den Kunden in Kontakt zu treten, um gleichzeitig Anknüpfungspunkte für die Spezialberatung zu generieren.

Die konsequente Umsetzung des Marketingmix mit der besonderen Herausforderung der Überleitung von Kunden aus einem einfachen Standardprodukt in entsprechende interessante Kundentarife war die gestellte Herausforderung. Das ausgewählte Produkt „ZahnVital" der Versicherungskammer Bayern ist ein Einstiegstarif in das Thema Zahnversicherung ohne Gesundheitsprüfung zur Absicherung der Basisbedürfnisse. Produktpolitisch wurde dieser Tarif ausgewählt, damit die Servicekundenbetreuer am PoS den Kunden ansprechen, das Produkt erklären und ggf. sogar abschließen können.

Produktpolitisch gewünscht war die vorzugsweise Überleitung interessierter Kunden an die zuständigen Individual- bzw. Privatkundenberater, um das Thema Krankenzusatz-/vollversicherung in den Fokus zu stellen und in die ganzheitliche Beratung überzuleiten. Die Berater wurden entsprechend im Vorfeld von Spezialisten geschult und mit entsprechender Beratungssoftware unterstützt.

Preistechnisch wurde der normale Regelbeitragssatz - umgerechnet auf den Tagespreis (Cent-Betrag) - in den Kundenmedien hervorgehoben.

Vertriebstechnisch ist die Aktion durch die Ausstattung mit Plakaten, Passantenstoppern in Form eines überdimensionalen Zahnes, Kundenflyern und durch die Zugabe einer Reise-zahnbürste als Give-away unterstützt worden. Eyecatcher waren Zahnbürsten und außerge-wöhnlich gestaltete Zahnbürstenhalter an den Beratungs- und Serviceplätzen.

Es zeigt sich, dass auch mit einem überschaubaren Aufwandsbudget eine entsprechende Emotionalisierung und Aufmerksamkeitswirkung erreicht werden kann. Kommunikations- und werbetechnisch wurde das Thema auch in den Blickpunkt der Internet-Homepage der Sparkasse, mit Hinweisen im Kontoauszugstext bzw. auf dem Display der Geldausgabeauto-maten und Selbstbedienungsterminals verdeutlicht. Auf die Durchführung von Kunden-veranstaltungen wurde bewusst verzichtet, da der Aktionsmonat Januar in der Regel ein schwächerer Vertriebsmonat ist und die allgemeine Veranstaltungsdichte durch Neujahrsemp-fänge, -konzerte etc. hoch ist.

Eine weitere Besonderheit war die Integration des Produktauftritts unseres Verbundpartners (Versicherungskammer Bayern) in das Corporate Design der Sparkasse. Diese Integration der Verbundpartnerangebote über das AdM erhöht im zeitlichen Verlauf den Wiedererkennungs-wert und die Aufmerksamkeit der Kunden, stärkt zusätzlich auch innerbetrieblich die Er-kenntnis und das klare Bekenntnis zu dem Vertrieb von Produkten aus der Verbundgruppe für den Sparkassenmitarbeiter.

Abbildung 3:   *Kundenflyer Angebot des Monats Januar 2010: Krankenzusatzversicherung*

Erkenntnisse:

Ziel war es, für jeden Individual- und Privatkundenberater im Aktionszeitraum von einem Monat vier entsprechende Krankenzusatzversicherungen abzuschließen und zusätzliche Anlässe für die ganzheitliche Beratung zu generieren. Die angestrebte Produktstückzahl wurde mit der Aktion nicht vollständig erreicht (90 % Zielerreichung), jedoch gab es eine sehr erfreuliche andere Entwicklung für das Verkaufsergebnis. Es sind 75 % höherwertige Zahnzusatzversicherungstarife bzw. Krankenzusatzversicherungen verkauft worden. Lediglich bei knapp einem Viertel der Abschlüsse wurde der beworbene Standardtarif „ZahnVital" vom Kunden gewählt. Entsprechend ist das angestrebte Monatsbeitragsaufkommen deutlich übertroffen worden. Auch die Vielzahl der Abschlüsse in einem eher schwierigen Vertriebsmonat (direkt nach Jahreswechsel) zeigt, das große Bedarfspotenzial bei den Kunden. Die haptische Marketingunterstützung der Reisezahnbürste als einfaches Ansprachemedium wurde von den Kolleginnen und Kollegen zur direkten Kundenansprache gerne eingesetzt.

Beispiel 4: Angebot des Monats Februar 2010

Thema: „Das Hausmittel gegen Unwetter: Klimakasko"

Die Kampagne war der Versuch zur Weiterentwicklung der Strategie mit dem Ziel stärker Themen/Bedürfnisse zu positionieren und nicht spezielle Produkte. Die Erwartung und Messgröße bildete nicht nur die verbundene Wohngebäudeversicherung, sondern auch andere Versicherungen „rund um die Immobilie".

Zusätzlich sollte eine Verknüpfung und Ergänzung der bundesweiten Leuchtturmkampagne Baufinanzierung erfolgen und mit dem gewählten Thema abgerundet werden.

Produktpolitisch wurde die verbundene Wohngebäudeversicherung mit dem Tarif „Klimakasko optimal" der Versicherungskammer Bayern in den Vordergrund gerückt. Entscheidungsgrund war eine aktuelle Beitragsrabattaktion des Verbundpartners. Intern gewertet wurden sämtliche Neuabschlüsse von Versicherungen „Rund um die Immobilie", d.h. Wohngebäudeversicherungen (ohne Feuerschutzversicherungen), Hausrat- und Grundstückshaftpflichtversicherungen sowie Bauversicherungen.

Preispolitisch wurde der genannte Beitragsrabatt von 15 % als Blickfang genommen. Vertriebspolitisch wurde die Aktion optisch unterstützt durch entsprechende Schreibblock-„Häuser" auf den Beratungsplätzen und den Servicepunkten. Daneben wurde, wie bei jeder AdM-Aktion üblich, plakatiert und mit Flyern für Kunden gearbeitet. Das Internet, die Bildschirme der Selbstbedienungsterminals, Kontoauszugsdrucker- und die Geldausgabeautomaten-Displays dienten als weitere Informationsmedien.

Ergänzend wurden den Beratern Fälligkeitslisten von auslaufenden Verträgen aus dem Versicherungsbestand zur Verfügung gestellt, deren reine Prolongation in der Wertung nicht berücksichtigt wurde.

Abbildung 4: *Kundenflyer Angebot des Monats Februar 2010: Wohngebäudeversicherung*

Erkenntnisse:

Das definierte Ziel von 4 Neuabschlüssen (ohne Prolongationen) im Monat März 2010 je IKB/PKB konnte übererfüllt werden. Positiv hervorzuheben ist hierbei die Flankierung in der Kommunikationspolitik mit auslaufenden Versicherungsverträgen bei dieser Aktion. Es konnte eine deutliche Anzahl von zusätzlichen Cross-selling-Verträgen (Wertung) neben den Prolongationen erzielt werden. Den Kundenbetreuern wurde es freigestellt Eigeninitiativen für die Kundenansprache zu entwickeln und beispielsweise die Kunden auf den anstehenden Versicherungsauslauf hinzuweisen. Bei den Abschlussquoten zeigte sich, dass insbesondere die verbundene Wohngebäudeversicherung und die Hausratversicherung anteilig gleich abgeschlossen wurden und die gesamten Abschlussquoten deutlich prägten.

Die Mitarbeiter äußerten sich bei Vorstellung der Aktion zur Zielsetzung zunächst äußerst skeptisch. Die systematische und gute Unterstützung der Marktmitarbeiter durch die zentrale Versicherungsagentur zeigte in Feedbackgesprächen - neben den positiven Kundenreaktionen - auch den eigenen Image- und Kompetenzgewinn der Marktmitarbeiter. Nach Abschluss der offiziellen Wertung ist die Produktion auf dem gesteigerten Niveau fortgeführt worden.

Beispiel 5: Angebot des Monats März 2010

Thema: Riesterzulage – Geschenke für Sie!

Die ermutigenden Erfahrungen mit der Strategie „Angebot des Monats" hat die Sparkasse bewogen im April 2010 erneut experimentell zu agieren. Die eigene Strategie war, erneut kein Produkt in den Mittelpunkt stellen, sondern das Thema Nachhaltigkeit und Kundenengagement nach Produktverkauf. Unser internes Motto lautete „Wir helfen unseren Kunden auch nach Abschluss von Riesterverträgen weiter".

Hintergrund der Strategie war, dass die Sparkasse im Jahr 2009 über 1.000 neue Riesterverträge vermitteln konnte. Den Kunden wurden die Riesterprodukte der Versicherungskammer Bayern, der LBS Rheinland-Pfalz und der DEKA offeriert. Die Sparkasse belegte mit der erzielten relativen Abschlussquote (Stück zu Privatgirokonten) den 1. Platz in Rheinland-Pfalz.

Mit dieser Aktion sollte den Kunden nunmehr bei der Erstbeantragung der Zulagenförderung geholfen werden. Weiteres Ziel war Kunden anzusprechen, welche bereits einen Drittanbietervertrag abgeschlossen haben, mit dem Ziel der Kundenrückgewinnung. In der Wertung berücksichtigt wurden die durchgeführten ganzheitlichen Beratungsgespräche im Aktionszeitraum, die Einreichung von Zulageanträgen der Kunden wurde nicht gewertet.

Preis- und Produktpolitisch wurde erstmalig die kostenfreie Beratungsdienstleistung konkret verknüpft mit einem Kundennutzen der Sparkassenmitarbeiter/-innen und die Hilfsbereitschaft auch für Nichtkunden herausgestellt.

Kommunikativ untermauert wurde das Thema über die Pressearbeit, Plakate, Kundenflyer und einem Mailing für Riester-Kunden der Sparkasse.

Vertrieblich wurden den Kollegen Buttons, die einen Hinweis auf die Beantragung der Riesterförderung enthielten, zur Verfügung gestellt.

Abbildung 5:   *Kundenflyer Angebot des Monats März 2010: Riesterzulage*

Erkenntnisse:

Der Erfolg dieser Aktion hat erneut dokumentiert, dass nicht immer ein Produkt im Mittelpunkt des Verkaufs stehen muss. Die Notwendigkeit der Bestandspflege von im Vorjahr gewonnenen Riesterkunden hat eine entsprechende Abwicklungsunterstützung notwendig und die Dankbarkeit auf Kundenseite deutlich gemacht. Dadurch wurde die Kompetenz in der Beratung unterstrichen und indirekt das Image der Sparkasse gestärkt. Quasi „nebenbei" konnte eine Vielzahl von Ansatzpunkten zur ganzheitlichen Beratung genutzt und entsprechende Cross-selling-Geschäfte getätigt werden. Im Rahmen dieser Aktion wurden 700 ganzheitliche Beratungsgespräche geführt und im Cross-selling fast 100 Riesterneuverträge abgeschlossen.

5.   Wie es bei Mitarbeitern und Kunden ankommt

Die Strategie zum Angebot des Monats hat bei Kunden und Mitarbeitern inzwischen zu einer gefühlten Veränderung in der Wahrnehmung von Produkten und Dienstleistungen der Sparkasse geführt.

Die Mitarbeiter erwarten regelmäßig eine neue „Idee" im Vertrieb und sind auch zu Neuerungen aufgeschlossener. Dies zeigt sich beispielsweise am Einsatz von ungewöhnlichen Eyecatchern (zum Beispiel Mottoshirt, Teddybären, Verbandskästen, Schwimmflügel etc.) am Point of Sale, die eine positive Resonanz und Akzeptanz finden.

Messbar ist, dass im Nachgang die Aktionen bis zu 6 Monate ihre Wirkung in Gestalt höherer Produktnutzungs- bzw. Abschlussquoten zeigen. Gründe hierfür sind einerseits die Erfahrung und Wahrnehmung der Mitarbeiter mit dem Thema, andererseits aber auch der sog. „Memory"-Effekt bei Kunden, bei denen die Erinnerung an das Angebot der Sparkasse zu einem Bedürfnis im Bewusstsein erhalten bleibt. Über das Vertriebscontrolling wurde teilweise sogar das Phänomen festgestellt, dass im Nachlauf der Aktion höhere Abschlussquoten erzielt wurden, als im eigentlichen Aktionszeitraum.

Die Mitarbeiter nehmen inzwischen auch die monatlichen Aktionen, als echte Hilfsmittel der zu Jahresbeginn definierten geschäftspolitischen Ziele, wahr. Zitat: „Man gibt nicht mehr nur Zielanforderungen weiter, sondern man hilft und unterstützt auf dem Weg zur Zielerfüllung." Hierbei fällt dem zeitnahen (wöchentlich) und offenem Controlling eine Schlüsselrolle zu. Die Mitarbeiter sehen, dass es funktioniert und der Erfahrungsaustausch untereinander wird belebt. Der Fokus für die ganzheitliche Beratung wird intern über die Zielgewichtung gesteuert.

Auch innerhalb der Kundschaft bilden sich neue Kundengruppen heraus. Ähnlich wie in anderen Konsumbereichen zeigen sich sog. Schnäppchenjäger bzw. Werbekäufer. Dieses

„neue" Klientel findet sich in allen Kundensegmenten der Sparkasse. Auch die Kundenerwartung an die Sparkasse ist gestiegen und wird in der Frage artikuliert „Was haben Sie den im nächsten Monat im Angebot?"

Positiv wahrgenommen wird von den Kunden auch die Zugabenstrategie aus diesem Konzept. Es ist erkennbar und bemerkenswert, dass Kunden auf solche Givings positiv reagieren. Wichtig ist hierbei, dass im Rahmen der Aktionen keine Produkte verschenkt werden, sondern dass für den Kunden erkennbar bleibt, er erhält einen Rabatt oder eine Zugabe. Das eigentliche Sparkassen-Produkt hat einen Wert und die Leistung der Sparkasse vor Ort ist nicht kostenfrei. Entsprechend entfallen somit die Kundendiskussionen über weitere Rabattierungen oder Sonderkonditionen bei solchen Aktionsangeboten.

Die Sparkasse hat im 2. Jahr der Strategie zum Angebot des Monats Feedbacks aufgegriffen und in das Vertriebskonzept implementiert.

Aus den Anfangserfahrungen wurden folgende Korrekturen vorgenommen:

Klare Differenzierung der unterschiedlichen Kampagnen für die unterschiedlichen Kundenzielgruppen. Hier ist in erster Linie die Strategie der Sparkassenorganisation mit den Leuchtturmprodukten mit überregionaler Werbeunterstützung zu sehen, welche auch weiterhin fortgeführt wird. Diese Kommunikationsstrategie wird jetzt stärker an die Bedürfnisse der Individual- und Privatkundensegmente ausgerichtet.

Deutlich war die Erkenntnis, dass über die AdM-Aktionen der Ansatz zur ganzheitlichen Beratung gesteigert werden kann. Insbesondere können sich aus dem großen Kundensegment der Servicekunden entsprechende Potenzialkunden leichter erkennen, selektieren und somit in das Segment der Privatkunden überleiten lassen. Die Anzahl der ganzheitlichen Beratungen wurde deutlich gesteigert. Der Konflikt zwischen „Kampagnenverkauf" und „ganzheitlicher Beratung" muss nicht bestehen, sondern wird eher als die beiden Seiten einer Medaille gesehen.

Insbesondere die Erfahrungswerte für das dargestellte Angebot des Monats März 2010 (Riesterzulage – Geschenke für Sie!) mit dem Fokus auf das Thema Zulagenantrag und ganzheitliche Beratung war ein Erfolg, der sehr positiv von den Kunden angenommen wurde. Auch die Mitarbeiter, welche gerade bei diesem Thema anfänglich zögerlich reagierten, haben im Laufe der Aktion erkannt, wie wichtig es ist, den Kunden auch nach Vertragsabschluss ganzheitlich zu betreuen.

Anzumerken ist, dass für eine kleinere Sparkasse das Thema Angebot des Monats relativ zeit- und ressourcenintensiv ist. Es fehlt bei diesen Themen die Unterstützung der zentralen Institutionen der Sparkassenorganisation mit entsprechendem Begleitmaterial, die Unterstützung und Beratung durch die Agentur mediale welt gmbh, Zürich, ist notwendig, da sie der Erfinder der Doppelstrategie ist und psychologisch ausgetestete Formulierungen, Motive, Texte seit 2004 tagtäglich entwickelt. Die Strategie stellt somit hohe Anforderungen an die Flexibilität und Kreativität der Marketingmitarbeiter und der Agentur. Dieser Nachteil ist aber auch gleichzeitig in der Kundenwahrnehmung ein wichtiger Vorteil, da man immer aktuell und flexibel auf Themen und Diskussionen in der Bevölkerung reagieren kann.

6.   Preisverleihungen

Die Kreis- und Stadtsparkasse Speyer kann aktuell auf erfolgreiche Vertriebsjahre 2008 und 2009 zurückblicken. Dies zeigt sich in einer Reihe von Preisen und Auszeichnungen, welche die Sparkasse für ihre Vertriebsleistungen in diesen Jahren erhalten hat:

Abbildung 6:   *Auszeichnungen der Sparkasse 2009*

Im Jahr 2008 erhielt sie den 1 Voraus-Award für das Thema Baufinanzierung vom Sparkassenverband Rheinland-Pfalz. Im Jahr 2009 erhielt sie die 1 Voraus-Award's des Sparkassenverbandes für die Themen Sparkassen-Privatkredit und Altersvorsorge.

Der Deutsche Sparkassen- und Giroverband zeichnete sie für herausragende Beratungsqualität im Versicherungsgeschäft im Jahr 2009 aus. Damit gehört das Institut zu den TOP 50 Sparkassen in Deutschland und belegte 2008 in der Region Bayern und Pfalz den 1. Platz im Versicherungsgeschäft.

Sparkasse Speyer unter Top 50: Besondere Auszeichnung für Versicherungs-Kompetenz - Beratung aus einem Guss

Die Kreis- und Stadtsparkasse Speyer ist vom Deutschen Sparkassen- und Giroverband für herausragende Beratungsqualität im Versicherungsgeschäft ausgezeichnet worden. Damit gehört das Kreditinstitut zu den Top-50 Sparkassen in Deutschland und belegt in Rheinland-Pfalz den Ersten Platz.
Foto: Freuen sich über die besondere Auszeichnung für Versicherungskompetenz (v.l.n.r.): Helmut-Csaba Keul, Gerhard Schönfelder, Petra Rödel, Timo Hahn, Klaus Bender, Uwe Geske, Uwe Wöhlert, Carmen Hayna und Wolfgang Baumjohann.

Die Sparkasse wurde ausgezeichnet, weil sie, so Vorstandsvorsitzender Uwe Geske "den Kunden mit all seinen finanziellen Plänen und Wünschen konsequent in den Mittelpunkt stellt. Insbesondere die Firmen- und Privatkunden schätzen die Qualität in der Beratung, vor allem die Beratung aus einem Guss", betont Geske. Besonders im Mittelpunkt stehen hierbei eine angemessene Altersvorsorge und eine ausreichende Absicherung gegen Risiken. Der Abschluss steuerbegünstigter Versicherungen wie Riester- oder betriebliche Altersvorsorge-Verträge sowie ein umfangreiches Sachversicherungsgeschäft für private und gewerbliche Kunden, zum Beispiel Gebäude-, KFZ- oder Haftpflicht-Versicherungen machten dann auch die Sparkasse Speyer zu einer der Erfolgreichsten in Deutschland.
Uwe Geske: "Wir freuen uns sehr über diese Auszeichnung - zeigt sie doch, dass unsere Anstrengungen zur ständigen Verbesserung der Beratungs- und Servicequalität erfolgreich sind. Die Sparkassen haben noch lange nicht den Marktanteil bei Versicherungen wie etwa bei den Girokonten oder den privaten Finanzierungen." Deshalb hat die Kreis- und Stadtsparkasse Speyer bereits vor über zehn Jahren eine eigene Versicherungsagentur aufgebaut, um das Know-how in der Sparkasse zu steigern. Gerhard Schönfelder, Leiter Direktion Immobilien und Versicherungen der Sparkasse: "Der 1-Voraus-Preis" zeigt uns, dass wir damit auf dem richtigen Weg sind. Und der erfolgreiche Trend setzt sich fort. Sowohl im Bausparengeschäft, in der Immobilienvermittlung und im Versicherungsbereich übertreffen die bisherigen Ergebnisse des Jahres unsere Erwartungen," betont Schönfelder. (spa/Foto: spa)

Abbildung 7:   *Pressemeldung der Sparkasse*

Wir glauben, dass diese Auszeichnungen belegen, dass die Sparkasse einen strategischen Ansatz für sich gefunden hat Kunden besser, nachhaltig und ganzheitlich zu beraten.

Die Balance aus Aktionen und Kampagnen zum ganzheitlichen Beratungsansatz scheint für Kunden, als auch für Mitarbeiter, die eine Vielzahl von Einzelprämien und Auszeichnungen des Sparkassenverbandes bzw. der Verbundpartner erreichen konnten, gefunden zu sein. Besonders gefreut hatten sich die Mitarbeiter, dass zwei der bundesweiten Reisegewinne zu den olympischen Winterspiele in Vancouver für die Leistungen im Bauspargeschäft und Privatkreditgeschäft nach Speyer gingen.

Insgesamt war es wichtig eine Balance zwischen Aktionismus und dem strategischen Beratungsansatz zu finden. Diese Balance spiegelt sich für die Mitarbeiter neben der Anerkennung und Auszeichnung ihrer Leistungen auch in der leistungsorientierten Zusatzvergütung wieder, worin sich besonders hervorgehoben und gewichtet der Ansatz der ganzheitlichen Beratung wiederfindet, aber auch entsprechend auf Kampagnenthemen reflektiert wird.

Die Sparkasse sieht das „Angebot des Monats" zur geschäftspolitischen Zielerreichung und Verbesserung der ganzheitlichen Beratung als gelungen an.

Ganzheitliche Beratung oder Produktverkauf: ein Widerspruch?!

Michael Klein

1.   Sparkasse Hanau: Regionaler Marktführer mit starkem Wettbewerbsumfeld

Die Sparkasse Hanau ist eine Universalbank im Main-Kinzig-Kreis. Dieser liegt östlich von Frankfurt und ist mit mehr als 400.000 Einwohnern der bevölkerungsreichste Landkreis Hessens. Das Geschäftsgebiet der Sparkasse besteht aus dem Altkreis Hanau sowie der Stadt Hanau.

Die Sparkasse ist im Privatkundengeschäft seit Jahren klarer Marktführer, sowohl bei den Hauptbankverbindungen als auch in der Marktdurchdringung.

Sie führt für ihre Kunden knapp 90.000 Girokonten und betreut ca. 16.000 Depots. Mit ca. 4,3 Mrd. Euro Bilanzsumme, 693 Mitarbeitern und 36 Filialen (einschließlich Selbstbedienungsfilialen) liegt sie auf Platz 57 im bundesdeutschen Sparkassen-Ranking.

Das Wettbewerbsumfeld der Sparkasse Hanau ist durch die Präsenz nahezu aller Filialbanken gekennzeichnet. Marktanalysen des Sparkassen- und Giroverbandes Hessen-Thüringen aus 2009 weisen 13 Wettbewerber mit Niederlassungen im Geschäftsgebiet aus. Hinzu kommen infolge des attraktiven Marktes aktive Strukturvertriebe, Finanzmakler und Versicherungsaußendienste.

Wie alle „niedergelassenen Kreditinstitute" beobachtet auch die Sparkasse eine zunehmende Konkurrenz durch Direktbanken sowie Non- und Near-Banks.

Dieses Wettbewerbsumfeld – verbunden mit annähernd 100-prozentiger Transparenz bei Preisen und sich ändernden Ansprüchen der Privatkunden – stellt hohe Anforderungen an die Preis-, Produkt- und Kommunikationsstrategie.

2.   Frühe strukturelle Veränderung im Markt

Die Sparkasse Hanau hat rechtzeitig auf die strukturellen Veränderungen im Bankenmarkt reagiert. In enger Anlehnung an das FDL-Konzept 2010 des DSGV wurde der stationäre Vertrieb neu strukturiert und modernisiert; einhergehend mit einer permanent betriebenen Filialanalyse und Filialnetzoptimierung.

Der Multikanalvertrieb wurde mit der Gründung eines hauseigenen Call-Centers ausgebaut, wobei direktbanktypische – also per Telefon abschließbare oder „bedienbare" - Produkte und

Services im Fokus standen. Von Beginn an agierte das Call-Center aber auch als verlängerter Arm des klassischen Vertriebs, zum Beispiel für Terminvereinbarungen.

Ohne den Filialvertrieb in seiner wichtigen Rolle als primäre Anlaufstelle der Kunden zu beschneiden, wurden mit dem ImmobilienCenter und dem Vermögensmanagement Fachmärkte etabliert, die in den Kompetenzfeldern „Finanzierung" und „Vermögensanlage" erfolgreich hochspezialisierte Beratungen durchführen. Gleiches gilt für die gewerblichen Kunden, die im FirmenkundenCenter bedarfsgerecht betreut werden. In den letzten Jahren hat die Sparkasse eine Abteilung für das Private Banking gegründet, in der Leistungen für vermögende Kunden aus dem Privat- und Firmenkundengeschäft konzentriert werden.

Know-how und Leistungen des Bauspar- und Versicherungsgeschäftes hat die Sparkasse in zwei vertrieblich ausgerichteten Tochterunternehmen konzentriert.

Einhergehend mit diesen strukturellen Veränderungen gewann eine umfassende ganzheitliche Beratung mehr und mehr an Bedeutung, auch gestützt durch entsprechende Marktforschungsergebnisse. In diesem Umfeld setzte die Sparkasse das vom Deutschen Sparkassen- und Giroverband entwickelte S-FinanzKonzept in der Privatkundenberatung ein. Neben der bedarfsorientierten Vermögensoptimierung lag – getrieben durch die demographische Entwicklung – ein weiterer Schwerpunkt bei der Altersvorsorge.

Die seinerzeit in Form eines gedruckten Fragebogens eingeführte ganzheitliche Beratung wird heute bei der Sparkasse softwareunterstützt durchgeführt. Aus der Beratung entsteht ein Protokoll (nicht zu verwechseln mit der gesetzlich vorgeschriebenen Protokollierung einer Anlageberatung), das dem Kunden mit entsprechenden Erläuterungen ausgehändigt wird. Dies ermöglicht die Vereinbarung von Folgeaktivitäten und erhöht die Kundenbindung.

Neben diesen ganzheitlichen Gesprächen (gerne auch „Jahresgespräch" genannt) kontaktieren die Berater der Sparkasse ihre Kunden in erster Linie über Kampagnen, individuelle Anlässe und im Rahmen von Veranstaltungen.

Die skizzierten strukturellen und qualitativen Verbesserungen in der Kundenbetreuung konnten aber einen „gesamtdeutschen Trend" nicht aufhalten: schon lange vor dem Jahrtausendwechsel und noch intensiver nach der Einführung des Euro hat sich das Verhalten der Konsumenten geändert. Aldi, Tchibo, Lidl, Obi, MediaMarkt, Saturn waren die Vorreiter für neue Verkaufsstrategien, die den Preis eines Produktes und dessen Darstellung als entscheidendes Kriterium in den Mittelpunkt stellten. Bezeichnend ist, dass der Slogan „Geiz ist geil" die Mentalität der Kunden in nahezu allen Branchen nachhaltig prägte.

Verbunden mit einer (erwiesenen oder vermuteten) Qualität wird der Preis damit zu einem wichtigen Faktor bei der Kaufentscheidung. Discount ist chic und modern – über alle Zielgruppen hinweg. Es verwundert deshalb nicht, dass heute viele Branchen- und Imagestrategien auf diese beiden Komponenten ausgerichtet sind: Qualität plus günstiger Preis.

In der Folge wurden Preistechniken entwickelt, die noch vor 20 Jahren undenkbar gewesen wären. Beispiele sind:

▪ Zwei Brote kaufen. Das günstigste zum Preis von einem Euro.

- Angebot des Monats: Hustentee für 2,95 Euro und Hustenbonbons gratis dazu.

- Marken-Staubsauger für Senioren für nur 10,00 Euro – aber nur am Dienstag.

- 6 nehmen und nur 4 bezahlen.

- 25 % auf alles, außer …..

Häufig werden diese Angebote zeitlich befristet, um kurzfristige Kaufanreize zu setzen. Bei Finanzdienstleistern handelt es sich oftmals auch um Angebote, die nur für Neukunden gelten. Diese Vorgehensweise wird in erster Linie von neuen Marktteilnehmern oder Anbietern mit überschaubarem Marktanteil eingesetzt.

Im Ergebnis spielt der Preis eine immer größere Rolle bei Kaufentscheidungen. Der Faktor „Qualität" kann meist nicht objektiv gemessen werden und unterliegt einer sehr subjektiven und individuellen Wahrnehmung, die wiederum durch das Image des Herstellers oder Anbieters beeinflusst werden kann.

3.   Zwei entscheidende Fragen

An dieser Stelle ein Hinweis in eigener Sache: die vorstehenden Ausführungen basieren nicht auf einer wissenschaftlichen Erhebung und erheben auch nicht den Anspruch, sich an volks- und betriebswirtschaftlichen Grundregeln oder Funktionen messen zu lassen. Sie geben Erfahrungen und Eindrücke wieder, die fast täglich im Gespräch mit Kollegen und Kunden, mit Freunden und Verwandten, aber auch durch die Beobachtung des eigenen Handelns entstehen.

Wenn wir dies als gefühlte und erlebte Realität akzeptieren, stellen sich aus Sicht der Sparkasse zwei relevante Fragen:

Welche Preisstrategie können (oder müssen) wir verfolgen?

Vereinfacht gesagt, kommt eine Niedrigpreisstrategie, wie zum Beispiel von Direktbanken angewendet, für ein regional tätiges Kreditinstitut mit einer Vielzahl von Filialen und Beratern aus Kostengründen nicht in Frage.

Eine reine Hochpreisstrategie wird wegen der großen Transparenz und der hohen Vergleichbarkeit vieler Finanzdienstleistungsprodukte nicht durchsetzbar sein. Trotzdem sprechen unsere Stabilität / Sicherheit und unser engmaschiges Filialnetz als qualitative Faktoren und die ausgesprochen positiv besetzte Marke „Sparkasse" dafür, unsere Preise fair und leistungsgerecht anzusetzen, auch wenn wir damit im Vergleich zu „Discount-Banken" als hochpreisig wahrgenommen werden.

Welche Kommunikationspolitik bietet sich an?

Eine Definition der Kommunikationspolitik als Bestandteil des Marketing-Mix unterscheidet zwischen Individualkommunikation, Massenkommunikation, Marke und Corporate Identity. Hier profitiert die Sparkasse davon, dass die Marke „Sparkasse" und deren Corporate Identity nicht von jedem Institut einzeln, sondern zentral beworben wird. Als Beispiel hierfür sei die bundesweite Kampagne „Sparkassen. Gut für Deutschland" genannt. Auch wenn wir die zentrale Markenstrategie durch gezieltes Sponsoring und entsprechende Öffentlichkeitsarbeit unterstützen, ist dies nicht Bestandteil der weiteren Ausführungen.

Auch die zu unseren Kernkompetenzen zählende ganzheitliche Beratung wird zentral beworben. Mit der seit 2009 eingesetzten Kampagne „Mission Finanz-Check" werden alle relevanten Medien bedient, sei es Print, Internet, Kino, TV. Dieses qualitative Thema greifen wir, als ersten Part einer Doppelstrategie, verstärkend vor Ort auf. Dies geschieht zum Beispiel durch Werbung am Point of Sale, Integration in unseren Online-Auftritt und gezielte und gestreute Individualkommunikation (Newsletter, Postwurfsendungen, Mailings).

Der zweite Teil unserer Doppelstrategie setzt auf die regelmäßige und systematische Kommunikation unseres „Angebots des Monats" mit psychologischer Preis-/Leistungsdarstellung.

Die Psychologie der Preiswirkung wird über eine Harmonie von Motiv, Headline und Zugabe (Verlosung oder Produktzugabe) dargestellt.

4.   Veränderte Kommunikation der Angebote

Bei der Einführung des „Angebots des Monats" lautete eine der Kernfragen, ob dieses eine sinnvolle Ergänzung zum bisherigen Vertrieb und unserer Kommunikation darstellt?

Die Antwort lautete „Ja", weil sich die bisherige Werbung häufig auf reine Imagethemen konzentrierte und eine effektive Produkt-/Preisdarstellung nur situativ, zum Beispiel zum Weltspartag erfolgte.

Das Konzept des „Angebots des Monats" zielt darauf ab, in einer auffälligeren Gestaltung den (attraktiven) Preis mit einer emotionalen Motivdarstellung zu verbinden. Das reine Produkt tritt dabei etwas in den Hintergrund.

Im Ergebnis soll diese Form der Kommunikation dazu führen, dass wir als qualitativ hoch angesehener Anbieter zusätzlich als innovativer und preis-attraktiver Partner wahrgenommen werden. Insofern ergänzen sich vorhandenes Image, zentrale Werbung und unsere individuelle Kommunikation.

5.   Produktverkauf plus aktive ganzheitliche Beratung

Nicht erst seit den auch politisch motivierten Diskussionen zum Thema Produktverkauf und Verbraucherschutz bemühen sich viele Banken, die umfassende und ganzheitliche Beratung einzusetzen. Der Kunde soll nicht nur Aktionsprodukte angeboten bekommen, sondern seine Wünsche und Ziele mit Hilfe eines Finanzkonzepts erreichen können.

Die aktive ganzheitliche Beratung verfolgt das Ziel, den Kunden in seiner persönlichen Lebenssituation zu sehen, seine heutigen und künftigen finanziellen Potenziale zu ermitteln, individuelle Bedürfnisse abzuleiten und anschließend zielgerichtet Produkte – besser: Lösungen – dafür anzubieten.

Der Beratungseinstieg erfolgt über eine ausgeprägte Analysephase mit entsprechenden standardisierten Beratungsbögen, Checklisten oder auch softwaregestützt.

Auf die Erstberatung folgt durch jährliche Betreuungsgespräche immer wieder eine Überprüfung, Ergänzung oder Anpassung. Der Kunde wird in seinen jeweiligen Lebenssituationen „begleitet" und betreut.

Dieser Betreuungsansatz ist in der Theorie unangreifbar. Einerseits werden regelmäßig die aktuellen Bedürfnisse und Wünsche des Kunden aufgenommen, wodurch Klarheit über seine Möglichkeiten und Ziele entsteht. Auch für den Anbieter ist dieses Modell auf den ersten Blick optimal, da ein hohes gegenseitiges Verständnis entsteht und dem Kunden zum richtigen Zeitpunkt die passende Lösung offeriert werden kann.

Mögliche Schwächen liegen demnach nicht in der Theorie, sondern können in der praktischen Umsetzung entstehen. Nicht jeder Kunde ist bereit oder in der Lage, ein solch umfangreiches Gespräch regelmäßig wahrzunehmen. Ebenso fehlt es gelegentlich an der Bereitschaft, die für eine umfassende Beratung erforderlichen Informationen preis zu geben. Hinzu kommt, dass der Zeitpunkt der Gespräche nicht immer deckungsgleich mit einem konkreten, ggf. sogar akuten Bedarf übereinstimmen wird.

Auf der Beraterseite besteht das Risiko, dass die grundsätzlich langfristige Ausrichtung der ganzheitlichen Beratung dazu führt, im Moment sinnvolle oder erforderliche Entscheidungen in die Zukunft zu verlagern. Ganzheitliche Beratungen sind aufwändig und dienen keinem Selbstzweck. Sie müssen sowohl dem Anbieter als auch dem Kunden einen Nutzen stiften, indem Bedarf erkannt und mit dem richtigen Angebot befriedigt wird.

Aus Sicht des Anbieters ist dies auch langfristig von Bedeutung, weil Kundenbindung nicht nur durch Vertrauen und Zufriedenheit, sondern auch durch den Besitz vieler Produkte entsteht. Aus diesen Gründen ist es richtig und wichtig, intern und extern die ganzheitliche Beratung mit standardisierten und systematischen Produktangeboten anzureichern. Der Vorteil solcher produktorientierten Angebote liegt insbesondere darin, dass die kommunikative Umsetzung und die Aktivierung der Mitarbeiter relativ einfach ist. Die Ansprache und der Verkaufsprozess werden geübt und es ergeben sich rascher Erfolgserlebnisse.

Wo liegt nun die sinnvolle Vorgehensweise?

Nicht im „entweder – oder", sondern im „sowohl – als auch". Beide Verkaufsmethoden können sinnvoll sein. So wird zum Beispiel der ganzheitliche Beratungsansatz bei Kunden mit hohem Potenzial zielführender sein, bei anderen Kunden hingegen die (meist spontane) Ansprache auf ein Aktionsprodukt, um mit unbekannten Kunden oder „Laufkundschaft" überhaupt ins Gespräch zu kommen.

Ganzheitliche Beratung und Produktverkauf lassen sich im Sparkassenvertrieb sinnvoll kombinieren. Einerseits muss der ganzheitliche Beratungsansatz weiter ausgebaut und verbessert werden, schon auch um nicht eine Qualitätslücke gegenüber den Allfinanzanbietern entstehen zu lassen. Andererseits hat auch der Produktverkauf nach wie vor seine Berechtigung. Er bringt uns in Kontakt mit dem Kunden und liefert spontane Gesprächsanlässe. Daraus ergibt sich auch eine hervorragende Chance zur Überleitung dieser Kunden in eine ganzheitliche Beratung.

Regelmäßige Angebote führen zu einer positiveren Preiswahrnehmung mit dem Ergebnis, dass auch die Sparkassenprodukte günstig und gut sind. Dies schärft unser Image als attraktiver Partner.

Durch monatliche wechselnde Angebote und auffallende Produktzugaben sollen außerdem Impulskäufer aktiviert werden. Wichtig ist dabei die Einbindung des „Angebots des Monats" in die Kommunikationspolitik der Sparkasse; diese muss durchgängig gestaltet sein.

Welche Merkmale hat ein „Angebot des Monats"?

Das Angebot muss einfach gestaltet sein. Einfach für die Mitarbeiter, einfach für die Kunden. Es ist zeitlich begrenzt für jeweils einen Monat. Dadurch werden Kunden animiert, sich diese Chance nicht entgehen zu lassen und andererseits wird seitens der Sparkasse immer wieder etwas Neues geboten.

Intern ist zusätzlich eine qualitätsbildende Wirkung festzustellen, da die Vertriebsmitarbeiter quasi „gezwungen werden", sich regelmäßig mit wechselnden Produkten, deren Merkmalen und Vorteilen sowie der erfolgversprechendsten Ansprachemethodik zu beschäftigen.

Werbung und Verkaufsförderung für das Angebot sind auffällig gestaltet, sodass schon dadurch hohe Aufmerksamkeit erzielt wird, weil diese Art der Kommunikation bei Banken/Sparkassen bisher unüblich war.

Bisherige Erfahrungen von Sparkassen, die diese Vertriebs-Doppelstrategie anwenden, zeigen äußerst positive Ergebnisse. Die Steigerungsquoten bei den Abschlüssen mit dem Angebot des Monats liegen zwischen 100 und 900 Prozent im Vergleich zu durchschnittlichen Monatszahlen (Angaben der betreuenden Agentur mediale welt gmbh, Zürich).

Zwei Beispiele von hunderten derartiger Verkaufserfolge:

▪ So konnte bei der Sparkasse Allgäu der Absatz aller Produkte um 15% gesteigert werden, Einzelprodukte zwischen 150% und 900%. Der Einlagenzuwachs ist 5% besser als bei allen bayerischen Sparkassen.

▪ Bei der Salzlandsparkasse stieg im Aktionsmonat der Absatz des Produktes „Ratenkredit" um 350%.

Positive Erfahrungswerte liegen auch bei der Sparkasse Hanau vor. Nach knapp vier Jahren Einsatz von „Angebot des Monats" und „Finanz-Zeitung" lässt sich rückblickend sagen: „die Mischung macht's".

Mithilfe des Konzeptes lassen sich steigende Absatzzahlen in unterschiedlichen Produktbereichen realisieren: Mit einem „Angebot des Monats Januar", dem Neujahrssparbrief, konnte die Sparkasse Hanau ihren Absatz an Sparkassenbriefen gegenüber dem Vorjahreszeitraum fast verfünffachen.

Mit einem „Angebot des Monats Mai", dem Leuchtturmprodukt Sparkassen-Privatkredit, wurden rund 80 Verträge mit einem Volumen von rund 900.000 Euro mehr als in den Monaten zuvor abgeschlossen. Am häufigsten wurden in Hanau Anlageprodukte (Passiva und Investmentfonds) sowie provisionsstarke Verbundprodukte als „ADM" positioniert. Aber auch saisonal zu vermarktende Ergänzungsangebote, wie zum Beispiel Schließfächer, Kreditkarten oder Reiseversicherungen in der Vorurlaubszeit konnten erfolgreich platziert werden.

Neben den konkreten Verkaufserfolgen spielt aber auch der positive Außenauftritt und Imagegewinn für die Sparkasse Hanau eine große Rolle. Schließlich kann sie sich mit den beiden Konzepten positionieren und so ein breites Publikum erreichen.

6.   Die Außenkommunikation der veränderten Strategie anpassen

6.1   Kommunikations-Mix-Baustein „Angebot des Monats"

Das Ziel, das mit dem „Angebot des Monats" verfolgt wird, ist einfach formuliert: Kunden und Noch-Nicht-Kunden emotional für ein Produkt begeistern und über die Anbindung von Gewinnspiel oder Incentive einen „gefühlten" Mehrwert bieten. Und das, ohne dafür Sonderkonditionen gewähren zu müssen.

Parallel besteht der Anspruch der Sparkasse Hanau, sich mit dem „Angebot des Monats" von den Mitbewerbern im Geschäftsgebiet abzuheben bzw. deren Aktionsangeboten – oft ausgestattet mit Kampfkonditionen – Paroli zu bieten.

Dass sich das „Angebot des Monats" schon allein aus Publicitygründen gelohnt hat und mittlerweile im Markt gut etabliert ist, zeigen vor allen Dingen zahlreiche Kundenanfragen bezüglich der neusten Gewinnspiele und Incentives.

Die Entscheidung für eine Incentive- oder Gewinnspielkopplung erfolgt je nach Produkt und/oder Zielgruppe. Als Beispiele für Incentives wurden Zeitungsabonnements, Gutscheine für Reisen, Blumen, Bäckereien (nach Möglichkeit mit Einbindung eigerner Geschäftskunden) eingesetzt. Bei den ausgeschriebenen Gewinnspielen hingegen sind vor allen Dingen Wellness-Reisen, Kurztrips oder Kreuzfahrten gefragt.

Beide Anreize erleichtern den Mitarbeiterinnen und Mitarbeitern vor Ort den Vertrieb des Aktionsprodukts. Denn einer der größten Erfolgsfaktoren für die Etablierung des „Angebot des Monats" ist und bleibt die Kundenansprache im stationären Vertrieb.

Um eine möglichst breite Zielgruppe anzusprechen, bedient sich die Sparkasse Hanau weiterer Distributionswege. Neben der Platzierung im Internet und in monatlichen E-Mail-Newslettern spielt auch eine starke werbliche immer wiederkehrende Präsenz in den Geschäftsstellen (mittels Plakaten, Aufstellern, KAD-Text, Final-TV-Programm) eine große Rolle. Aber auch die Einbindung der Mitarbeiterinnnen des Callcenters als erste Ansprechpartner mittels Hotline sowie der KompetenzCenter (bei Spezialthemen wie zum Beispiel Baufinanzierung) ist nicht zu vernachlässigen.

Bei der Penetration des „Angebots des Monats" wird zudem besonders darauf geachtet, einen möglichst hohen Wiedererkennungswert zu gewährleisten, der sich auch in den Folgemonaten fortsetzt.

Quelle: Sparkasse Hanau.
Abbildung 1:   *Plakat DIN A1.*

Das „Angebot des Monats" als erfolgreiches Bindungsinstrument.

Seit Anfang des Jahres 2007 hat das „Angebot des Monats" auch einen festen Platz in der monatlich erscheinenden „Finanz-Zeitung" der Sparkasse Hanau.

6.2 Kommunikations-Mix-Baustein „Finanz-Zeitung"

Bei der „Finanz-Zeitung" der Sparkasse Hanau spielt vor allen Dingen das außergewöhnliche Layout eine große Rolle.

Die Sparkasse Hanau verfolgt mit der Verteilung der „Finanz-Zeitung" das Ziel, neben einer unterschiedlich starken werblichen Präsenz in den regionalen Medien ein turnusmäßiges Informationsmedium zu schaffen. Ebenso dient die „Finanz-Zeitung" dazu, sowohl Kunden als auch Noch-Nicht-Kunden auf das vielfältige Produkt- und Serviceangebot aufmerksam zu machen und sich zudem von den Mitbewerbern abzuheben.

Die Finanzzeitung eignet sich darüber hinaus dafür, interessante Geschäftsfelder für die Sparkasse Hanau zu belegen. Denn wie zum Beispiel Kundenbefragungen beweisen, werden Sparkassen von der Öffentlichkeit erstaunlich selten mit Kerngeschäftsfeldern wie Versicherungen und Baufinanzierungen in Verbindung gebracht.

Dass sich neben dem „Angebot des Monats" auch die „Finanz-Zeitung" etabliert hat und positiv wahrgenommen wird, lässt sich vor allem anhand des Rücklaufs von Gewinnspiel- und Antwortkupons und den daraus resultierenden Terminvereinbarungen messen.

Die an der Kupon-Rücklaufquote direkt messbare Resonanz variiert in Abhängigkeit von den angesprochenen Themen, Angeboten und Zielgruppen. Aufgrund der insgesamt positiven Resonanz wurde der Veröffentlichungsturnus der „Finanz-Zeitung" übrigens nach nur kurzer Zeit von zweimonatlich auf monatlich verkürzt.

Seit 2007 verteilen wir am ersten Samstag jeden Monats über die führende regionale Tageszeitung 27.000 Exemplare unserer Finanzzeitung.. Weitere 3.000 Ausgaben werden in den Geschäftsstellen der Sparkasse Hanau dazu genutzt, um Kunden (oftmals mit Hilfe des Gewinnspiels oder des „Angebot des Monats") auf das Produktangebot und spezielle Sonderaktionen anzusprechen. Zusätzlich informiert auch der monatliche E-Mail-Newsletter alle Abonnenten über die aktuellen Themen aus der „Finanz-Zeitung", die wiederum auf der Homepage zum Download bereitgestellt wird.

Der Anteil an redaktionellen Themen in jeder Ausgabe variiert je nach Zielgruppe und Thema. Vom guten Rat der örtlichen kriminalpolizeilichen Beratungsstelle gegen Einbruch und Diebstahl bis hin zum Wellness-Angebot ist einiges vertreten. Hierbei geht es nicht um textlastige Ausführungen, sondern um die Herstellung einer gelungenen Mischung zwischen finanzlastigen Inhalten, Produktanzeigen und „Nicht-Bank-Themen".. In diesem Kontext veröffentlichen wir zum Beispiel auch Veranstaltungshinweise der öffentlichen Veranstalter.

Noch ein kleiner Tipp am Rande: Gern genutzt wird das Angebot an eigene Geschäftskunden, sich in der „Finanz-Zeitung" einem breiten Publikum zu präsentieren (zum Beispiel Tag der offenen Tür, Sonderkonditionen für Sparkassenkunden). Somit handelt die Sparkasse Hanau getreu dem Motto: GUT. für die Region.

Deshalb nachfolgend für Sie hilfreiche Tipps zur Umsetzung der beiden Konzepte:

- Jede Ausgabe sollte im Vorfeld zwischen dem vorhandenen Redaktionsteam (möglichst klein halten) und den zuständigen Bereichen (zum Beispiel ImmobilienCenter) besprochen werden (Konzeption und Strukturierung der Ausgabe).

- Layout und grafische Umsetzung sollten in einer Hand sein (Sparkasse Hanau arbeitet mit der GTM-Unternehmensgruppe in Hamm/Westf., die über 1.000 Maßnahmen mit dem „Angebot des Monats" realisiert hat).

- Mischen Sie Produktangebote, redaktionelle Themen und bankfremde Inhalte und versüßen Sie diese eventuell mit Aktionsangeboten und besonderen Informationen von Geschäftskunden oder Partnern.

- Holen Sie die Vertriebsteams ins Boot! Vor Veröffentlichung müssen alle Mitarbeiterinnen und Mitarbeiter in den Geschäftsstellen, im Callcenter und in den KompetenzCentern über Inhalte und Angebote informiert werden, um auf Kundenanfragen reagieren zu können.

7. Muster der monatlichen Finanz-Zeitung im Überblick

Quelle: Sparkasse Hanau.
Abbildung 2: *Titelseite Zeitungsbeilage (30.000 Stück).*

Quelle: Sparkasse Hanau.

Abbildung 3:   *Linke Innenseite Zeitungsbeilage.*

Quelle: Sparkasse Hanau.
Abbildung 4: *Rechte Innenseite Zeitungsbeilage.*

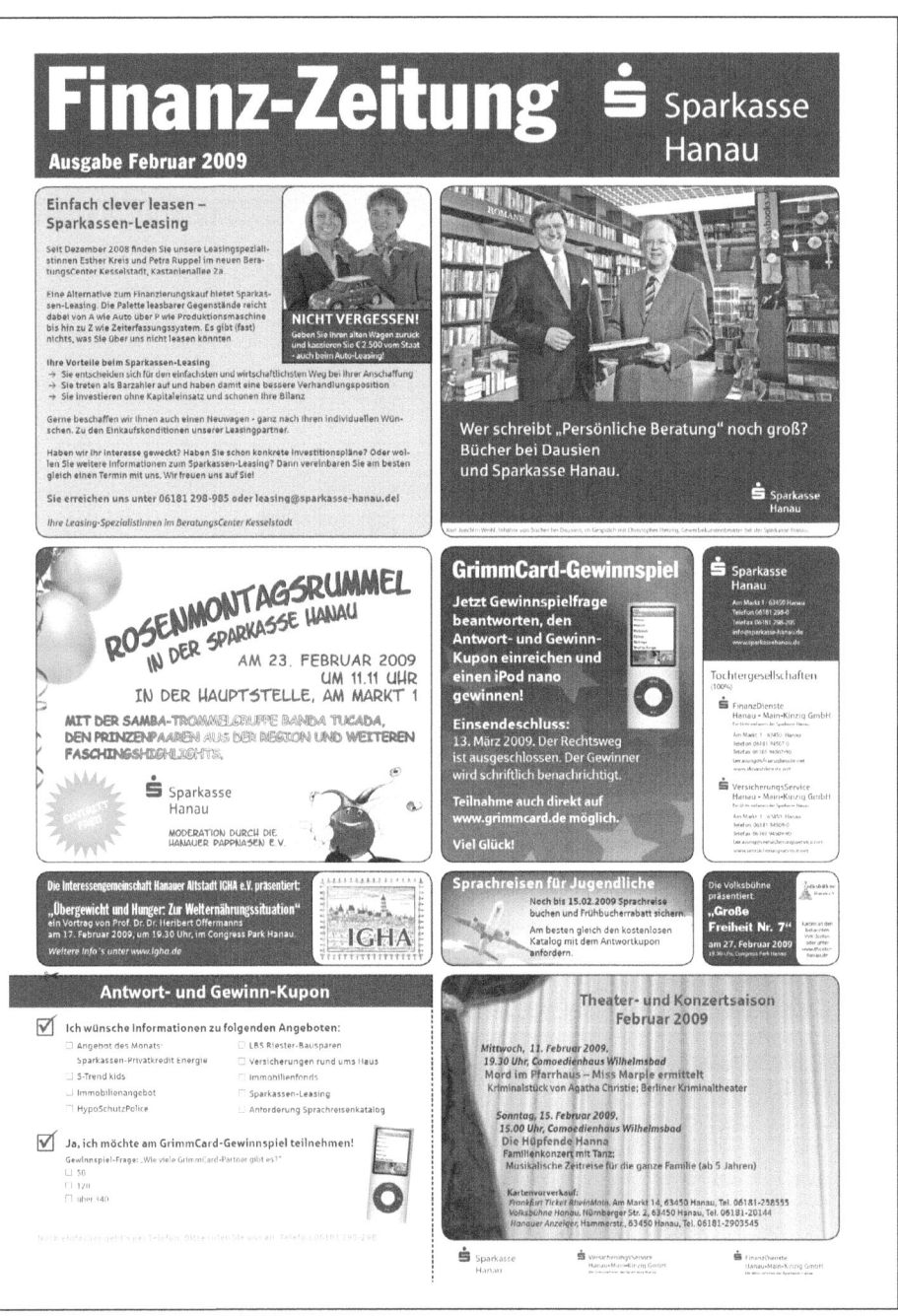

Quelle: Sparkasse Hanau.
Abbildung 5:   *Rückseite Zeitungsbeilage.*

Die bei der Produktion und Verteilung der Finanz-Zeitung entstehenden Kosten müssen natürlich straff kalkuliert und regelmäßig überprüft werden. Wir sehen einen Vorteil der Finanz-Zeitung darin, dass sie bei entsprechender Auflage und Verteilung, klassische Anzeigenwerbung ersetzt und an dieser Stelle Kosten reduziert werden können. Darüber hinaus ermöglicht es die Finanz-Zeitung, Anzeigenmotive mit entsprechenden redaktionellen Texten zu kombinieren und damit gleiche Botschaften „unterschiedlich zu verpacken".

8.   Fazit

Die Kommunikationspolitik ist ein wichtiger Bestandteil des Marketing-Mix, aber natürlich nicht der einzige. Wenn ich Preis- und Produktpolitik an dieser Stelle als gegeben voraussetze, dann muss die Kommunikation mit dem Vertrieb (Distributionspolitik) verzahnt werden. Vereinfacht gesagt: als klassische Filialbank sehen wir kommunikative Maßnahmen primär als Vorbereitung oder „Steilvorlage" für unsere Beraterinnen und Berater. Da die Mehrzahl unserer Angebote nicht telefonisch verkauft werden kann und wir unsere Kernkompetenz im persönlichen Kundenkontakt sehen, ist die aktive persönliche Kundenansprache am Point of Sale der Erfolgsfaktor schlechthin.

Dabei helfen das „Angebot des Monats" und die Finanz-Zeitung besonders dann, wenn die Beraterinnen und Berater frühzeitig in die Auswahl der Themen eingebunden und entsprechende Materialien (Plakate, Filial-Dekoration, Ansprachehilfen) bereit gestellt werden.

Das Controlling von Werbung und Verkaufsförderung stellt grundsätzlich eine Herausforderung dar. Neben der Messung der Absatzzahlen in unserem „Angebot des Monats" verfolgen wir mittel- und langfristig qualitative und quantitative Ziele, wie zum Beispiel Erhöhung unserer Marktanteile, Steigerung der Kundenzufriedenheit und -bindung und natürlich letztendlich die Steigerung der Deckungsbeiträge. Diese werden in Zielvereinbarungen nachgehalten und entwickeln sich in den letzten Jahren positiv. Ohne dies wissenschaftlich nachweisen zu können, führe ich dies auch auf die gewählte Kommunikationspolitik, inklusive der Emotionalisierung und Individualisierung unserer Angebote, zurück.

Ein weiteres Instrument zur Messung operativer und strategischer Ziele ist die „Beste Bank für Kunden". Diese Auszeichnung ist für zwei Jahre gültig und ist eine Banken-/Sparkassenqualifikation (ähnlich wie im Hotelgewerbe) der DMA-Akademie für Finanzdienstleistungen. Diese kontrolliert ständig die Einhaltung bzw. das Erreichen der Verleihungskriterien, damit diese Auszeichnung für die Kunden einen verlässlichen Qualitätsindikator darstellt.

Für die „Beste Bank für Kunden" muss die Sparkasse nachweisen, dass mindestens 75 % der Kunden mit der Beratung zufrieden sind. Darüber hinaus wird auch die Qualität der Produkte, gemessen über das Nachfrageverhalten, berücksichtigt (Kunden müssen 6 Produkte in 6

Monaten häufiger nachfragen als im Vergleichszeitraum des Vorjahres). Wenn eine Bank/Sparkasse das zwei Jahre nacheinander schafft, erhält sie als Zeichen der Anerkennung für „Beste Qualität und günstige Preise" die Auszeichnung „Die goldene Bank".

Bei der Sparkasse Hanau wurde die über der Benchmark von 75 % liegende Zufriedenheit der Kunden mit der Beratung von einem externen unabhängigen Marktforschungsinstitut mittels einer repräsentativen schriftlichen Kundenbefragung ermittelt. Die Kriterien für „Produkte/Preise" hat die DMA auf Basis unserer „Angebote des Monats" geprüft.

Quelle: Sparkasse Hanau.
Abbildung 6:   *Preisverleihung „Die Goldene Bank".*

10 Prognosen und Trends für den Bankvertrieb der Zukunft

Wolfgang Ronzal

Welche Chancen ergeben sich im stationären Vertrieb?

1. Werden Sie unverwechselbar

2. Managen Sie Veränderungen

3. Entdecken Sie neue Chancen

4. Setzen Sie Prioritäten

5. Bieten Sie beste Qualität

6. Fördern Sie Ihre Filialen

7. Werden Sie Kostenführer

8. Schaffen Sie eine Verkaufsorganisation

9. Motivieren Sie Ihre Mitarbeiter

10. Entwickeln Sie Führungskräfte

In den letzten Jahren hat es viele Veränderungen im Bankvertrieb gegeben und viele weitere werden folgen. So werden immer mehr Bankfilialen geschlossen oder auf reine SB-Filialen umgestellt. Bestimmte Kundengruppen werden nicht mehr in den Filialen betreut und das Produktangebot für das Retailgeschäft wird oft drastisch reduziert. Die Qualität der Mitarbeiter in den verbleibenden Filialen sinkt deutlich, da sich die Kompetenz in den Hauptstellen oder eigenen Beratungs-Centern konzentriert.

Dennoch bleiben noch etwa 80 Prozent der bisherigen Filialen bestehen. Was machen Sie mit diesen? Können Sie mit dem derzeitigen stationären Vertriebsnetz noch genügend Geschäft machen und Erträge erzielen? Die Antwort lautet JA, aber.

Bankfilialen und Geschäftsstellen bleiben auch in den nächsten Jahren der wichtigste Vertriebsweg der traditionellen Kreditinstitute. Veränderte Geschäftsstrukturen, neue Kommunikationstechnologien, verschärfter Wettbewerb und anderes Kundenverhalten geben aber neue Regeln vor. Machen Sie Schluss mit der „Mehr-vom-Bisherigen-Strategie" und gehen Sie neue Wege.

Nur Kosten sparen, Filialen abbauen, umstrukturieren, das war einmal. Inzwischen erkennen viele Banken, dass sie wieder in den Vertrieb investieren müssen und dass nur der Fokus auf den Kunden Erfolg bringt. Mit den folgenden zehn Schwerpunkten erhöhen Sie gezielt die Leistungskraft und die Attraktivität Ihres Vertriebs.

1.   Werden Sie unverwechselbar

Haben Sie sich schon einmal gefragt, warum die Kunden gerade Ihre Bank für ihre Geldgeschäfte wählen sollen? Was bieten Sie Besonderes? Was unterscheidet Sie von anderen Banken?

Wenn man Mitarbeitern die Frage stellt: „Warum soll ich gerade bei Ihnen Kunde werden"
sind die Antworten bei allen Banken meist identisch. Guter Service, gute Beratung, dichtes
Filialnetz, „immer für Sie da" usw. werden von allen angeführt. Im Grunde genommen sind
die Mitarbeiter und damit die Banken austauschbar.

Ihre Chance besteht darin, anders zu sein als andere und damit nicht austauschbar, sondern
unverwechselbar zu werden. Wenn ein Kunde heute bei einer Bank ein Konto eröffnen möchte, so lautet die erste Frage, die der Bankmitarbeiter stellt: „Haben Sie Ihren Personalausweis
dabei?" Er könnte sich auch vorstellen und das Gespräch beginnen mit *„Danke dass Sie
unsere Bank gewählt haben und ich freue mich auf eine gute Partnerschaft."*

Womit können Sie sich nachhaltig unterscheiden? Durch die Werbung, durch Produkte, durch
Gebäude, durch Preise, durch die Technologie? Kurzfristig vielleicht ja, aber nicht auf Dauer.
Denn all diese angeführten Möglichkeiten sind nachmachbar oder sogar zu verbessern. Was
wird es in 30 Jahren aber noch immer geben? Menschen! Menschen machen den Unterschied.

Je mehr High Tech auf uns zukommt, umso mehr wird High Touch an Bedeutung gewinnen.
Einerseits verlangen die Kunden „Transaktions-Banking", d.h. Bequemlichkeit, Schnelligkeit
und Preisgünstigkeit bei der Abwicklung ihrer Geldgeschäfte, andererseits gewinnt „Relati-
onship-Banking" immer mehr an Bedeutung, nämlich persönliche Kommunikation, Beziehungen, Sympathie, Erlebniswelt. Und letzteres ist nur über Menschen realisierbar.

> *„Wir sollten in der elektronischen Welt der Kommunikation nicht vergessen,
> dass das einfache Gespräch am Gartenzaun doch die eigentliche Lebensqualität
> zum Ausdruck bringt."*
>
> [Jan Wage, Verkaufsexperte und Bestsellerautor]

Sympathie zum Beispiel ist ein wichtiges Merkmal einer Bank. Mit Sympathie wird nicht nur
der Bekanntheitsgrad erhöht, sondern auch das Vertrauen verstärkt. Sympathie kann nur
durch Menschen entstehen. Über den medialen Vertrieb wird nie so viel Sympathie entwickelt wie über den stationären Filialvertrieb.

Wo viele Banken noch Hemmungen oder Bedenken haben, ist die Realisierung des „Erlebnis-
Banking". Das bedeutet das Einbeziehen der Kunden, das bedeutet positive Überraschungen
für den Kunden, das bedeutet unerwartete Eindrücke usw.

Wenn Sie sich die SB-Foyers der meisten Banken ansehen, so können wir hier wahrlich nicht von „Erlebnis-Banking" sprechen. Diese sind fast identisch gestaltet und ähneln, etwas ketzerisch formuliert, „modernen Latrinen". Der Kunde geht hinein, stellt sich an die Wand, erledigt sein Geschäft und trachtet danach, möglichst rasch wieder hinaus zu gehen. Warum geht keine Bank neue Wege und versucht diese SB-Bereiche angenehm zu gestalten, mit leiser Musik, angenehmen Duft, Blumen, Sitzgelegenheiten, Kommunikationstheken, u.ä.

Haben Sie schon mal an die Möglichkeit gedacht, einmal im Jahr „einen Tag des Kunden" zu machen, an dem Sie sich bei Ihren Kunden für die Zusammenarbeit, die Treue, das Vertrauen bedanken?

Gestalten, dekorieren Sie Ihre Filialen von Zeit zu Zeit mit Themenbereichen, die Ihre Kunden optisch zum Beispiel auf Vorsorge aufmerksam machen?

Setzen Sie gelegentlich überraschende Gesten beim Filialbesuch Ihrer Kunden, indem Sie z.B. zum Frühlingsbeginn eine Blume überreichen?

Anders sein als andere ist Ihre Chance.

„Wenn Du wie die Menge denkst, wird Dein Gedanke überflüssig."

[Paul Valery, französischer Schriftsteller]

2.   Managen Sie Veränderungen

Die Kurve ständiger Veränderungen ist heute exponentiell, denn jede Entwicklung zieht weitere Neuerungen nach sich, die auf früheren aufbauen. Veränderungen und damit Neuerungen kommen daher immer häufiger und vor allem schneller auf uns zu. Managen heißt also verändern. Vor allem Führungskräfte müssen Veränderungen auslösen und dafür sorgen, dass auf Veränderungen rechtzeitig reagiert wird.

Besonders schwierig ist dies, wenn Aufgabenbereiche und Arbeitsplätze der Mitarbeiter betroffen sind. In diesen Fällen gibt es viele Ängste, gedeihen Gerüchte, entstehen somit Falschinformationen und durch die damit verbundene gedankliche Beschäftigung sinkt die Produktivität.

Oft ist es so, dass Banken bei Umstrukturierungsprozessen eine sehr intensive Konzeptions- und Entwicklungsphase einplanen, aber die dann getroffenen Beschlüsse in einer einzigen Veranstaltung an die Betroffenen kommuniziert werden. Auch wenn diese Veranstaltungen sorgfältig und aufwendig durchgeführt werden, so mildern sie nicht die vorhandenen Ängste.

„Wir Menschen haben nur vage Hoffnungen,
aber leider immer sehr klare Befürchtungen."

[Paul Valery, französischer Schriftsteller]

Unverständnis und Ablehnung sind die Folge. Dies wird zwar nicht offen gesagt, aber der Umsetzungsprozess läuft nicht wie gewünscht. Denn offen bleiben für die Mitarbeiter die entscheidenden Fragen, z.B. wie bewältige ich meine neue Aufgabe, woran werde ich in Zukunft gemessen, wie finde ich mich in meiner neuen Aufgabe zurecht, wie vertrage ich mich mit einem neuen Chef, usw.

Dies erleben Sie immer wieder bei Rationalisierungsprozessen, Kundensegmentierung, Veränderung der Vertriebsstrukturen, vor allem wenn es Mitarbeiter der Filialen betrifft.

Die Ursache ist mangelnde Kommunikation. Mit der Entscheidung über die Veränderung ist die Arbeit nicht beendet, sondern jetzt beginnt eigentlich erst die aufwendige Phase der Überzeugung. Viele Gespräche sind notwendig, um den betroffenen Mitarbeitern Sinn und Notwendigkeit zu vermitteln, sowie vorhandene Ängste und Ablehnung zu überwinden.

Planen Sie also bei Veränderungen eine intensive Kommunikationsphase mit Ihren Mitarbeitern ein. Ihre Mitarbeiter wollen immer Antworten auf die folgenden sechs Fragen:

- Wie sieht die Veränderung aus? Sagen Sie offen, worum es geht. Bleiben Sie sachlich und übertreiben Sie nicht.

- Warum ist die Veränderung nötig? Was ist der wirkliche Grund für die Veränderung (Krisenbewältigung, Zukunftssicherung).

- Wie wird die Veränderung die Situation der Mitarbeiter beeinflussen? Geben Sie Ihren Mitarbeitern darauf eine klare Antwort (auch wenn sie schmerzhaft ist).

- Wie wird die Veränderung beurteilt? Informieren Sie über klare Bewertungskriterien und Maßstäbe als Folge der Veränderung und vermitteln Sie, dass dies auch ernst gemeint ist und kontrolliert wird.

- Welche neuen Möglichkeiten bringt die Veränderung den Mitarbeitern? Vor allem jene Mitarbeiter, die „anscheinend" negativ betroffen sind (weil sie z.B. ihre guten Kunden abgeben müssen) brauchen neue Ziele und Chancen, die Sie mit ihnen erarbeiten müssen.

- Was denken mein direkter Vorgesetzter und der für meinen Bereich verantwortliche Manager über die beabsichtigte Veränderung? Gerade bei einschneidenden Veränderungen wollen Mitarbeiter, dass dies vom oberen Management vermittelt wird. Sonst wird die Veränderung auch nicht so ernst genommen.

„Wenn die Kommunikation das Verhalten verändert,
dann handelt es sich um eine gute Kommunikation;
wenn sie es nicht tut, ist es schlechte Kommunikation."

[Quelle unbekannt]

3. Entdecken Sie neue Chancen

Die Banken haben eine seit vielen Jahren gehandhabte Kundensegmentierung nach traditionellen Zielgruppen (Privatkunden, Firmenkunden, und dann je nach Größe und Potenzial weiter detailliert) und Kriterien (meist nach Einkommen und/oder Vermögen).

Doch wie passen diese Konzepte heute auf Menschen, die mit 60 eine Firma gründen, mit 50 ihren ersten Marathon laufen, im Ruhestand zu Computerspezialisten werden?

3.1 Neue Zielgruppen

Sie müssen sich lösen von einer Kundensegmentierung, die überwiegend nach Kriterien der Bank erfolgt. In Zukunft sind stärker die Kundenbedürfnisse und die Kundengewohnheiten zu berücksichtigen. Sie haben heute eine Menge von interessanten Zielgruppen, die auf Grund der traditionellen Segmentierung „verloren" gehen.

Unterscheiden Sie bei den Privatkunden nach Singles, jungen Familien, Frauen, Senioren, Getrennt Lebenden, DINKs (double income no kids), u.a. und Sie werden neue Problemlösungen für Kunden erkennen, mit denen Sie Geschäft und Erträge lukrieren können.

Nehmen Sie z.B. die älteren Menschen. Ein Drittel der Menschen sind heute bereits über 50 Jahre alt und ihre Zahl nimmt rasant zu. Die Kaufkraft der Menschen über 50 ist höher als jene der 20- bis 50-Jährigen. Nahezu 40 Prozent des frei verfügbaren Kapitals liegen in den Händen der Älteren, die bis zu 80 Prozent der Bankeinlagen unterhalten. Wenn Sie einen 60-Jährigen als Kunden gewinnen, können Sie noch 20 Jahre gute Geschäfte mit ihm machen. Eine Zielgruppe, die bisher sträflich vernachlässigt wurde.

3.2 Problemlösungen bieten

Banken sind in erster Linie dazu da, um Probleme zu lösen, und erst in zweiter Linie, um Produkte zu verkaufen. In der Realität ist es heute umgekehrt. Die Banken versuchen in ihrem einseitigen Interesse ihre Produkte an den Kunden zu bringen. Bedarfsgerechtes Verkaufen und ganzheitliche Beratung werden zwar gelegentlich versucht, haben sich aber vielfach noch nicht durchgesetzt. Eine ideale Kombination ist jedoch die Doppelstrategie (entwickelt vom Herausgeber dieses Buches). Beratungskonzepte scheitern heute oft noch an der mangelnden Vorbereitung der Mitarbeiter, an zu komplexen Beratungsunterlagen, an falscher Zielsetzung, u.v.a.m.

Gehen Sie diesen Weg der Konzentration auf Kundenprobleme jedoch konsequent weiter. Wer eine qualifizierte Problemlösung sucht, zieht den Besten dem Zweitbesten vor und ist bereit für die beste Lösung zu bezahlen. Konzentration auf Kundenprobleme führt automatisch zur Spezialisierung. Und nur der Spezialist kann Spitzenleistungen erbringen. Denken Sie an die Vielzahl an Ärzten, die es heute gibt. Dennoch gibt es einige, die extrem viel Geld verdienen. Nämlich jene, die sich spezialisiert haben.

> *„Erfolg besteht darin, dass man genau die Fähigkeiten hat*
> *die im Moment gefragt sind."*
>
> [Henry Ford)]

Klassische Retailbanken müssen heute drei Kategorien abdecken, sie müssen quasi praktische Ärzte haben, aber auch einige Fachärzte bieten können und auf dem ein oder anderen Gebiet sogar einen Spezialisten. Und dann ist es keine Utopie, auch in der Bank mit Beratung Geld zu verdienen.

3.3   Wahlmöglichkeit zwischen Leistung und Preis

Kunden möchten wählen können. Zwischen Leistung, Qualität, Nutzen und dem Preis, den sie dafür bezahlen müssen/möchten. Professor Wilhelm Bühler beschreibt die sogenannte „Wahlangebots-Strategie", in der der Kunde jeweils zwischen drei Varianten wählen kann:

▪ Die *Basic-Variante*: Unverzichtbare Kernleistung ohne persönliche Beratung

▪ Die *Classic-Variante*: Unverzichtbare Kernleistung inklusive persönlicher Beratung, aber ohne Nachkaufbetreuung

▪ Die *Premium-Variante*: Classic-Variante plus bedarfsadäquater Nachkaufbetreuung

Die Kosten/Gebühren für den Kunden sind nach diesem Modell gestaffelt und der Kunde kann wählen, welche Variante er möchte. Es ist ein schwerer Irrtum zu glauben, dass sich Kunden mit weniger Vermögen oder geringerem Gehalt nicht für teurere Angebote und Problemlösungen interessieren. Die Praxis zeigt, dass Kunden mit niedrigem Einkommen durchaus die Premium-Variante wählen, andererseits Kunden mit hohem Einkommen nur die Basis-Variante in Anspruch nehmen, je nach persönlichem Bedarf und Interesse.

Eine weitere Ertragschance liegt im sogenannten „Mehrwert-Banking". Hier werden über die übliche Erwartungshaltung der Kunden hinaus Zusatzleistungen und Services angeboten, die positive Überraschung auslösen und für die der Kunde bereit ist, extra zu bezahlen oder deswegen eine teurere Leistungsvariante in Anspruch zu nehmen.

„Jeglicher Fortschritt wird dadurch angeregt,
dass man gegenwärtige Vorstellungen anzweifelt."

[George Bernard Shaw]

4.   Setzen Sie Prioritäten

Konsequenz bei allen Aktivitäten wird künftig verstärkt notwendig sein. Heute ist bei vielen Banken festzustellen, dass eine Menge an Aktionen und Aktivitäten gleichzeitig realisiert werden soll. Weiter werden für viele Anlässe eigene Projekte gegründet, in denen dann die besten Leute sitzen, aber vom Markt und von den Kunden entfernt sind.

„Nirgends ist, wer überall ist."

[Seneca]

Auch wenn es schwer fällt, aber die Konzentration auf Schwerpunkte wird entscheidend für den Erfolg sein. Lieber weniger Projekte und Maßnahmen, aber diese dafür konsequent durchgezogen. Das bedeutet, Aktivitäten mit unklaren Zielen und zweifelhaften Chancen sind zu minimieren. Das verlangt Entscheidungen, nur jene Strategien umzusetzen, die wesentlich zum Unternehmenserfolg beitragen. Nicht fünfzehn verschiedene Detailziele für den Filialvertrieb, sondern Konzentration auf vier bis sechs für den Unternehmenserfolg wichtige Ziele.

„Konzentration ist der Schlüssel zu wirtschaftlichen Resultaten.
Gegen kein anderes Gesetz / Prinzip der Effektivität wird heute
so regelmäßig verstoßen, wie gegen das Grundprinzip der Konzentration."

[Peter F. Drucker]

Wenn man die Strategien und Konzepte betrachtet, die in Banken umgesetzt werden sollen, so kann man sich manchmal nicht des Eindrucks erwehren, dass es sich dabei um komplexe und komplizierte Dinge handelt. Alles dargestellt mit verzweigten, unübersichtlichen Diagrammen und Grafiken, in einer komplizierten und ausschweifenden Sprache und mit hochtrabenden englischen Titeln versehen. Ein langjähriger Vertriebsmann befindet sich nun im virtuellen Raum und jongliert im Multi-Channel-System. Versteht er das und ist er überzeugt davon? Je komplizierter und unverständlicher, umso besser. Jene Leute, die uns das verkaufen, haben meist noch nie in einer Filiale gestanden und ein konkretes Kundengespräch geführt.

>
> *„Was nicht zu verstehen ist, kann nicht auf Verständnis hoffen."*
>
> [Roman Herzog]

Genau umgekehrt muss es sein. Einfache Ideen sind häufig einleuchtend, weil sie eine gewisse Wahrheit beinhalten. Genau aus diesem Grund funktionieren Lösungen, die einleuchtend sind, so gut am Markt, während die komplexen Konzepte scheitern, weil sie kein Mensch versteht und sie oft dem gesunden Menschenverstand widersprechen.

- KISS: Keep it simple, stupid!

    - Komplexität nicht bewundern, sondern vermeiden
    - Gesunder Menschenverstand kann vieles vereinfachen
    - Große Ideen sind immer in einfache Worte gekleidet
    - Zuviel an Information kann verwirrend sein
    - Vertrauen Sie keinem, den Sie nicht verstehen
    - Konzentration auf den Kunden
    - Verteilen Sie Ihre Budgets nicht, sondern investieren Sie in Chancen
    - Firmenphilosophien vergrößern die Verwirrung
    - Langfristige Planung ist reines Wunschdenken

(aus: Die Macht des Einfachen von Jack Trout/Steve Rifkin, Ueberreuter 1999)

Vergessen Sie die Fünfjahrespläne. Planen Sie mit wenigen, aber aussagekräftigen Kennziffern. Das was zählt, ist die Steigerung zum Vorjahr. Alles andere sind meistens nur Rechenspiele.

>
> *„Komplexe Regeln lähmen, übertriebene Planung*
> *ist die gängigste Todesursache von Unternehmen."*
>
> (Ingvar Kamprad, Gründer von IKEA)

5. Bieten Sie beste Qualität

Die wichtigsten Kundenerwartungen sind Freundlichkeit und Kompetenz. Die Banken müssen also darauf achten, dass sie Servicequalität und Beratungsqualität bieten. Qualität ist für die meisten Institute die einzige Möglichkeit, sich vom Wettbewerber zu unterscheiden. Alles andere, Produkte, Preise, die Angebote, können schnell nachgemacht und wettgemacht werden und sind daher auf Dauer kein entscheidendes Differenzierungsmerkmal.

Wenn man heute aber die Schlagzeilen in diversen Medien liest, bzw. die Ergebnisse von Kundenbefragungen vorliegen, so sind diese Berichte für uns nicht immer erfreulich. Von „Störenfried Kunde" ist hier die Rede oder „Wer bei Banken Service erwartet, wird oft enttäuscht." Die Kunden werden immer kritischer und die Folge davon ist, dass die Anzahl der Beschwerden und Reklamationen zunimmt, sowie die Bereitschaft zum Bankwechsel und zur Mehrfachbankverbindung steigt. Etwa ein Drittel der Kunden tun dies aus einem Grund, den man in den Bereich Servicequalität einordnen kann.

Warum ist die Umsetzung von etwas eigentlich so Selbstverständlichem und Einfachem wie der Servicequalität so schwierig?

- Zu starkes betriebsinternes Denken: Das Bankmanagement sieht die eigenen Probleme, die eigenen Produkte und nicht das Kundeninteresse im Vordergrund.

- Einseitiges betriebswirtschaftliches Handeln: Die optimale Kosten-Nutzen Relation ist das Ziel vieler Banken und man nimmt dadurch eine bestimmte Fehlerquote in Kauf, z.B. bei der Verfügbarkeit der SB-Geräte.

- Distanz zum Kunden: Meist haben jene Personen, deren Arbeit und Entscheidungen Auswirkungen auf den Kunden haben, keinen direkten Kundenkontakt und kennen dadurch die Kundenprobleme und Kundenwünsche nur unzulänglich.

- Dienen fällt schwer: Dienen hat ein weit verbreitet niedriges Sozialprestige und damit ist die Wertigkeit dieser Tätigkeit in den Augen der Betroffenen gering.

Viele Banken beschäftigen sich inzwischen mehr oder weniger mit dem Qualitätsgedanken, bei der Umsetzung werden jedoch noch viele Alibimaßnahmen gestartet und Fehler gemacht, bzw. verläuft vieles nach einer kurzen Anfangsinitiative wieder im Sande. Manche Banken glauben, wenn sie einen Qualitätsmanager einsetzen, dann wird das schon irgendwie laufen. Oder man präsentiert der Öffentlichkeit eine Beschwerdestelle, die in Wirklichkeit völlig isoliert in der Bank arbeitet. Andere Banken veröffentlichen Qualitätsgrundsätze oder Standards und Regeln für den Umgang mit Kunden quasi als Anordnung an die Mitarbeiter und wundern sich danach, dass nichts passiert.

Wenn es nicht gelingt, die Qualitätsidee in die Köpfe und Herzen der Mitarbeiter zu verpflanzen, so ist dies für viele Mitarbeiter ein Schwerpunkt unter vielen, der bald wieder vergessen wird. Die entscheidende Voraussetzung für den Erfolg ist eine Veränderung im Denkprozess bei allen Mitarbeitern in Richtung „gedachte und gelebte Kundenorientierung".

Darüber hinaus gibt es einige wichtige „Begleitmaßnahmen":

5.1   Qualität geht jeden in der Bank an, auch die internen Bereiche

Was innen nicht glänzt, kann außen nicht funkeln. Wer hilft dem letzten Teil der Servicekette bei Problemen? Wer unterstützt sie (oder behindert sie)? Was kann man einfacher, schneller, bequemer für den Kunden machen? Die Einbeziehung interner Bereiche in die Umsetzung des Qualitätsmanagements ist ein wichtiges Kriterium, damit Qualität nach außen ermöglicht wird.

Manche Banken befragen regelmäßig den Vertrieb über die Zufriedenheit mit internen Dienstleistern und vergeben für besondere Serviceorientierung einen sogenannten „Service-Oscar".

„Andere Unternehmen haben eine Kundendienstabteilung,
American Express ist eine Kundendienstabteilung."

[Lou Gerstner, ehemaliger CEO]

5.2   Servicestandards und Servicegarantien verbessern die Qualitätsbereitschaft

Servicestandards nützen allerdings nur dann, wenn sie in einer konkret messbaren Handlung formuliert sind und die Einhaltung auch überprüft wird. Also statt „Wir sind telefonisch immer erreichbar" die konkrete Formulierung „Das Telefon wird spätestens beim dritten Läuten abgehoben." Ersteres ist ein sogenannter Neujahrsvorsatz, zweites konkret überprüfbar und wird daher konsequenter beachtet und eingehalten.

Servicegarantien sind konkrete Leistungsversprechen gegenüber dem Kunden und wenn sie nicht eingehalten werden, bekommt der Kunde eine „Entschädigung." Zum Beispiel Fünf Euro, wenn das institutseigene SB-Gerät nicht funktioniert. Oder wenn ein Kunde sein neu eröffnetes Konto nach sechs Monaten wieder schließt, weil er unzufrieden ist, bekommt er alle bis dahin bezahlten Gebühren wieder erstattet. Die Konsequenz aus solchen Garantien ist, dass sich die Mitarbeiter mehr anstrengen, damit die Entschädigung nicht eingefordert wird.

5.3   Das Verkaufen beginnt eigentlich erst nach dem Abschluss

Die Kundenbetreuung nach dem Abschluss ist entscheidend für den Wiederkauf. Über 80 Prozent der Kunden beklagen, dass sie von ihrer Bank nie Informationen über für sie interessante und aktuelle Möglichkeiten erhalten, oder Vorteile als Stammkunden haben. Haben Sie schon einmal daran gedacht, einem Kunden für eine 20-jährige Kontoverbindung zu danken?

> *„Der Geschäftsabschluss ist lediglich das Ende der Brautwerbung,*
> *an die die Ehe anschließt. Wie gut die Ehe wird, hängt davon ab,*
> *wie sie der Verkäufer gestaltet."*

[Ted Levitt, amerikanischer Marketingexperte]

5.4   Was man nicht messen kann, kann man nicht verbessern

Messen Sie die Qualität ständig und systematisch durch Kundenbefragungen, detailliert nach Kundengruppen und Vertriebseinheiten. Führen Sie einen Customer-Service-Index zur Qualitätskontrolle ein und prüfen Sie die Beratungsqualität durch regelmäßige Testkäufe.

5.5   Führen Sie ein Beschwerdemanagement ein

Dessen Zielsetzung ist nicht nur die Behandlung der vorliegenden konkreten Beschwerde, sondern durch die systematische Erfassung und Analyse eine künftige Vermeidung.

5.6   Geben Sie dem Qualitätsmanagement intern eine hohe Wertigkeit

Nur wenn das oberste Management in den Steuerungsgremien vertreten ist, wird die Wichtigkeit seitens der Mitarbeiter erkannt und ernst genommen.

> *„In Zukunft wird es nicht reichen, zufriedene Kunden zu haben,*
> *Sie brauchen begeisterte Kunden."*

[Edgar K. Geffroy, Verkaufsexperte]

6.   Fördern Sie den Vertrieb

Wer kümmert sich in der Bank um die Filialen? Wer führt, motiviert, fordert, fördert die Filialleiter und Mitarbeiter? Wer sorgt dafür, dass die Strategien der Bank am Markt umgesetzt werden? Wer entscheidet über die zur Verfügung stehenden Ressourcen? In vielen Banken kommt dem Vertrieb noch immer nicht jene Bedeutung zu, die er braucht, um erfolgreich sein zu können. Die internen Bereiche haben die Macht in der Bank und entscheiden, was gemacht wird, oft zu Lasten oder gegen den Vertrieb.

Alle „regieren" in den Vertrieb hinein. Aus den verschiedensten Bereichen der Bank werden Informationen und Anweisungen an die Filialen gegeben. Einzeln betrachtet sind diese Aktivitäten durchaus berechtigt und verständlich, aber in Summe und nicht aufeinander abgestimmt führen sie zu einer ungezielten Verwendung der vorhandenen Ressourcen, meistens zu Lasten des Verkaufens. Denn ein beträchtlicher Anteil der im Vertrieb zur Verfügung stehenden Zeit wird somit für interne Arbeiten verwendet.

Alle Aktivitäten, die vom Vertrieb beansprucht werden, sind daher künftig in dafür „benötigte Mannjahre" umzurechnen, sowie zeitlich und nach Prioritäten mit den Verkaufsaktivitäten abzustimmen. Vor allem der Betriebsbereich muss sich darauf einstellen und verstärkt die verkäuferische Sicht der Bank berücksichtigen. Managen heißt, Ressourcen so zu verteilen und zu verwenden, dass der beste Nutzen für die Bank erzielt, also verkauft und Gewinn gemacht wird. Es muss daher für den Filialvertrieb immer entschieden werden, wofür seine vorhandenen Ressourcen verwendet werden. Und dabei haben Kunden und Verkaufen die erste Priorität.

Der Vertrieb muss durch „hauptamtliche Verkaufsleiter" geführt werden. Diese Aufgabe kann nicht zusätzlich zu anderen Funktionen erledigt werden, da es sich um eine Führungsaufgabe handelt, die bei einer gleichzeitigen Fachverantwortung fast immer zu kurz kommt. Dies bedeutet einen hohen Zeitanteil für Information, Kommunikation, Motivation, Steuerung, Controlling usw.

In der Hierarchie der Bank ist auf eine gleichwertige Interessensvertretung des Vertriebs gegenüber den zentralen Bereichen zu achten, also auf eine ausgewogene „Entscheidungs- und Machtverteilung".

Die notwendige Unterstützung des Vertriebs ist durch eine Stelle „Vertriebssteuerung" zu sichern. Dieser obliegt auch die Abstimmung und Koordination aller Informationen und Aktivitäten, die Ressourcen des Vertriebs beanspruchen.

Immer wieder wird über die Informationsflut geklagt und die heutigen technischen Möglichkeiten erleichtern die Verteilung und Zusendung noch. So wird es künftig auch notwendig sein, den Informationsfluss in der Bank insgesamt stärker und besser zu filtern und zu steuern. Je größer die Bank ist, umso mehr empfiehlt sich ein eigener Mitarbeiter oder eine eigene Stelle, die für interne Information und Kommunikation verantwortlich ist.

„Prioritäten setzen heißt, auswählen was liegen bleiben soll."

[Hermann Nahr]

7.   Werden Sie Kostenführer

In dem Bestreben, manchmal kann man es auch fast als Sucht bezeichnen, ständig etwas Neues einzuführen, vergisst man darauf, das Verbleibende und Bestehende zu bereinigen. So sammelt sich immer mehr an, oft ist auch in der Bank niemand zuständig dafür, sich darum zu kümmern. Eine wichtige Aufgabe in der Ablauforganisation einer Bank ist das Vereinfachen und Weglassen. Es ist ständig zu überprüfen, welche Produkte, welche Abläufe, welche Kontrollen nicht mehr notwendig sind. Wer etwas Neues einführt, sollte dazu verpflichtet werden, etwas Altes heraus zu nehmen.

Bestehende Abläufe sind regelmäßig hinsichtlich ihrer Effizienz zu überprüfen. Wie kann man die Ablaufzeiten beschleunigen? Wie kann man die Durchlaufzeiten verringern? Die Reaktionszeiten in der Bank müssen einfach schneller werden.

Wie kann man den Aufwand reduzieren? Sind wirklich noch so viele Formulare nötig? Kann man Listen zusammenlegen, damit sie schneller bearbeitet werden können usw.

Machen Sie einmal im Jahr eine „BRAV – Aktion", wo Sie alles durchforsten:

  B = Beschleunigen

  R = Reduzieren

  A = Abschaffen

  V = Vereinfachen

Wenn diese Aufgabe konsequent wahrgenommen wird, erspart sich die Bank einen ungeheuer großen Kostenaufwand. Und vor allem wird dadurch letztlich wieder der Vertrieb am meisten entlastet und gewinnt Zeit für seine eigentliche Aufgaben.

Zur Kostenführerschaft gehört auch die Reduktion der Projekte, der Besprechungen, der Berichte. Reduzieren Sie aufgabenfremde Abwesenheiten der Vertriebsmitarbeiter so weit wie möglich. Vermeiden Sie unnötige schriftliche Berichte und Protokolle, diese werden im nachhinein nie mehr gelesen.

„Kontinuierliche Verbesserungen sind besser als hinausgezögerte Vervollkommnung."

[Mark Twain]

8.   Schaffen Sie eine Verkaufsorganisation

Den Wettbewerb der Banken gewinnt, wer die besseren Verkäufer hat. Für die Zukunft wichtige zusätzliche und neue Erträge erzielt man nur über bessere Verkäufer, die Kunden aktiv ansprechen, ihren Kundenstock systematisch bearbeiten und abschlussorientiert sind.

Wie sieht es derzeit aus?

- Bei weniger als zehn Prozent aller Kundenkontakte erfolgt eine Beratungsinitiative durch den Mitarbeiter.

- Über drei Viertel der Kunden wurde in den letzten drei Jahren kein Produkt aktiv angeboten.

- Im gesamten Zeithaushalt der Bank stehen vielleicht fünf bis zehn Prozent für effektive Beratung zur Verfügung.

- Selbst Kundenberater kommen nur auf einen Beratungsanteil von 30 bis 40 Prozent.

Der Schlüssel zu allem ist der aktive Mitarbeiter, der Geschäft machen will (muss?). Wie kann der Verkauf gestärkt werden? Wie werden „Bankberater" zu Verkäufern? Welche Maßnahmen sind erforderlich, um eine Verkaufskultur in der Bank zu schaffen, bzw. die Bank zu einer Verkaufsorganisation zu machen?

8.1   Das Image des Verkaufens in der Bank verbessern

Verkaufen hat in einer Bank generell ein schlechtes Image. Bankmitarbeiter sind lieber Berater und Betreuer, aber keine Verkäufer. Deshalb muss dem Thema „Verkaufen" ein höherer Stellenwert gegeben werden, damit die Mitarbeiter die Wichtigkeit und Bedeutung deutlich erkennen. Die Tätigkeit des Verkaufens muss positiv belegt werden. Vermeiden Sie daher zum Beispiel die Bezeichnung „Front" für die Tätigkeit am Kunden, da diese im Unterbewusstsein negativ besetzt ist.

8.2   Die Intensität der Verkaufsschulung deutlich erhöhen

Derzeit wird der fachlichen Aus- und Fortbildung ein hoher Stellenwert gegeben. Das „Wie" des Verkaufens wird hingegen eher nebenbei und nur gelegentlich geschult. Die meisten Bankmitarbeiter haben jedoch Ängste beim Verkaufen, zum Beispiel vor einem Nein des Kunden, vor einer Ablehnung oder negativen Reaktion bei Ansprache, oder vor Fragen, auf die sie keine Antwort wissen. Wenn diese Ängste nicht durch intensives Üben gemildert werden, weicht der Mitarbeiter der Ansprache und damit dem Verkaufen aus. Ein Blick auf erfolgreiche Verkaufsorganisationen (z.B. Strukturvertriebe) zeigt, dass diese eine wesentlich intensivere Verkaufsaus- und Verkaufsfortbildung als Banken haben. Erhöhen Sie daher die Kapazität und die Budgets für Verkaufsschulungen und überlegen Sie sogar die Beschäftigung eines hauptamtlichen Verkaufstrainers in der Bank.

> *„Lange habe ich nach einer magischen Formel für den Verkaufserfolg gesucht.*
> *Heute kenne ich sie: Harte Arbeit! Das bedeutet: üben, üben, üben,..."*

> [Peter Ebeling, Verkaufstrainer und Buchautor]

8.3   Wöchentliches Sales-Meeting und monatliche Verkaufsbesprechung

In der Kommunikation zwischen Führungskraft und Mitarbeitern ist das Thema Verkauf stärker zu positionieren. Machen Sie dafür ein wöchentliches Sales-Meeting, wo die Verkaufsergebnisse der abgelaufenen Woche besprochen werden, sowie die Ziele und Schwerpunkte im Verkauf für die nächste Woche vereinbart werden.

Einmal im Monat sollte eine ausführliche Mitarbeiterbesprechung ausschließlich zum Thema Verkauf durchgeführt werden. Mit Erfahrungsaustausch und Vorbereitung der Verkaufsargumente für die nächsten Verkaufsaktivitäten.

8.4   Schaffen Sie eine erfolgsabhängige Bezahlung

Ein guter Verkäufer muss gleich, wenn nicht besser bezahlt werden als ein interner Referent oder Sachbearbeiter. Ein erfolgreicher Filialleiter muss mehr verdienen als ein Abteilungsleiter. Wenn dies nicht der Fall ist, entsteht ein Trend weg vom Vertrieb hin zur Zentrale, weil dort die finanziellen Möglichkeiten (und Karrierechancen) besser sind. Das bedeutet, dass die besten Verkäufer nicht mehr verkaufen, bzw. die besten Verkaufsleiter nicht mehr den Verkauf steuern.

- Zahlen Sie guten Verkäufern (abhängig vom Verkaufserfolg) eine befristete und bei schwachen Ergebnissen widerrufbare Verkaufszulage. Damit wird ein Ausgleich gegenüber eventuell höheren Verdienstmöglichkeiten in zentralen Stellen geschaffen.

- Erfolgreiche Filialleiter erhalten für die Dauer ihrer Funktion ebenfalls eine widerrufbare Führungsprämie.

- Bei besonderen Verkaufserfolgen einzelner Personen zahlen Sie für das jeweilige Jahr eine deutliche Einmalprämie.

„Verkaufen lernt derjenige am schnellsten, der davon leben muss.“

[Heinz Goldmann, Verkaufsexperte]

9.   Motivieren Sie Ihre Mitarbeiter

Manche Führungskräfte sind der Meinung, ihre Mitarbeiter einfach zu bestimmten Zeiten wieder motivieren zu können. Nun, so leicht geht das leider (zum Glück) nicht. Motivation kann man nicht an einem bestimmten Termin ansetzen oder über „Knopfdruck" ausüben.

Wir alle kennen Zusammenkünfte, wo versucht wird, mit eindringlichen Appellen die Notwendigkeit einer Leistungs- und Ergebnissteigerung zu argumentieren. Alle hören zu, denken sich ihren Teil, nicken zustimmend oder verhalten sich ruhig. Jeder weiß zwar sachlich Bescheid, aber so richtig motiviert geht niemand weg.

Motivation ist ein vielschichtiger Prozess. Wenn man von Motivation spricht, so ist dies keine Taktik, die man zum Gebrauch einsetzen kann, sondern in erster Linie ein Ergebnis zwischenmenschlicher Beziehungen. Motivation entsteht durch die Zusammenarbeit zwischen Führungskraft und Mitarbeitern. In dieser Zusammenarbeit gibt es eine Reihe von Erwartungen seitens der Mitarbeiter, deren Erfüllung zu Motivation führt. Man kann auch sagen, motivieren heißt, die Erwartungen der Mitarbeiter zu erfüllen.

Welche Erwartungen sind dies:

- Ehrliche und zutreffende Informationen zu erhalten

- Das Gespräch über Erwartungen, Leistungserfüllung, Entwicklungsmöglichkeiten

- Verantwortung übertragen zu bekommen und Feiräume bei der Ausführung zu haben

- Anerkennung und Dank zu erhalten

- Interesse für persönliche und private Belange zeigen

- Fairness und Gerechtigkeit

- Hilfestellung und Unterstützung, wenn nötig

- und natürlich auch eine leistungsgerechte (faire) Bezahlung

Wie sieht die Realität aus? Eine Befragung von dreihundert Bankmitarbeitern bei meinen Seminaren ergab beträchtliche Defizite bezüglich Führung und Motivation. Vor allem im zwischenmenschlichen Bereich versagen viele Führungskräfte. Die mangelnde Führungsqualität ist fast immer der Grund für die Demotivation der Mitarbeiter und der daraus resultierenden geringen Produktivität.

Ergebnisse aus meiner Befragung:

- Gespräch mit Mitarbeiter vor einem Seminar: nein, 92 %

- Gespräch mit Mitarbeiter nach einem Seminar: nein, 96 %

- Regelmäßige Verkaufsbesprechungen im Team: nein, 42 %

- Pünktlichkeit bei den eigenen Besprechungen: nein 56 %

- Zufriedenheit der Mitarbeiter mit Ablauf der Besprechung: nein, 36 %

- Mitarbeiter erhält Lob und Anerkennung: nein, 46 %

- Würden Sie bei entsprechender Führung und Motivation durch Ihre Führungskraft mehr leisten: JA, 82 %

> *„Wir müssten unsere Mitarbeiter nicht motivieren,*
> *wenn wir aufhören würden, sie ständig zu demotivieren.“*
>
> [Reinhard K. Sprenger in seinem Bestseller: Mythos Motivation]

Weil wir sie nicht einbeziehen, nicht mit ihnen reden, ihnen nichts zutrauen, sie nicht wirklich ernst nehmen, ihre Leistung nicht bemerken (wollen?) und anerkennen, usw. Die Folge davon ist Demotivation und entsprechendes Verhalten. Wissenschaftliche Untersuchungen haben ergeben, dass der Verkaufserfolg sehr stark vom Führungsverhalten abhängig ist.

Aus meiner Erfahrung wird gerade das Thema Kommunikation von vielen Führungskräften meist nur beiläufig oder aus aktuellem Anlass als Führungsaufgabe gesehen. Dabei sind 70 Prozent aller Fehler am Arbeitsplatz auf mangelnde Kommunikation zurückzuführen.

Welche Kommunikationsfehler sind bei Führungskräften häufig festzustellen:

- vorgefasste Meinungen, ungerechtfertigte Annahmen

- Zerstreutheit, die Gedanken schweifen ab

- voreilige Schlüsse ziehen, fixe Ideen

- Unaufmerksamkeit, selektives Gehör usw.

Erfolgreiche Führungskräfte motivieren ihre Mitarbeiter, indem sie

- die Termine für ihre Mitarbeitergespräche und -besprechungen als erste in ihrem Terminkalender fixieren, weil diese Termine für sie die wichtigsten sind

- sich sehr viel Zeit für direkte Kommunikation mit den Mitarbeitern nehmen („Management by walking around")

- ihre Mitarbeiter zu Gewinnern machen, weil sie am Erfolg und nicht auf Fehlern aufbauen

- Spaß und Freude an der Arbeit vermitteln, statt Appelle und „Drohungen" (du musst) auszusprechen

- ihren Mitarbeitern ständig Feedback geben (Menschen leisten mehr, wenn sie eine Rückmeldung bekommen, vor allem, wenn diese positiv ist.)

„Bloßes Schweigen ist als Anerkennung bei weitem zu wenig!"

[Professor Erwin Ringel, Psychologe]

Der entscheidende Ansatzpunkt für die packende Menschenführung liegt im Gefühls- und Erlebensbereich, nicht im Verstandesbereich. Eine erfolgreiche Führungskraft benötigt Beziehungsfähigkeiten", um diese zu ihren Mitarbeitern aufbauen zu können. Um Menschen führen zu können, muss man Menschen mögen. Und wenn dies die Mitarbeiter spüren, in der täglichen Zusammenarbeit erleben, dadurch Vertrauen aufbauen, dann entsteht Motivation.

„Nur wenige Führungskräfte sehen ein, dass sie letztlich nur eine Person führen müssen. Diese Person sind sie selbst."

[Peter F. Drucker]

10.   Entwickeln Sie Führungskräfte

Wie wird man zur Führungskraft? Durch ein besonders hohes Fachwissen auf einem bestimmten Gebiet? Durch Spezialisierung auf ein besonderes Sachthema? Weil man der beste Verkäufer ist?

All diese Fähigkeiten nützen für die Führungsaufgabe wenig. Auch wenn man sich noch mehr Wissen aneignet, noch härter und mehr arbeitet, die eigene Arbeitskapazität wird beschränkt bleiben. Diese Führungskräfte sind dann lediglich „Leitende Sachbearbeiter", aber keine „Sachkundigen Leiter".

Führungskräfte brauchen natürlich ein entsprechendes Sach- und Fachwissen für ihr Aufgabengebiet, aber sie müssen nicht Chefspezialist oder oberster Verkäufer sein. Dazu sind die Mitarbeiter da.

Führungskräfte beeinflussen durch ihre Tätigkeit viele andere Menschen und insbesondere die eigenen Mitarbeiter. In der Bank gibt es eine Reihe von Dingen, die sich der Organisierbarkeit schlechthin entziehen und die vielmehr aus der Eigendynamik der Selbstorganisation eines Unternehmens entstehen müssen. Viele für die Lebensfähigkeit eines Unternehmens entscheidenden Dinge sind nicht durch Rundschreiben oder Anweisungen herbeizuführen. In Ihren Denkweisen und Verhaltensweisen, ihren Gewohnheiten und Überzeugungen vermitteln Führungskräfte jene Impulse, die entweder Zustimmung auslösen oder Widerstände hervorrufen.

Tatsache ist, dass im Bankbereich dem Thema „Führen" noch immer viel zu wenig Bedeutung beigemessen wird. Die Vorstellung über die Führungsarbeit und die tatsächliche Ausführung weist große Lücken auf. Dabei werden leistungsfähige und motivierte Führungskräfte der Engpass der Zukunft sein. Bestehende Führungskräfte sollten auch daran gemessen werden, wie viele weitere Führungskräfte sie für die Bank entwickeln.

Die Auswahl und Bestellung von Führungskräften erfolgt heute oft noch wenig professionell, sondern eher bedarfs- und aktualitätsbezogen. Viele neuen Führungskräfte erhalten keine oder nur eine mangelhafte Vorbereitung auf ihre Aufgabe, sondern werden einfach nur „ins kalte Wasser" geworfen. Die meisten erleben dann sogar eher ein negatives oder mangelhaftes Führungsverhalten durch die eigenen Vorgesetzten. Weiterbildung und Erfahrungsaustausch werden ebenfalls nicht angeboten oder nicht genutzt. Ich habe Führungskräfte erlebt, die seit 20 Jahren keine Weiterbildungsmaßnahme zum Thema „Führen" besucht haben. All diese Ursachen verstärken dann die Angst, als Führungskraft zu versagen. Die Folge davon ist, dass abgeblockt, abgewehrt und verteidigt wird, statt zu führen.

Investieren Sie daher Zeit und Geld in die Entwicklung von Führungskräften für die Bank. Welche Schritte sind dabei zu berücksichtigen:

Erheben Sie laufend das Potenzial an Führungskräften in der Bank:

■ Wer ist schon für Führungsaufgaben geeignet?

■ Wer ist nach einer entsprechenden Ausbildung und Vorbereitung möglicherweise geeignet?

Entwickeln Sie die künftigen Führungskräfte:

■ Welche Ausbildung ist notwendig? (Mitarbeiterführung, Gruppendynamik, Kommunikationsregeln, Konfliktbewältigung, Arbeitstechnik und Zeitmanagement, Präsentationstechnik, Coaching, usw.)

■ Lernen Sie die künftigen Führungskräfte kennen, indem Sie diese kleine Projekte leiten, Konzepte erstellen und umsetzen, in anderen Aufgabengebieten arbeiten lassen.

Setzen Sie professionelle Methoden, wie Assessment-Center für die Auswahl ein.

Bieten Sie ein laufendes Fortbildungsprogramm für die bestehenden Führungskräfte an.

Fragen Sie Ihre bestehenden Führungskräfte, wer im Notfall sofort die eigene Position übernehmen könnte.

„Man kann Menschen nichts lehren. Man kann Ihnen
nur helfen, es in sich selbst zu entdecken."

[Galileo Galilei]

11.   Fazit

Das sind meine zehn Prognosen und Trends für den Bankvertrieb der Zukunft. Nichts Sensationelles, nichts Revolutionäres, nichts Neues. Alles Dinge, die Sie wissen und kennen. Wo liegt dann der Schlüssel für die Zukunft? Ganz einfach: In der konsequenten Anwendung und Umsetzung dieser zehn Kapitel.

> *„Es kommt nicht darauf an, die Zukunft vorauszusagen,*
> *sondern auf die Zukunft vorbereitet zu sein."*
>
> [Perikles]

Literaturverzeichnis

BRANDES D. (1999): Konsequent einfach, 4. Auflage, Frankfurt/Main.

GEYER G./RONZAL W. (2002): Führen und Verkaufen, Wiesbaden 2002.

MUTHERS H./HAAS H.: Ver-rückte Zeiten brauchen ver-rückte Banken, in: Schmoll A./Ronzal W., Neue Wege zum Kunden, Wiesbaden 2001, S. 19 – 40.

SCHMOLL A./RONZAL W. (2001): Neue Wege zum Kunden, Wiesbaden 2001, S. 327 – 349.

RONZAL W.: Den Wettbewerb der Banken gewinnt, wer die besseren Verkäufer hat, in: Effert D./Köhler V., Wettbewerb der Vertriebssysteme, Wiesbaden 2004, S. 391 – 402.

RONZAL W.: Vom Bankbeamten zum Verkäufer, in Muthers H./Haas H., Die vitale Bank, Wiesbaden 1996, S. 255 – 281.

RONZAL W. (2002): Wie Sie Kunden zu Partnern machen, 5. Aufl., Wien 2002.

RONZAL W.: Woran scheitern Beratungskonzepte, in Effert D./Hanreich W., Ganzheitliche Beratung in Banken, Wiesbaden 2006, S. 215 – 229.

RONZAL W. (2006): Profis im Finanzvertrieb, Wiesbaden 2006, S. 211 – 224.

RONZAL W./MUTHERS H. (2007): Wettlauf um die Alten, Wiesbaden 2007, S. 157 – 172.

SCHMITZ C. (2001): Charismating – Einkauf als Erlebnis, München 2001.

TROUT J./RIVKIN S. (1999): Die Macht des Einfachen, Wien/Frankfurt 1999.

Der Herausgeber

Detlef Effert, Diplom-Ökonom,
Geschäftsführender Gesellschafter der Firmen GTM – Gesellschaft für Neue Technologien und Direkt-Marketing mbH, Hamm (Westf.), mediale welt gmbH, Dübendorf/Zürich, DMA – Direkt-Marketing-Akademie für Finanzdienstleistungen GmbH, Hamm (Westf.).

Nach dem Studium der Wirtschaftswissenschaften an der Ruhr Universität Bochum war er von 1978 bis 1984 Leiter Unternehmensplanung/Marketing in einer Genossenschaftsbank. 1984 Gründung der GTM. Tätigkeitsgebiet Strategienentwicklung und Vertriebsintegration zwischen Filialen und medialem Vertrieb. Seitdem Projekte bei über 400 Finanzdienstleistern in Deutschland, Schweiz und Österreich. 1990 Gründung der DMA mit dem Schwerpunkt Forschung, Lehre, Kongresse, Tagungen. 2002 Gründung der mediale welt gmbH in Zürich mit dem Schwerpunkt medialer Vertrieb und zukunftsweisender Vertriebsstrategien wie zum Beispiel der Doppelstrategie.

Die Autoren

Michael Bug ist seit 2009 Leiter der Direktion Privatkunden bei der Kreis- und Stadtsparkasse Speyer. In dieser Funktion ist er für die Vertriebssteuerung und die Führung der Hauptgeschäftsstelle, sämtlicher Filialen, das Marktsekretariat, den Vertriebscoach und die Abteilung Marketing verantwortlich. 1985 startete er seine Ausbildung zum Bankkaufmann bei der Kreissparkasse Bad Dürkheim (jetzt: Sparkasse Rhein-Haardt). 1996 absolvierte er erfolgreich das Lehrinstitut für das kommunale Sparkassen- und Kreditwesen (diplomierter Sparkassenbetriebswirt). Er war bei der Sparkasse überwiegend im  Kreditbereich und für Projektaufgaben eingesetzt. 1998 wechselte er als Referent für das Aktiv-, Passivgeschäft und Aufsichtsrecht zum Sparkassenverband Rheinland-Pfalz. Dort übernahm er im Jahr 2005 die Leitung der Abteilung Sparkassengeschäfte und Vertrieb.

Frank Büttner war 20 Jahre bei der norisbank Nürnberg, unter anderem als Vertriebsanalytiker, Marketing-Controller und zuletzt zehn Jahre als Leiter der Werbesteuerung (Marketing-Kommunikation, Direktmarketing, Marktforschung) tätig. Hier war er maßgeblich an der Neueinführung der Marke norisbank sowie dem Aufbau des Internetsofortkredites easy credit beteiligt. Als Spezialist für Kommunikation im Retailbanking ist er seit Juni 2001 als Abteilungsdirektor Marketing bei der Sparda-Bank Nürnberg tätig.

Frank Ehlebracht, Jahrgang 1963, ist seit 1999 Leiter des Ressort Unternehmenssteuerung und ebenfalls seit 1999 Vorstandsvertreter der Stadtsparkasse Bad Oeynhausen. Nach seiner Fortbildung in der Sparkassenorganisation zum Sparkassenbetriebswirt absolvierte er ein finanz- und wirtschaftswissenschaftliches Studium an der Fernuniversität Hagen in Kooperation mit der University of Wales und schloss dieses als Master of Business Administration (MBA) ab. Der abgedruckte Beitrag ist ein Auszug aus seiner Masterarbeit zum Thema Wettbewerbsstrategien (erschienen im GRIN-Verlag).

Dr. Jan Engelke ist Partner bei Simon-Kucher & Partners Strategy & Marketing Consultants im Competence Center Banking und Geschäftsführer des Zürcher Büros mit entsprechender Personal- und P/L-Verantwortung. Er ist Key Account Partner bedeutender Banken in Europa und verfügt über mehr als 13 Jahre Erfahrung als Unternehmensberater. Dr. Engelkes Spezialgebiete sind Unterneh-mensstrategien, Stärken-/Schwächenanalysen, Segmentierung/Posi-tionierung, Marken- und Pricingstrategien, Prozessanalysen, Pricing-Prozesse, Dienstleistungs-/Produktentwicklung, Vertriebsoptimierung, Entwicklung von Entscheidungsmodellen, Service Excellence etc. Dr. Engelke hat internationale Projekte u. a. für Credit Suisse, Deutsche Bank, HSBC, Société Générale, diverse Sparkassen und Volksbanken, UBS, West LB, BMW, Coca Cola, Deutsche Lufthansa, Deutsche Telekom und Porsche durchgeführt. Er studierte Physik an der TH Darmstadt (Dipl. Phys.) (1986-1992), promovierte in Biophysik an der Universität Frankfurt (1992-1996) und absol-vierte anschließend ein BWL-Studium an der Fernuniversität Hagen (Dipl. Wirt. Phys.) (1992-1996). Dr. Jan Engelke ist Dozent an verschiedenen Universitäten (Universität St. Gallen, Universität München, etc.) und Referent bei diversen Seminaren (ZfU, Ma-nagement Circle, Euroforum, etc.). Er ist Autor/Mitautor regelmäßiger Publikationen in Fach- und Marketingzeitschriften.

Dr. Hans-Georg Häusel, Dipl. Psychologe, ist Vorstand der Gruppe Nymphenburg Consult AG, München und Autor der Bestseller „Think Limbic! – Die Macht des Unbewussten verstehen und nutzen für Motivation, Management und Marketing" (2000/2003) und „Brain Script /Brain View – Warum Kunden kaufen" (2004/2008); „Neuromarketing" (2007) und „Emotional Boosting – Die hohe Kunst der Kaufverführung". In der Marketing-Hirnforschung und ihrer Übertragung auf Fragen des Konsumverhaltens, Marketings und Marken-Managements zählt er weltweit zu den führenden Experten. Zu den Bera-tungskunden zählen viele internationale Markenartikel-Hersteller, Handelskonzerne sowie Dienstleistungsunternehmen und Banken. Er ist Mitglied im wissenschaftlichen Beirat der Zeitschrift „NeuroPsychoEconomics" und Dozent an der Hochschule für Wirtschaft in Zürich. Durch seinen faszinierenden und innovativen Ansatz ist Dr. Häusel auf vielen nationalen wie internationalen Veranstaltungen ein gefragter Keynote-Speaker.

Bernd Hoppe hat als Leiter Vertriebssteuerung in den letzten Jahren insbesondere die potenzialorientierte Vertriebsplanung und -steuerung, das Ziel- und Anreizsystem sowie die Preispolitik der Sparkasse Hildesheim geprägt. Nach beruflichen Stationen bei der Kreissparkasse Hannover (Kredit-/Verbundgeschäft) und beim Sparkassenverband Niedersachsen (Geschäftspolitik) konzentrierten sich die Aufgaben bei der Hildesheimer Sparkasse auf die Themenschwerpunkte Marketing und Vertriebssteuerung einschließlich umfangreicher Erfahrungen als Projektleiter im Rahmen der Umsetzung der Vertriebsstrategie 2010.

Michael Klein, Jahrgang 1965, ist gebürtiger Hanauer und seiner Geburtsstadt beruflich und privat treu geblieben. Sein beruflicher Werdegang begann 1984 mit einer Ausbildung bei der Sparkasse. Schon früh hat er sich dort für eine Karriere im Stab entschieden und nebenberuflich das Studium zum Sparkassen-Betriebswirt absolviert. Zur Erweiterung seines Blickwinkels wechselte er intern mehrmals das Aufgabengebiet und gab zu Beginn des neuen Jahrtausends ein kurzes Gastspiel bei einer Frankfurter Unternehmensberatung. Heute leitet er das Marktsekretariat der Sparkasse Hanau und verantwortet  mit 18 Mitarbeitern u. a. die Vertriebsunterstützung und Verkaufsförderung. Er lebt gemeinsam mit seiner Frau und ihrem Sohn in einem Hanauer Stadtteil.

Wolfgang Ronzal war über 30 Jahre in leitenden Funktionen bei der Erste Bank der österreichischen Sparkassen AG Wien tätig, u.a. als Filialleiter, Marktbereichsleiter sowie zuletzt als Direktor für den Filialvertrieb Wien. Seit 1998 selbständige Tätigkeit als Trainer und Berater. Seine Schwerpunktthemen sind „Servicequalität und Kundenbindung", „Mitarbeiterführung und Motivation", „Vertriebssteuerung und Verkaufsförderung" sowie „Strategien und Maßnahmen für die Zielgruppe 50plus". Er ist Autor zahlreicher Publikationen und zählt zu den Top-Speakern im deutschsprachigen  Raum. Über 500 Vorträge und Seminare für und in Banken mit mehr als 30.000 begeisterten Teilnehmern.

Klaus Oskar Schmidt, geboren 1960, begann seine Laufbahn bei der BHF Bank in Frankfurt am Main. Im Jahr 1986 wechselte er als Marketingreferent zur GZS Gesellschaft für Zahlungssysteme. Seine letzte berufliche Station vor der ING-DiBa war die American Express Bank. Dort bekleidete Klaus Oskar Schmidt den Posten eines Marketing-Managers für Bank- und Versicherungsprodukte. Im Jahr 1993 wechselte er zur ING-DiBa als Leiter der Privatkundenabteilung. 1995 wurde er zum Leiter der Abteilung Marketing und Call Center ernannt. Seit 2002 ist er Mitglied des Vorstands, verantwortlich für die Bereiche Marketing, Produkt- und Zielgruppenmanagement, Kundendialog (Call Center) und Vertrieb Immobilienfinanzierung. Außerdem ist er seit 2007 Mitglied im Management Council der ING Group.

Rüdiger Szallies, Dipl.-Kfm., Studium an der Universität Erlangen-Nürnberg. Berufsstart 1973 bei der GfK als wissenschaftlicher Mitarbeiter im Bereich der Umfrageforschung; von 1984 bis Mitte 1993 Geschäftsführer der GfK Marktforschung, zuständig für die Ressorts Wirtschafts- und Konjunkturforschung, Finanzmarktforschung, Investitionsgüter-Marktforschung und Regionalforschung. 1993 Geschäftsführer, ab 2003 bis Juni 2006 Chairman der Icon Added Value GmbH in Nürnberg. 2007 eröffnete Rüdiger Szallies ein Büro für Strategisches Marketing in Nürnberg mit den Arbeitsschwerpunkten Informationsbrokerage, Kommunikationsoptimierung, Strategische Markenführung und Kundenbindungssysteme. Gleichzeitig ist er in Personalunion Gesellschafter des AMC, Assekuranz Marketing Circle, einem Unternehmen das für einen Großteil der deutschen Versicherungswirtschaft in Sachen Marketing- und Vertriebsfragen arbeitet. Besondere Forschungsgebiete: Analyse und Projektion gegenwärtiger bzw. zukünftiger Verbrauchereinstellungen und Verhaltensweisen; zu diesem Thema zahlreiche Publikationen. Verantwortlich für den Aufbau der Finanzmarktforschung in Deutschland seit 1973.

Matthias Wolpers hat als Bereichsleiter Vertriebsmanagement die Vertriebsstrukturen im Fusionsprozess der Kreissparkasse und der Stadtsparkasse Hildesheim mit gestaltet, die Vertriebsstrategie formuliert und deren Umsetzung begleitet. Dabei kam ihm die vorherige Tätigkeit als Filialleiter, die mehrjährige Erfahrung als Firmenkundenbetreuer und die Wahrnehmung der Aufgabe des Bereichsleiters Privat- und Vermögenskunden zu Gute. Heute leitet er den Bereich zentrales Vertriebsmanagement Privat- und Firmenkunden mit den Abteilungen Produktmanagement, Vertriebsstrategie, Vertriebsmarketing und dem Medialen Vertrieb.

Dr. Georg Wübker ist Partner bei Simon-Kucher & Partners Strategy & Marketing Consultants, globaler Leiter des Competence Center
Banking und Präsident des Büros in Zürich. Dr. Wübkers Beratungs-
schwerpunkte sind Strategie, Positionierung, Marken- und Pricingstrategien, Pricing-Prozesse, Marketing und Controlling,
Dienstleistungs-/Produktentwicklung, Bundling und Vertrieb. Er
studierte Wirtschaftswissenschaft in Osnabrück, Hull (UK), Austin
(US) und promovierte zum Dr. rer. pol. (Thema: „Preisbündelung").
Dr. Georg Wübker ist Autor der Bücher „Price Management in Financial Services"
(2008), „Value Pricing" (2007), „Power Pricing für Banken" (2008), „Optimal Bundling" (1999) und „Preisbündelung" (1998) sowie von mehr als 200 Veröffentlichungen in
Fachpublikationen (Die Bank, Bankmagazin, Versicherungswirtschaft, FAZ, Handels-
blatt etc.).

GPSR Compliance

The European Union's (EU) General Product Safety Regulation (GPSR) is a set of rules that requires consumer products to be safe and our obligations to ensure this.

If you have any concerns about our products, you can contact us on ProductSafety@springernature.com

In case Publisher is established outside the EU, the EU authorized representative is:

Springer Nature Customer Service Center GmbH
Europaplatz 3
69115 Heidelberg, Germany

27/04/2026

02097633-0004